高等职业教育"互联网+"创新型系列教材

自动化生产线安装与调试

主　编　李克培　明习凤　吴孝慧
副主编　于春苗　鹿业勃　宋君君
参　编　张翠玲　商　杰　倪俊刚
　　　　秦　超　陈利萍

机械工业出版社

本书通过 7 个项目介绍了亚龙 YL-335B 型自动化生产线的必备知识和技能，主要内容包括自动化生产线认知、供料站的安装与调试、加工站的安装与调试、装配站的安装与调试、分拣站的安装与调试、输送站的安装与调试、人机界面的组态与调试。

本书注重立体化资源的建设，通过随书二维码等形式将教学资源融入教材，帮助学生实现线上与线下学习相结合，为高素质技能型人才的培养提供更多的教学手段。

本书可作为职业技术院校（含职教本科）和技工院校电气自动化技术、机电一体化技术、工业机器人技术等专业的教学用书，也可作为电气技术人员的参考用书。

为方便教学，本书配有电子课件、电子教案、模拟试卷及答案、配套题库、在线课程等多种教学资源，凡选用本书作为授课教材的教师，均可通过 QQ（2314073523）咨询。

图书在版编目（CIP）数据

自动化生产线安装与调试 / 李克培，明习凤，吴孝慧主编 . -- 北京：机械工业出版社，2025.8. --（高等职业教育"互联网+"创新型系列教材）. -- ISBN 978-7-111-78771-6

Ⅰ . TP278

中国国家版本馆 CIP 数据核字第 20257RP197 号

机械工业出版社（北京市百万庄大街 22 号　邮政编码 100037）

策划编辑：曲世海　　　　　　责任编辑：曲世海　王华庆
责任校对：贾海霞　张　薇　　封面设计：马若濛
责任印制：李　昂

涿州市般润文化传播有限公司印刷

2025 年 9 月第 1 版第 1 次印刷

184mm × 260mm · 16 印张 · 386 千字

标准书号：ISBN 978-7-111-78771-6

定价：49.80 元

电话服务　　　　　　　　　网络服务
客服电话：010-88361066　　机　工　官　网：www.cmpbook.com
　　　　　010-88379833　　机　工　官　博：weibo.com/cmp1952
　　　　　010-68326294　　金　书　网：www.golden-book.com
封底无防伪标均为盗版　机工教育服务网：www.cmpedu.com

前　言

　　本书以 YL-335B 型自动化生产线为依托，针对其原理、安装、调试和运行等过程中应知、应会的核心技术组织内容。本书以国家职业标准为依据，以综合职业能力培养为目标，以典型工作任务为载体，以学生为中心，根据典型工作任务和工作过程设计教材体系和内容，培养学生的综合职业能力。

　　本书是行动导向教学的重要教学资料，是在教学过程中通过查阅相关资料和教材，引导教师教和学生学的辅助工具。本书共包括 7 个项目，每个项目设有若干工作任务，以识读任务书、任务准备、任务实施、检测与调试、任务总结等工作环节为主线进行教学做一体化教学。工作任务的设置从简单到复杂，全部取自实际操作任务，目的是培养学生能读图制图、会安装、能调试，具备与客户和业务主管进行有效沟通的能力，实现学习内容与职业工作要求直接和有效对接，使工学结合的理论实践一体化教学成为可能。

　　归纳起来，本书具有以下特色：

　　1）突出了"完整的操作技能体系和与之相适应的知识结构"的职业教育理念，打破了原有教和学的逻辑顺序，形成了新的以工作过程为导向的符合学生认知规律的逻辑顺序，为实现有效教学构建了新的知识和技能体系。

　　2）为了提高学生完成学习任务的主动性，向学生提出需要系统化思考的学习问题，即引导问题，并将引导问题作为学习工作的主线贯穿于完成学习任务的全部过程，让学生有目标地在学习资源中查找到所需的专业知识，思考并解决专业问题。

　　3）采用现行国家标准，与新产品、新技术紧密结合。

　　4）注重立体化资源建设。本书配有大量教学视频、仿真动画等资源，通过二维码等形式将资源融入教材，帮助学生实现线上与线下学习相结合，为高素质技能型人才培养提供更多的教学手段。

　　本书由李克培、明习凤和吴孝慧担任主编，其中项目 1 由李克培编写，项目 2 由于春苗编写，项目 3 由明习凤编写，项目 4 由宋君君编写，项目 5 由吴孝慧编写，项目 6 由商杰编写，项目 7 由德州市中泰华研电子科技有限公司倪俊刚高级工程师编写，参加编写的人员还有鹿业勃、张翠玲、秦超和陈利萍。本书的编写得到了烟台胜信数字科技有限公司、兰剑智能科技股份有限公司等单位多名技术专家的指导，在此表示衷心的感谢。

本书对应的省级精品在线课程网址为 https://mooc.icve.com.cn/patch/zhzj/projectStatistics_showCourse.action?dec=a696b4f85cf4，欢迎大家浏览并提出宝贵意见。

限于编者学识水平及实践经验，书中难免有疏漏及不足之处，敬请批评指正。

编　者

目 录

项目 **1**

自动化生产线认知

【项目所需工具】

表 1-1　工具清单

项目	序号	名称	规格型号	数量	单位	备注
所用设备	1	自动化生产线供料站	YL-335B	1	台	
所用仪表	1	万用表		1	块	
所需工具	1	一字槽螺钉旋具	6in①、8in	各1	把	
	2	十字槽螺钉旋具	6in、8in	各1	把	
	3	钟表螺钉旋具		1	套	
成员签字：				教师签字：		

① 1in=2.54cm。

【场地准备】

表 1-2　场地准备

序号	场地准备	规格	数量	单位	备注
1	自动化生产线实训室	标准实训室	1	间	
2	实训台	2.4m×1.6m	20	个	
3	操作工位	每个实训台配2个工位	40	个	
4	调试工具	整套	40	套	

【人员准备】

表 1-3　小组分工

人员准备
全班共分为（　　）组，每组（　　）人操作
按照生产企业工作岗位进行小组分工：
生产组长_____、机械装配员_____、电气装配员_____、程序调试员_____、质检员_____

（续）

防护要求	6S 管理
1）穿工作服符合"三紧原则"，即袖口紧、领口紧、下摆紧 2）正确佩戴安全帽 3）必要情况下穿绝缘鞋 4）确保在断电情况下进行操作	1）工作台面干净整洁 2）各拆装器件有序摆放 3）工具使用完毕归位 4）整洁、齐全、有序 5）卫生清理

任务 1.1　认识自动化生产线及其应用

工作任务清单			
任务情境描述	自动化生产线是现代工业的生命线。机械制造、电子信息、石油化工、轻工纺织、食品制药、汽车生产以及军工业等现代化工业的发展都离不开自动化生产线的主导和支撑作用，其在整个工业领域也有着重要的地位		
素质目标	知识目标		能力目标
1）培养学生多角度思考、主动探究新事物的习惯 2）培养学生积极主动查阅资料的能力	1）理解自动化生产线的运行特性与技术特点 2）了解自动化生产线在工业生产中的应用		1）能认识典型自动化生产线系统的运行方式 2）能阐述不同自动化生产线的功能及其所应用的控制技术
建议学时	2 学时		
具体工作步骤及要求			

序号	工作步骤	要求	时间安排	备注
1	识读任务书	能快速明确任务要求并清晰表达，在教师要求时间内完成		
2	任务准备	能够积极主动查阅相关资料		
3	任务实施	能够描述自动化生产线各项控制技术的应用		
4	任务总结	能够清晰地描述任务认知与理解等，思路清晰，语言流畅		

一、任务准备

1. 了解自动化生产线

　　自动化生产线是在流水线和自动化专机的功能基础上逐渐发展形成的、自动工作的机电一体化的装置系统。它通过自动化输送系统及其他辅助装置，按照特定的生产流程，将各种自动化专机连接成一体，并通过气动、液压、电动机、传感器和电气控制系统使各种控制技术联合动作，使整个系统按照规定的程序自动地工作，连续、稳定地生产出符合技术要求的特定产品。

　　自动化生产线技术的最大特点在于它的综合性和系统性。综合性指的是将机械、气动、传感器检测、电动机驱动、PLC（可编程控制器）、网络通信以及人机界面等多种控制技术进行有机结合，并综合应用到自动化生产线上。系

统性指的是自动化生产线上的传感器检测、传输、处理、控制、驱动与执行等部件在微处理单元的控制下协调有序地工作，并通过一定的辅助设备构成一个完整的机电一体化系统，自动地完成预定的全部生产任务。

自动化生产线的技术特点如图 1-1 所示。

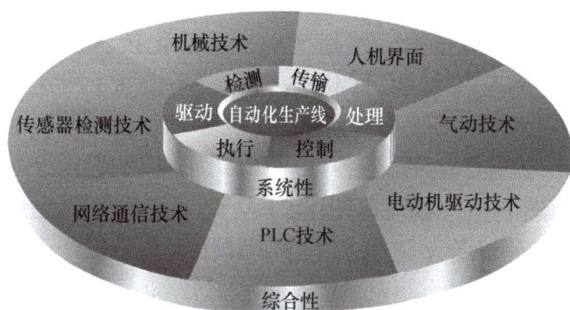

图 1-1　自动化生产线的技术特点

自动化生产线的发展方向主要是提高生产率和增加多用性、灵活性。为适应多品种生产的需要，自动化生产线将发展成为能快速调整的可调自动化生产线，更能满足生产商实时变化的生产要求。自动化生产线中数控机床、工业机器人和计算机等相关领域的快速发展以及成组技术的应用，提升了自动化生产线在生产过程中的灵活性，实现了多品种、中小批量生产的自动化。多品种可调自动化生产线技术的发展，降低了自动化生产线生产的经济批量，在机械制造业中的应用越来越广泛，并且已经向高度自动化的柔性制造方向发展。

2. 初识自动化生产线的应用

（1）某汽车企业的自动化汽车生产线（见图 1-2）　该汽车生产线拥有全球最先进、世界顶级的冲压、焊装、树脂、涂装及总装等整车制造总成的自动化生产线系统，其功能包括：

① 可实现汽车制造中的高效率、高准确度、低能耗冲压加工。

② 借助生产线上配备的 267 个自动化机器人可实现车身更精密、柔性化的焊接。

（2）某电子产品制造企业的自动焊接生产线（见图 1-3）　此生产线包括丝印、装贴、固化、回流焊、清晰、检测等工序单元，其功能包括：

图 1-2　自动化汽车生产线

图 1-3　自动焊接生产线

　　① 生产线上的每个工作单元都有相应独立的控制与执行等功能。

　　② 通过工业网络技术将生产线构成一个完整的工业网络系统，确保整条生产线高效有序运行，实现大规模的自动化生产控制与管理。

　　（3）某烟草公司的自动化生产线（见图1-4）　该生产线引入了工业网络，由其连接制丝生产、卷烟生产、包装成品等形式一体化的全过程自动化系统，其功能包括：

　　① 通过采用先进的计算机技术、控制技术、自动化技术、信息技术，集成工厂自动化设备，对卷烟生产全过程实施控制、调度、监控。

　　② 该生产线充分应用工控机、变频器、人机界面、PLC、智能机器人自动化产品，集约性强。

　　（4）某酒厂的自动灌装生产线（见图1-5）　此生产线主要完成自动上料、灌装、封口、检测、打标、包装、码垛等多道生产工序，其作用如下：

　　① 极大地提高了生产效率。

　　② 降低了企业成本。

　　③ 保证了产品的质量。

　　④ 满足了集约化大规模生产的要求，增强了企业的竞争能力。

图 1-4　烟草公司的自动化生产线

图 1-5　自动灌装生产线

二、任务实施

1. 工作计划

制订工作计划，并填入表1-4中。

表 1-4　工作计划表

步骤	内容	计划时间/min	实际时间/min	完成情况
1	制订工作计划			
2	了解自动化生产线的运行特性和技术特点			
3	了解自动化生产线在实际工程中的应用			
4	查阅相关资料，工业生产中还有哪些自动化生产线			
5	对教师发现和提出的问题进行回答			
6	成绩评估			

2. 查阅资料，信息整理

将获取的相关信息进行总结整理，并填入表 1-5 中。

表 1-5 信息整理

自动化生产线类型	主要功能描述	运用的主要控制技术
_____自动化生产线		
_____自动化生产线		
_____自动化生产线		

三、任务总结

本任务着重介绍自动化生产线的运行特性和技术特点，请同学们根据认知及理解描述不同自动化生产线的功能及控制技术。

任务 1.2　自动化生产线的操控

工作任务清单		
任务情境描述	亚龙 YL-335B 型自动化生产线实训考核装备在铝合金导轨式实训台上安装供料、加工、装配、输送、分拣等工作站，构成一个典型的自动化生产线的平台。该设备综合应用了多种技术，如气动控制、机械、传感器应用、变频器驱动、伺服控制、PLC 控制和组网等。可以模拟一个与实际生产情况十分接近的控制过程，使学生得到一个非常接近实际的教学设备环境，从而缩短理论教学与实际应用之间的距离	
素质目标	知识目标	能力目标
1）具有团队协作和沟通能力 2）具有安全意识 3）具有细致认真、精益求精的工作态度	1）掌握各工作站的结构、功能及特点 2）明确各工作站的控制回路及系统配置 3）掌握气源处理装置的组成及结构特点	1）能根据操作步骤进行设备开关机任务 2）能正确开启供气系统 3）能正确操控各工作站
建议学时	2 学时	

具体工作步骤及要求				
序号	工作步骤	要求	时间安排	备注
1	识读任务书	能快速明确任务要求并清晰表达，在教师要求时间内完成		
2	任务准备	能够选择完成任务需要的工具，并进行工作场所安排及小组分工		
3	任务实施	能够制订实施计划，并能够正确操控 YL-335B 设备		
4	任务总结	能够清晰地描述任务认知与理解等，思路清晰，语言流畅		

一、任务准备

1. 相关知识

（1）YL-335B 设备介绍

1）设备简介。亚龙 YL-335B 型自动化生产线实训考核装备由安装在铝合金导轨式实训台上的供料站、加工站、装配站、输送站和分拣站 5 个站组成。电气布局采用双抽屉式，所有电气控制器都安装在网孔板式的抽屉上，这种机电分离的形式更加符合工业实际情况。其设备外观如图 1-6 所示。

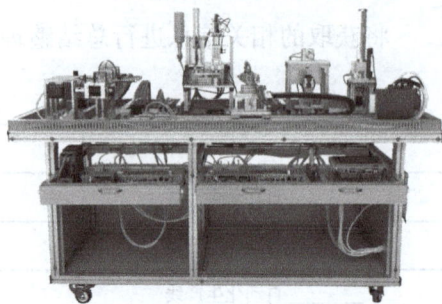

图 1-6　YL-335B 设备外观

其中，每个工作站都可自成一个独立的系统，同时也都是一个机电一体化的系统。各个站的执行机构基本上以气动执行机构为主，但输送站的机械手装置整体运动则采取伺服电动机驱动、精密定位的位置控制，该驱动系统具有长行程、多定位点的特点，是一个典型的一维位置控制系统。分拣站的传送带驱动则采用了通用变频器驱动三相异步电动机的交流传动装置，对物料进行分拣。

在 YL-335B 设备上应用了多种类型的传感器，分别用于判断物体的运动位置、物体通过的状态、物体的颜色及材质等。传感器技术是机电一体化技术中的关键技术之一，是现代工业实现高度自动化的前提之一。

在控制方面，YL-335B 设备的配置采用了基于以太网通信（PROFINET）的 PLC 网络控制方案，即每个工作站由一台 PLC 承担其控制任务，各 PLC 之间通过以太网通信实现互连。用户可根据需要选择不同厂家的 PLC 及其所支持的通信模式，组成一个小型的 PLC 网络。掌握基于以太网通信的 PLC 网络技术，将为进一步学习现场总线技术、工业以太网技术等打下良好的基础。

2）技术参数如下：

① 输入电源：三相五线、AC 380 ×（1 ± 10%）V、50Hz。

② 工作环境：温度为 -10 ～ 50℃；相对湿度 ≤ 90%，无水珠凝结。

③ 整机功耗：≤ 5kVA。

④ 外形尺寸：2100mm × 960mm × 1600mm。

⑤ 安全保护：具有电流型漏电保护，安全符合国家标准。

3）配置清单。YL-335B 设备的配置清单见表 1-6。

表 1-6　YL-335B 设备的配置清单

序号	名称	主要技术参数（型号、规格、功能）	数量	单位	备注
1	PLC	S7-1200 CPU 1214 DC/DC/DC	1	台	
2	PLC	S7-1200 CPU 1214 AC/DC/RLY	4	台	
3	数字量输入 / 输出扩展模块	SM1223 DI8/DQ8	1	个	
4	数字量输入 / 输出扩展模块	SM1223 DI16/DQ16	1	个	
5	模拟量模块	SM1232 AQ2	1	个	
6	数字量输入模块	SM1221 DI8	3	个	

4）供电电源。外部供电电源为三相五线制 AC 380V/220V，图 1-7 所示为供电电源模块一次回路原理图。总电源开关选用 DZ47LE−32/C32 型三相四线剩余电流断路器。系统各主要负载通过断路器单独供电。其中，变频器电源通过 DZ47C16/3P 三相断路器供电；各工作站 PLC 均采用 DZ47C5/1P 单相断路器供电。此外，系统配置 4 台 DC 24V、6A 的开关稳压电源分别用作供料站、加工站、分拣站及输送站的直流电源。配电箱设备安装图如图 1-8 所示。

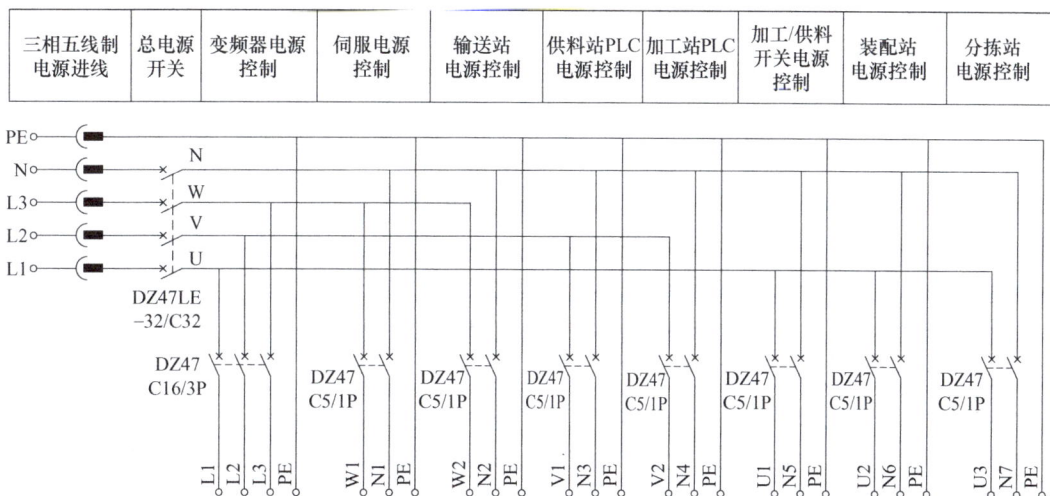

图 1-7　供电电源模块一次回路原理图

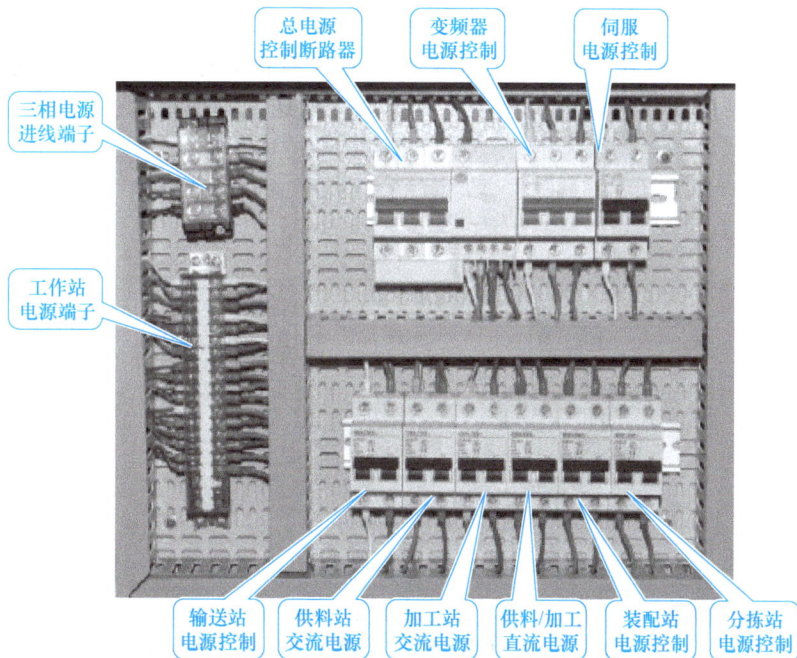

图 1-8　配电箱设备安装图

5）气源处理装置。YL−335B 设备的气源处理组件是使用空气过滤器和减压阀集装在一起的气动二联件，其实物图及气动原理图如图 1-9 所示。

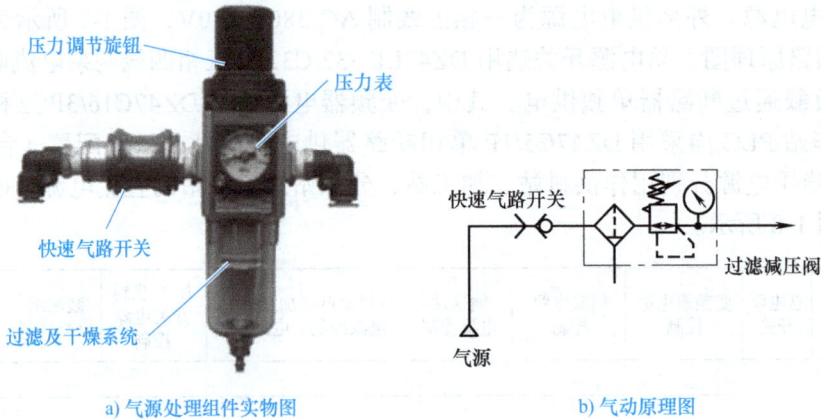

a) 气源处理组件实物图　　　　　　b) 气动原理图

图1-9　YL-335B设备的气源处理组件

图1-9中，气源处理组件的输入气源来自空气压缩机，所提供的压力要求为0.6～1.0MPa。组件的气路入口处安装一个快速气路开关，用于启/闭气源。当把快速气路开关向左拔出时，气路接通气源；当把快速气路开关向右推入时，气路关闭气源。组件的输出压力为0～0.8MPa，可调。

本组件的空气过滤器采用手动排水方式。手动排水时，在水位到达滤芯下方水平之前必须排出。因此在使用时，应注意经常检查过滤器中凝结的水位，在超过最高标线以前，必须排放，以免被重新吸入。

（2）各工作站结构说明

1）供料站。供料站是设备中的起始单元，在整个系统中，起着向系统中的其他单元提供原料的作用。具体的功能是：按照需要将放置在料仓中的待加工工件（原料）自动地推出到物料台上，以便输送站的机械手将其抓取，输送到其他单元上。图1-10所示为供料站实物的全貌。

图1-10　供料站实物的全貌

1—工件安装料管　2—料仓底座　3—金属传感器　4—支架　5、7、8—光电传感器　6—工件
9—接线端口　10—顶料气缸　11—推料气缸　12—电磁阀组

2）加工站。加工站的基本功能是：把该单元物料台上的工件（工件由输送站的抓取机械手装置送来）送到冲压机构下面，完成一次冲压加工动作，然后再送回到物料台上，待输送站的抓取机械手装置将其取出。图1-11所示为加工站实物的全貌。

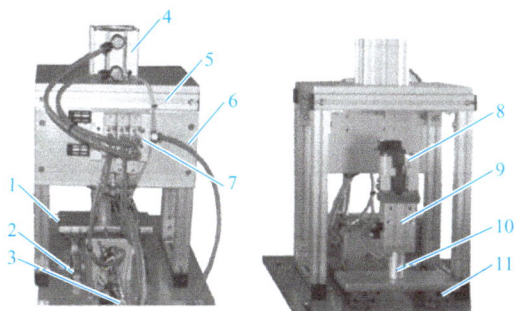

图 1-11 加工站实物的全貌

1—滑动底板 2—导轨 3—伸缩气缸 4—冲压气缸 5—气缸安装板 6—安装板 7—阀组 8—手爪
9—气动手指 10—连接座 11—滑块

3）装配站。装配站的基本功能是：完成将该单元料仓内的黑色或白色小圆柱工件嵌入已加工的工件中的装配过程。图 1-12 所示为装配站实物的全貌。

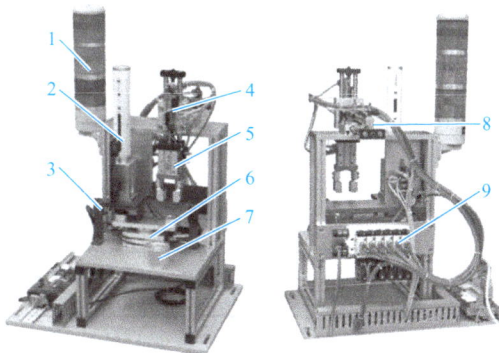

图 1-12 装配站实物的全貌

1—警示灯 2—料仓 3—光电传感器 4—下降气缸 5—夹紧气缸

6—旋转气缸 7—料台 8—伸出气缸 9—电磁阀组

4）分拣站。分拣站的基本功能是：将上一单元送来的已加工、装配的工件进行分拣，使不同颜色的工件从不同的料槽中分流。图 1-13 所示为分拣站实物的全貌，各部件名称及对应功能见表 1-7。

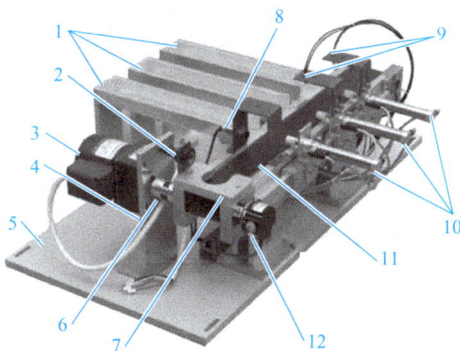

图 1-13 分拣站实物的全貌

表 1-7 分拣站各部件名称及对应功能

序号	名称	功能
1	出料槽	存放物料
2	光电传感器	进料检测
3	减速电动机	驱动传送带运行
4	电动机安装支架	固定减速电动机
5	底板	将分拣站固定到桌面
6	联轴器	连接电动机输出轴及导向器
7	导向器	
8	金属传感器	检测金属物料
9	光纤传感器探头	
10	推料气缸	推料
11	传送带	传送物料
12	编码器	物料传送定位

5）输送站。输送站的基本功能是：精确定位指定工作站的物料台，并在相应物料台上抓取工件，把抓取到的工件输送到指定地点后放下。图 1-14 所示为输送站实物的全貌。

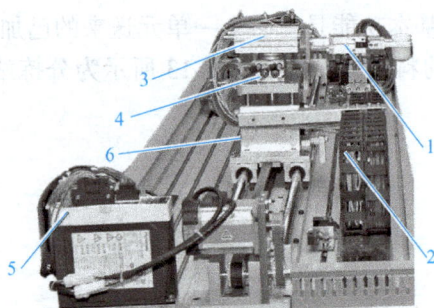

图 1-14 输送站实物的全貌

1—夹紧气缸 2—塑料拖链 3—伸缩气缸 4—旋转气缸 5—伺服驱动器 6—抬升气缸

2. 信息整理

将获取的相关信息进行总结整理，并填入表 1-8 中。

表 1-8　信息整理

器件		功能	简述其动作过程
供料站			
加工站			
装配站			
分拣站			
输送站			

二、任务实施

1. 工作计划

制订工作计划，并填入表 1-9 中。

表 1-9　工作计划表

步骤	内容	计划时间 /min	实际时间 /min	完成情况
1	制订工作计划			
2	明确 YL-335B 型自动化生产线设备配置及主要参数			
3	明确设备电源配置及气源安装			
4	明确设备开关机步骤			
5	各小组实际操作			
6	填写调试运行记录表			
7	对教师发现和提出的问题进行回答			
8	成绩评估			

2. 电源及气源检查

1）气源安装。使用 ϕ6mm 的气管将气泵的出气口与气动三联件的进气口连接，如图 1-15 所示。

图 1-15　气源安装

⚠注意：安装时旋紧气管接头，气压调至 0.4MPa。

2）供应本设备的电源采用三相五线 AC 380 ×（1 ± 10%）V、50Hz 供电。

⚠注意：必须插入带有地线（保护地）的符合国家有关安全标准的电源插座上。

3. 开机步骤

（1）通电前的检查　将检查结果填入表 1-10 中。

表 1-10　通电检查

序号	检查内容	好 / 不好
1	确定主电源与设备需求相一致，即为三相 380V	
2	电源之间无短路现象	
3	检查气源设备是否正确，气源气压不低于 0.5MPa	

（2）电源的开启/关闭流程　按表1-11所示步骤进行电源开启/关闭。

表 1-11　电源开启/关闭流程

序号	名称	步骤说明	备注
	电源的开启流程		
1	断路器	1）合上剩余电流断路器 2）测试各分路断路器电压，电压正常进入下一步 3）合上各电源控制开关	⚠注意：将输送站PLC上电完成后，再对伺服驱动器上电
	电源的关闭流程		
序号	名称	步骤说明	备注
1	断路器	1）依次断开各站的电源控制开关 2）断开剩余电流断路器，电源关闭完成	

⚠**注意：**必须按照正确的流程开/关电源。

4. 单站调试

在单站运行模式下，各工作站的主令信号和工作状态显示信号来自其PLC旁边的按钮/指示灯模块，并且按钮/指示灯模块上的工作方式选择开关SA应置于"单站方式"位置。各工作站的具体调试步骤见表1-12，在调试过程中完成表中空白横线内容的填写。

表 1-12　各工作站的具体调试步骤

工作单元	初始条件	起动	停止	备注
供料站调试	1）两气缸满足＿＿＿＿的初始条件 2）料仓中有足够的待加工工件 3）"正常工作"指示灯HL1常亮，表示设备＿＿＿＿；否则，该指示灯以1Hz的频率闪烁	1）若设备已准备好，按下起动按钮，工作站起动 2）起动后，＿＿＿＿指示灯常亮 3）起动后，若出料台上没有工件，则应把工件推到出料台上 4）出料台上的工件被人工取出后，若没有停止信号，则进行下一次推出工件操作	若在运行中按下停止按钮，则在完成本工作周期任务后，各工作站停止工作，指示灯HL2熄灭	1）若在运行中料仓内工件不足，则工作站继续工作，但"正常工作"指示灯HL1以1Hz的频率闪烁，"设备运行"指示灯HL2保持常亮 2）若料仓内没有工件，则指示灯HL1和指示灯HL2均以2Hz的频率闪烁。工作站在完成本周期任务后停止。除非向料仓补充足够的工件，否则工作站不能再起动

（续）

工作单元	初始条件	起动	停止	备注
加工站调试	设备上电和气源接通后，若各气缸满足_____初始位置要求，则"正常工作"指示灯 HL1 常亮，表示设备_____；否则，该指示灯以 1Hz 的频率闪烁	1）按下起动按钮，设备起动，"设备运行"指示灯 HL2 常亮 2）当待加工工件送到加工台上并被检出后，设备执行将工件夹紧，送往加工区域冲压，完成冲压动作后返回待料位置的工件加工工序 3）如果没有停止信号输入，当再有待加工工件送到加工台上时，加工站将开始下一周期工作	在工作过程中，若按下停止按钮，加工站在完成本周期的动作后停止工作，_____灯熄灭	1）当待加工工件被检出而加工过程开始后，如果按下急停按钮，本单元所有机构应立即停止运行，指示灯 HL2 以 1Hz 的频率闪烁 2）急停按钮复位后，设备从急停前的断点开始继续运行
装配站调试	设备上电和气源接通后，若各气缸满足初始位置要求，即_____，料仓上已经有足够的小圆柱零件，工件装配台上没有待装配工件，则"正常工作"指示灯 HL1 常亮，表示设备已准备好。否则，该指示灯以 1Hz 的频率闪烁	1）若设备已准备好，按下起动按钮，装配站起动，"设备运行"指示灯 HL2 常亮 2）如果回转台上的左料盘内没有小圆柱零件，则执行_____操作；如果左料盘内有零件，而右料盘内没有零件，则执行回转台_____ 3）如果回转台上的右料盘内有小圆柱零件且装配台上有待装配工件，则执行装配机械手抓取小圆柱零件并放入待装配工件中的控制操作 4）完成装配任务后，装配机械手应返回初始位置，等待下一次装配	若在运行过程中按下停止按钮，则落料机构应立即停止落料，在装配条件满足的情况下，装配站在完成本次装配后停止工作	在运行中发生"零件不足"报警时，指示灯 HL3 以 1Hz 的频率闪烁，HL1 和 HL2 常亮；在运行中发生"零件没有"报警时，指示灯 HL3 以亮 1s，灭 0.5s 的方式闪烁，HL2 熄灭，HL1 常亮
分拣站调试	设备上电和气源接通后，若工作单元的 3 个气缸满足初始位置要求，即_____，则"正常工作"指示灯 HL1 常亮，表示设备已准备好，否则该指示灯以 1Hz 的频率闪烁	1）若设备已准备好，按下起动按钮，系统启动，"设备运行"指示灯 HL2 常亮。当传送带入料口人工放已装配的工件时，变频器立即起动，驱动传动电动机以频率为 30Hz 的速度，把工件带往分拣区 2）工件被推出滑槽后，该工作站的一个工作周期结束。仅当工件被推出滑槽后，才能再次向传送带下料	如果在运行期间按下停止按钮，该工作站在_____停止运行	如果是金属大工件，则该工件被推到 1 号槽中；如果塑料工件上的小圆柱工件为白色或金属，则该工件被推到 2 号槽中；如果工件上的小圆柱工件为黑色，则工件被推到 3 号槽中
输送站调试	1）输送站在通电后，按下复位按钮 SB1，执行复位操作，使抓取机械手装置回到原点位置。在复位过程中，"正常工作"指示灯 HL1 以 1Hz 的频率闪烁	按下起动按钮 SB2，设备起动，"设备运行"指示灯 HL2 也常亮，开始功能测试过程	当抓取机械手装置返回原点后，一个测试周期结束。当供料站的出料台上放置工件时，再按一次起动按钮 SB2，开始新一轮的测试	1）抓取的顺序是：手臂伸出→手爪夹紧抓取工件→提升台上升→手臂缩回 2）抓取动作完成后，伺服电动机驱动机械手装置向加工站移动，移动速度为 300mm/s

（续）

工作单元	初始条件	起动	停止	备注
输送站调试	2）当抓取机械手装置回到原点位置，且输送站各个气缸满足初始位置的要求时，复位完成，"正常工作"指示灯HL1常亮 3）各气缸初始状态为 _____ _____ _____	按下起动按钮SB2，设备起动，"设备运行"指示灯HL2也常亮，开始功能测试过程	当抓取机械手装置返回原点后，一个测试周期结束。当供料站的出料台上放工件时，再按一次起动按钮SB2，开始新一轮的测试	3）抓取机械手装置放下工件的顺序是：_____→提升台下降→手爪松开放下工件→ 4）在分拣站放下工件动作完成后，机械手手臂缩回，然后执行返回原点的操作。伺服电动机驱动机械手装置以300mm/s的速度返回，返回900mm后，摆台顺时针旋转90°，然后以100mm/s的速度低速返回原点停止

5. 联机运行

在联机运行模式下，各工作站的按钮／指示灯模块上的工作方式选择开关SA应置于"联机方式"位置。各工作站的具体控制要求如下：

1）给系统上电，当网络正常后开始工作。触摸人机界面上的复位按钮，执行复位操作，在复位过程中，黄色警示灯以2Hz的频率闪烁，红色和绿色灯均熄灭。

复位过程包括使输送站机械手装置回到原点位置和检查各工作站是否处于初始状态。

各工作站的初始状态是指：

① 各工作站的气动执行元件均处于初始位置。

② 供料站料仓内有足够的待加工工件。

③ 装配站料仓内有足够的小圆柱零件。

④ 输送站的紧急停止按钮未按下。

当输送站机械手装置回到原点位置，且各工作站均处于初始状态时，复位完成，绿色警示灯常亮，表示允许启动系统。这时若触摸人机界面上的起动按钮，则系统启动，绿色和黄色警示灯均常亮。

2）供料站运行。系统启动后，若供料站的出料台上没有工件，则应把工件推到出料台上，并向系统发出出料台上有工件信号。若供料站的料仓内没有工件或工件不足，则向系统发出报警或预警信号。出料台上的工件被输送站机械手取出后，若系统仍然需要推出工件进行加工，则进行下一次推出工件操作。

3）输送站运行1。当工件推到供料站出料台后，输送站机械手装置应执行抓取供料站工件的操作。动作完成后，伺服电动机驱动机械手装置移动到加工站加工台的正前方，把工件放到加工站的加工台上。

4）加工站运行。加工站加工台的工件被检出后，执行加工过程。当加工好的工件重新送回待料位置时，向系统发出冲压加工完成信号。

5）输送站运行2。系统接收到加工完成信号后，输送站机械手装置应执行抓取已加工工件的操作。抓取动作完成后，伺服电动机驱动机械手装置移动到装配站物料台的正前方，然后把工件放到装配站的物料台上。

6）装配站运行。装配站物料台的传感器检测到工件到来后，开始执行装配过程。装入动作完成后，向系统发出装配完成信号。

如果装配站的料仓或料槽内没有小圆柱工件或工件不足，则应向系统发出报警或预警信号。

7）输送站运行3。系统接收到装配完成信号后，输送站机械手装置应执行抓取已装配工件的操作，然后从装配站向分拣站运送工件，到达分拣站传送带上方入料口后把工件放下，然后执行返回原点的操作。

8）分拣站运行。输送站机械手装置放下工件、缩回到位后，分拣站的变频器立即起动，驱动传动电动机以运行频率（由人机界面指定）的速度，把工件带入分拣区进行分拣，工件分拣原则与单站运行相同。当分拣气缸活塞杆推出工件并返回后，应向系统发出分拣完成信号。

9）仅当分拣站分拣工作完成，并且输送站机械手装置回到原点，系统的一个工作周期才认为结束。如果在工作周期期间没有触摸过停止按钮，则系统在延时1s后开始下一周期工作。如果在工作周期期间曾经触摸过停止按钮，则系统工作结束，警示灯中黄色灯熄灭，绿色灯仍保持常亮。系统工作结束后若再次按下起动按钮，则系统又重新开始工作。

10）设备紧急情况操作说明。若在系统运行过程中按下输送站的急停按钮，则输送站立即停止工作。急停复位后，继续运行。

三、任务总结

本任务重点介绍 YL-335B 型自动化生产线的结构、气源及电源等技术参数，指导学生进行 YL-335B 型自动化生产线的初步操控。注意：操作过程必须在指导教师监督下进行，操作结束后进行项目评价，见表1-13。

表 1-13　自动化生产线认知项目评价表

学习领域		自动化生产线安装与调试		总学时：72学时
项　　目		自动化生产线认知		学　时：4学时
班　　级				
团队负责人		团队成员		
评价项目		成绩评定		
资讯	技术资料收集能力	□收集的技术资料翔实丰富（5分）	□能收集基本的技术资料（3分）	□收集的技术资料有欠缺（2分）
决策	系统方案制订、决策能力	□方案技术合理、性价比高（5分）	□方案基本可行（3分）	□方案技术性、经济性较差（2分）
计划	工作计划制订能力	□计划合理、可操作性强（5分）	□计划具有可操作性（3分）	□计划不合理、可操作性差（2分）

（续）

评价项目		成绩评定					
		评分内容	配分	重点检查内容	扣分	得分	备注
实施	对方案实施并优化的能力	YL-335B型自动化生产线的调试运行	60分	设备上电及接通气源过程			
				开机过程			
				各工作站调试运行			
				联机调试运行			
				关机过程			
				操作步骤是否规范合理			
		职业素养与安全意识	15分	1）现场操作安全保护是否符合安全操作规程 2）是否既有分工又有合作，配合紧密 3）遵守工作现场纪律，爱惜设备和器材，保持工位的整洁			
评价	工作成果展示能力	□能完全反映工作成果（5分）		□能反映大部分工作成果（3分）		□不能反映工作成果（2分）	
	对工作过程和成果评价能力	□评价全面、合理（5分）		□评价不够全面、合理（3分）		□评价不合理（2分）	
	总分						
	评价教师		日期				

项目 2

供料站的安装与调试

【项目所需工具】

表 2-1 工具清单

项目	序号	名称	规格型号	数量	单位	备注
所用设备	1	自动化生产线供料站	YL-335B	1	台	
	2	PC（个人计算机）		1	台	
所用仪表	1	万用表		1	块	
所需工具	1	内六角扳手		1	套	
	2	活扳手		1	把	
	3	剥线钳	6in	1	把	
	4	斜口钳	6in	1	把	
	5	尖嘴钳	6in	1	把	
	6	一字槽螺钉旋具	6in、8in	各1	把	
	7	十字槽螺钉旋具	6in、8in	各1	把	
	8	钟表螺钉旋具		1	套	
	9	橡胶锤	0.5kg	1	把	
	10	零件盘	标准	2	个	
成员签字：				教师签字：		

【场地准备】

表 2-2 场地准备

序号	场地准备	规格	数量	单位	备注
1	自动化生产线实训室	标准实训室	1	间	
2	实训台	2.4m×1.6m	20	个	
3	操作工位	每个实训台配2个工位	40	个	
4	调试工具	整套	40	套	
5	PC	满足博途软件运行环境	40	台	

【人员准备】

表 2-3　小组分工

人员准备
全班共分为（　　）组，每组（　　）人操作 按照生产企业工作岗位进行小组分工： 生产组长＿＿＿＿、机械装配员＿＿＿＿、电气装配员＿＿＿＿、程序调试员＿＿＿＿、质检员＿＿＿＿

防护要求	6S 管理
1）穿工作服符合"三紧原则"，即袖口紧、领口紧、下摆紧 2）正确佩戴安全帽 3）必要情况下穿绝缘鞋 4）确保在断电情况下进行操作	1）工作台面干净整洁 2）各拆装器件有序摆放 3）工具使用完毕归位 4）整洁、齐全、有序 5）卫生清理

任务 2.1　供料站的认知

工作任务清单	
任务情境描述	近期某学校新购置 YL-335B 型自动化生产线 8 台，应专业教师及学生的要求，该系统由专业人员进行安装调试。本任务要求从若干传感器中找到能够实现供料功能的相关传感器进行测试，以便后期加装到机械本体上

素质目标	知识目标	能力目标
1）具有团队协作和沟通能力 2）具有安全意识 3）具有刻苦钻研和积极进取精神	1）掌握供料站的功能及结构组成 2）掌握光电传感器、金属传感器、磁性开关结构及工作原理 3）掌握传感器的调试方法	1）能根据任务要求正确选择传感器 2）能利用仪器仪表进行传感器的检测

建议学时	2 学时

具体工作步骤及要求				
序号	工作步骤	要求	时间安排	备注
1	识读任务书	能快速明确任务要求并清晰表达，在教师要求时间内完成		
2	任务准备	能够选择完成任务需要的工具，并进行工作场所安排及小组分工		
3	任务实施	能够制订实施计划，并能够选择出完成供料功能的传感器		
4	检测与调试	完成各类传感器的检测与调试		
5	任务总结	能够清晰地描述任务认知与理解等，思路清晰，语言流畅		

一、任务准备

1. 相关知识

供料站是自动化生产线中的起始单元，向系统中的其他单元提供原料，相当于实

际生产线中的自动上料系统。供料站根据需要将放置在料仓中的工件（原料）自动推出到出料台上，以便输送站的机械手将其抓取、输送到其他单元上。供料站的外观结构如图 2-1 所示。

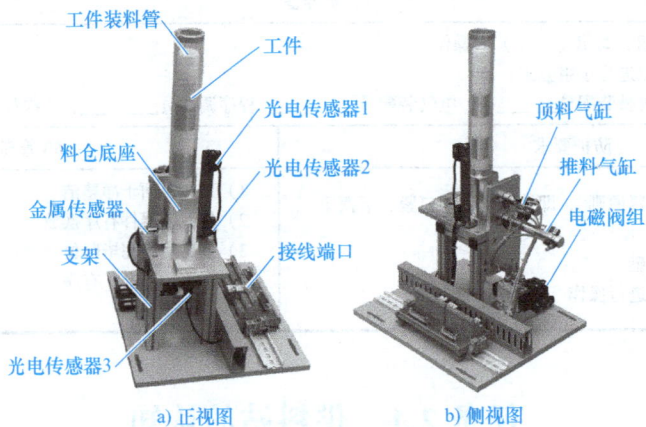

a) 正视图 b) 侧视图

图 2-1　供料站的外观结构

工件垂直叠放在料仓中，在需要将工件推出到物料台上时，首先使顶料气缸活塞杆推出，压住次下层工件；然后使推料气缸活塞杆推出，把最下层工件推到物料台上。在推料气缸返回并从料仓底部抽出后，再使顶料气缸返回，松开次下层工件。这样，料仓中的工件在重力的作用下，就自动向下移动一个工件，为下一次推出工件做好准备。供料操作示意图如图 2-2 所示。

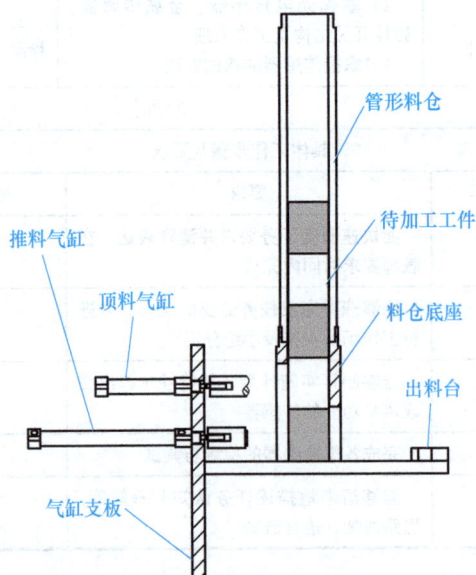

图 2-2　供料操作示意图

2. 信息整理

将获取的相关信息进行总结整理，并填入表 2-4 中。

表 2-4　信息整理

器件	图形符号	问题
磁感应接近开关或磁性开关		1）数量是多少？ _____ 2）位置在哪？ _____ 3）作用是什么？ _____ 4）种类有哪些？ _____ 5）如何接线？ _____ 6）注意事项： _____
光电传感器		1）数量是多少？ _____ 2）位置在哪？ _____ 3）功能是什么？ _____ 4）蓝色接 _____ 棕色接 _____ 黑色接 _____ 5）接收端接收到信号表示 _____ A. 有物件　　B. 无物件
光电传感器		1）数量是多少？ _____ 2）位置在哪？ _____ 3）功能是什么？ _____ 4）蓝色接 _____ 棕色接 _____ 黑色接 _____ 5）接收端接收到信号表示 _____ A. 有物件　　B. 无物件
金属传感器		1）数量是多少？ _____ 2）位置在哪？ _____? 3）作用是什么？ _____ 4）种类有哪些？ _____ 5）如何接线？ _____ 6）注意事项： _____

二、任务实施

1. 工作计划

制订工作计划，并填入表 2-5 中。

表 2-5　工作计划表

步骤	内容	计划时间 /min	实际时间 /min	完成情况
1	制订工作计划			
2	选择传感器及信息整理			
3	根据材料清单领料			
4	传感器的调试			
5	填写调试运行记录表			
6	对教师发现和提出的问题进行回答			
7	成绩评估			

2. 选择传感器

根据供料站的功能分析，从商家发来的传感器中找出需要的传感器，并填在表 2-6 中。

表 2-6　传感器清单

序号	名称	数量	单位	规格型号	该器件功能	备注
1	光电传感器	2	个			
2	光电传感器	1	个			
3	金属传感器	1	个			
4	磁性开关	4	个			

三、检测与调试

1. 调试所需器材

找出调试所需器材，器材清单见表 2-7。

表 2-7　器材清单

序号	器材名称	型号与规格	数量	单位
1	磁性开关检测仪	专用仪表	1	台
2	磁性开关	D-Z73	1	个
3	PLC	S7-1200 CPU1214C AC/DC/RLY	1	台
4	对射式光电传感器	E3Z-T61-D	1	个
5	开关电源	输入 AC 220V、DC 24V	1	块
6	螺钉旋具	通用	1	套
7	万用表	通用	1	块
8	指示灯	220V	1	组
9	矿泉水瓶	装满水	1	个
10	矿泉水瓶	半瓶水	1	个
11	矿泉水瓶	空瓶	1	个
12	金属传感器	NPN 型、PNP 型金属传感器各 2 只	4	只
13	漫射式光电传感器	CX-441	3	个

2. 传感器的检测与调试

（1）磁性开关的检测与调试

1）带磁性开关的气缸工作原理图如图 2-3 所示，通过查阅资料，简述磁性开关的工作原理：

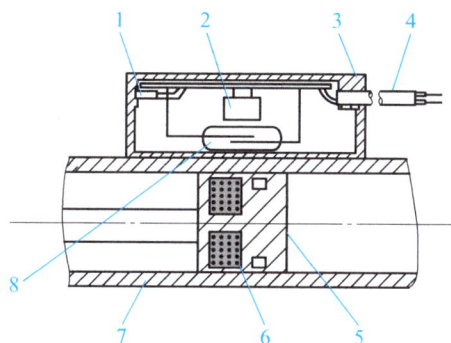

_____

_____

图 2-3　带磁性开关的气缸工作原理图

1—动作指示灯　2—保护电路　3—开关外壳　4—导线　5—活塞　6—磁环（永久磁铁）　7—缸筒　8—舌簧开关

2）磁性开关的检测方法见表 2-8（注意：给磁性开关编制序号，方便检测）。

表 2-8　磁性开关的检测方法

磁性开关的检测方法	
检测方法一		将检测仪连接好，用一磁铁沿图中方向移动，如果检测仪指示灯变亮并发出声音，则磁性开关可用；如果没有该现象，请将检测仪拨到另外一档，若仍然没有上述现象，则说明磁性开关已损坏
检测方法二		若没有磁性开关检测仪，可用万用表来检测。将万用表调至欧姆档，当磁铁靠近磁性开关时，电阻值很小，万用表接通；当磁铁离开磁性开关时，万用表显示断开，电阻值为无穷大

（续）

用万用表检测各磁性开关是否正常				
检测器件	磁铁靠近时正常阻值	测量结果	磁铁远离时正常阻值	测量结果
磁性开关 1	→0		→∞	
磁性开关 2	→0		→∞	
磁性开关 3	→0		→∞	
磁性开关 4	→0		→∞	

3）磁性开关检测无误以后，安装在气缸上进行调试。请查阅资料并简述调试步骤。

_____

_____

4）将磁性开关安装在气缸上，并按照表 2-9 所示方法进行调试（注意给磁性开关排序）。

表 2-9　磁性开关的安装与调试

磁性开关的安装与调试		
调试步骤	◆端点检测 步骤1　将气压缸的活塞推到端点的位置 步骤2　将磁性开关紧贴气压缸壁向前滑行，ON时做一记号 步骤3　继续滑行至磁性开关OFF后，停止向前滑行 步骤4　倒退滑行，待磁性开关再度ON时做一记号 步骤5　两个记号中间的位置即为最佳装置位置　　　◆中点检测 步骤1　将气压缸的活塞推到欲检测的位置 步骤2　将磁性开关紧贴气压缸壁向前滑行，ON时做一记号 步骤3　继续滑行至磁性开关OFF后，停止向前滑行 步骤4　倒退滑行，待磁性开关再度ON时做一记号 步骤5　两个记号中间的位置即为最佳装置位置	1）松开固定螺栓 2）让磁性开关顺着气缸滑动 3）到达指定位置后，磁性开关输出信号"1" 4）再旋紧固定螺栓

调试运行记录表（填入各磁性开关的运行状态）				
运行状态	磁性开关 1	磁性开关 2	磁性开关 3	磁性开关 4
推料到位				
推料复位				
顶料复位				
顶料到位				

5）磁性开关调试过程中的注意事项如下：

① 调试时，不得让磁性开关受到过大的冲击力。

② 不能让磁性开关在水或冷却液中使用。

③ 绝对不要用于有爆炸性、可燃性气体的环境中。

④ 磁性开关周围不要有切屑、焊渣等铁粉存在，若堆积在开关上，则会使开关的磁力减弱，甚至失效。

⑤ 磁性开关的配线不能直接接到电源上，必须串接负载。

⑥ 磁性开关有动作范围，若气缸行程太小则会出现开关不能断开的现象。

（2）光电传感器的检测与调试

1）通过查阅资料，结合图 2-4 及图 2-5 简述光电传感器的工作原理：

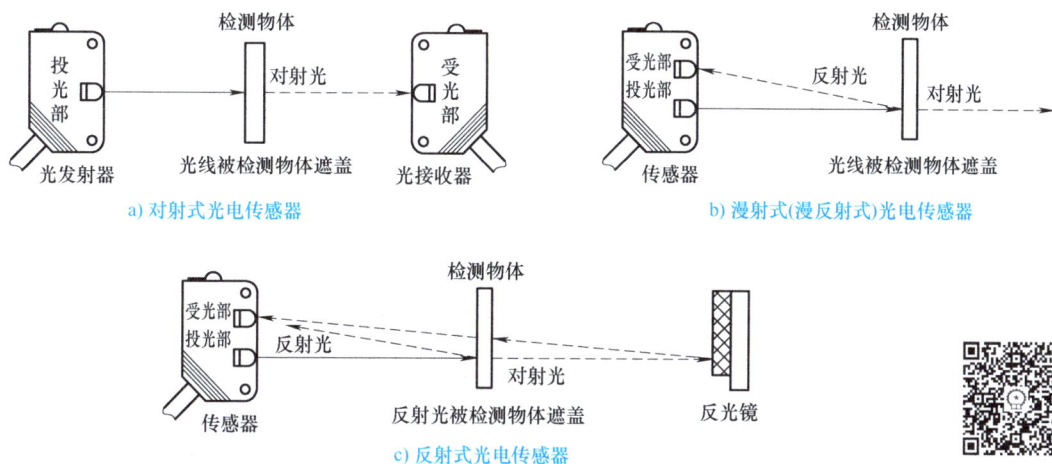

_____

_____

a) 对射式光电传感器　　　　　　　　b) 漫射式(漫反射式)光电传感器

c) 反射式光电传感器

图 2-4　光电传感器的原理示意图

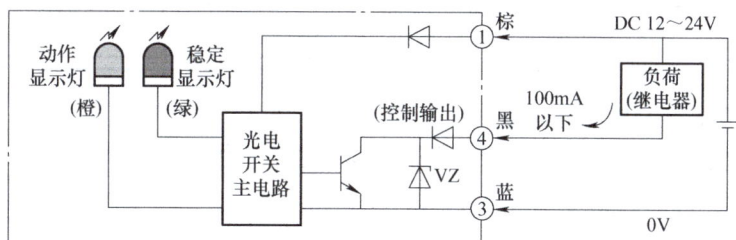

图 2-5　CX-441（E3Z-L61）光电开关电路原理图

2）如何判断光电传感器的好坏？

接好电源，用万用表直流电压档测量信号线与电源负极之间的电压值，此时测得电压为高电平；接下来用手遮住光电传感器，测得电压为低电平，说明光电传感器是好的。

3）光电传感器的检测与调试方法见表 2-10。

表 2-10　光电传感器的检测与调试

光电传感器的检测与调试

检测方法		1）接线后，再次检查接线，确认无误后，方可通电 2）传感器前端不放置任何物体，观察 PLC 输入点是否点亮 3）将 3 个矿泉水瓶放置在传感器近端，观察 PLC 输入点是否点亮 4）将 3 个矿泉水瓶在传感器前端平移，观察 PLC 输入点状态变化 5）调整灵敏度旋钮，观察 3 个状态下传感器的变化，并记录
灵敏度调整		光电传感器的灵敏度旋钮是用来调整信号灵敏度的，从左到右调整灵敏度依次增大。橙色灯显示检测信号的有无，绿色灯常亮表示为光量的稳定
调试注意事项	1）适当的检测距离 2）选择合适的输出类型 3）根据被测物的大小选择合适的光点（光纤） 4）环境光及安装位置（避免并排同向安装）的影响 5）被检测物颜色的影响：红色光源对绿色和黑色不敏感；蓝色光源对绿色、红色和黑色不敏感；绿色光源对红色和黑色不敏感	

调试运行记录表（填入各光电传感器的运行状态）

传感器状态	不放置任何物体	放置在传感器近端			在传感器前端平移		
		满瓶水	半瓶水	空瓶	满瓶水	半瓶水	空瓶
传感器 1 状态							
传感器 2 状态							
传感器 3 状态							

（3）金属传感器的检测与调试

1）通过查阅资料，结合图 2-6 简述金属传感器的工作原理。

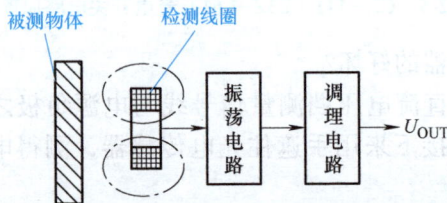

_____

_____

图 2-6　金属传感器（电感式）原理框图

2）金属传感器的检测与调试见表 2-11。

表 2-11　金属传感器的检测与调试

金属传感器的检测与调试

| 检测方法 | | 三线制接近开关的三根线：棕色接电源正极，蓝色接电源负极，黑色是信号输出线
1）首先必须给金属传感器接上 24V 直流电源
2）接好电源之后，将万用表打到直流 200V 的位置，并将黑色线接万用表的红色表笔
3）拿一个金属物体，靠近接近开关，用万用表的黑色表笔分别触碰开关电源的 0V 和 24V 这两个端子，看万用表是否有 24V 的电压读数
4）若万用表的黑色表笔触碰 0V 时，显示电压值是 24V，那么这个接近开关就是 PNP 型，常开
5）若万用表的黑色表笔触碰 24V 时，显示 -24V，那么这个接近开关就是 NPN 型，常开
6）若拿掉靠近金属传感器的金属物，黑色表笔无论触碰开关电源的 0V 还是 24V，显示都为 0，那么就证明金属开关是好的 |

金属传感器的好坏判别（给 4 个金属传感器标清序号，并填入检测结果）

检测器件	无检测物时	测量结果	检测到物体时	测量结果
NPN 型常开型	高		低	
NPN 型常闭型	低		高	
PNP 型常开型	低		高	
PNP 型常闭型	高		低	

金属传感器的调试运行记录表

通过检测，YL-335B 设备的供料站中用到的金属传感器为_____类型。调试运行结果如下：

检测器件	检测到外壳是金属材质	检测到外壳是塑料材质
金属传感器		

四、任务总结

本任务介绍了供料站的作用、结构及动作过程，重点指导学生进行磁性开关、光电传感器及金属传感器的检测与调试，请同学们完成上述表格并进行项目评价，见表 2-30。

任务 2.2　供料站机械结构的安装

<table>
<tr><td colspan="4" align="center">工作任务清单</td></tr>
<tr>
<td>任务情境描述</td>
<td colspan="3">YL-335B 型自动化生产线中供料站相当于生产线中的自动上料系统，是整个生产线中的起始单元，机械结构的安装非常重要。如果工作中不按工艺规范操作就会造成机器损坏，造成整条生产线的系统瘫痪，直接影响企业效益。因此在安装时必须确保各零件、组合件、部件安装的牢固性和准确性，并保证各工作机构协调、可靠地工作</td>
</tr>
<tr>
<td align="center">素质目标</td>
<td align="center">知识目标</td>
<td colspan="2" align="center">能力目标</td>
</tr>
<tr>
<td>1）具有较强的安全生产、环境保护、职业道德和团队合作意识
2）严格执行机电一体化技术文件及工作单，并养成工具三清点的习惯
3）具有良好的心理素质，树立机电产品质量第一的意识</td>
<td>1）掌握供料站的基本结构组成部分
2）掌握供料站装配的基本步骤与流程
3）掌握供料站结构图的识读方法</td>
<td colspan="2">1）能根据任务要求正确安装供料站
2）能正确识读装配工艺图样
3）能正确使用工具进行操作</td>
</tr>
<tr>
<td>建议学时</td>
<td colspan="3" align="center">2 学时</td>
</tr>
<tr><td colspan="4" align="center">具体工作步骤及要求</td></tr>
<tr>
<td align="center">序号</td>
<td align="center">工作步骤</td>
<td align="center">要求</td>
<td align="center">时间安排</td>
<td align="center">备注</td>
</tr>
<tr>
<td align="center">1</td>
<td>识读任务书</td>
<td>能快速明确任务要求并清晰表达，在教师要求时间内完成</td>
<td></td>
<td></td>
</tr>
<tr>
<td align="center">2</td>
<td>任务准备</td>
<td>能够选择完成任务需要的工具，并进行工作场所安排及小组分工</td>
<td></td>
<td></td>
</tr>
<tr>
<td align="center">3</td>
<td>任务实施</td>
<td>能够制订实施计划，并能够根据技术图样要求规范装配，每装配完一步都要进行可靠性检查</td>
<td></td>
<td></td>
</tr>
<tr>
<td align="center">4</td>
<td>任务总结</td>
<td>能够清晰地描述任务认知与理解等，思路清晰，语言流畅</td>
<td></td>
<td></td>
</tr>
</table>

一、任务准备

1. 材料清单

供料站机械结构安装的具体材料清单见附录中的附表1。

2. 识读图样

供料站工程图如图 2-7 所示。

3. 供料站机械结构的安装步骤

供料站机械结构的安装方法是把供料站分解成几个组件，首先进行组件装配，然后再进行总装。供料站可分解成 3 个组件：铝合金型材支架组件、物料台及料仓底座组件和推料机构组件，如图 2-8 所示。

各组件装配好后，用螺栓把它们连接为总体，再用橡胶锤把装料管敲入料仓底座，然后将连接好的供料站机械部分以及电磁阀组、PLC 和接线端子排固定在底板上，最后固定底板完成供料站的安装。

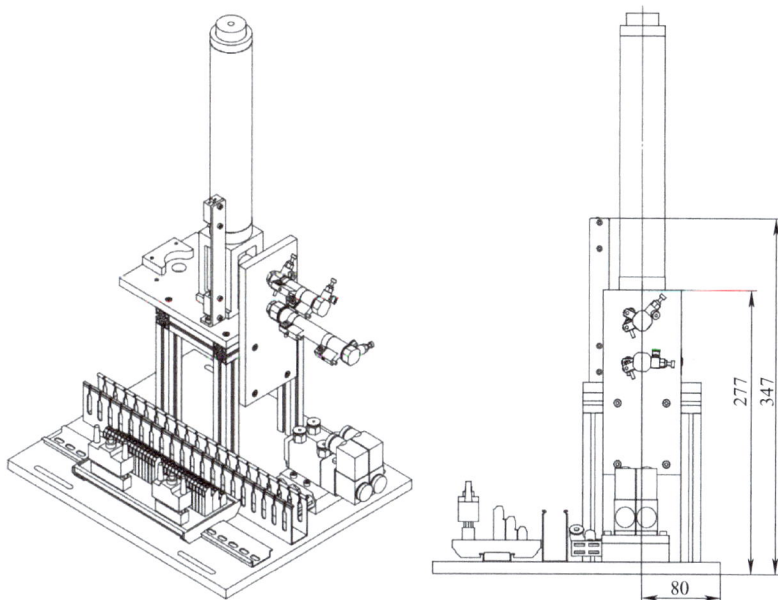

图 2-7　供料站工程图

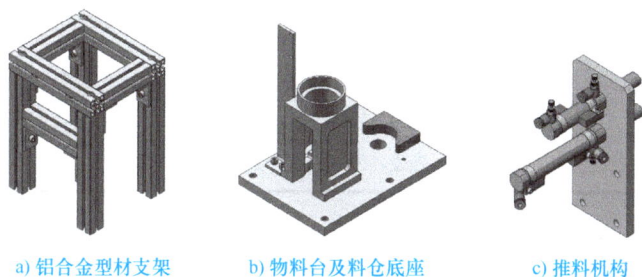

a) 铝合金型材支架　　b) 物料台及料仓底座　　c) 推料机构

图 2-8　供料站组件

机械部件装配完成后，装上欠缺料检测、金属检测和出料台物料检测等传感器，安装时请注意它们的安装位置、方向等。

4. 信息整理

将获取的相关信息进行总结整理，并填入表 2-12 中。

表 2-12　信息整理

部件		主要功能	信息整理
铝合金型材支架		主要功能：	1）铝合金型材支架有_____个部件 2）先装_____，再装_____，然后装_____，最后装_____。（写序号） 3）安装时需要注意的事项： _____ _____

（续）

部件	主要功能	信息整理
物料台及料仓底座	主要功能：	1）物料台及料仓底座有_____个部件 2）先装_____，再装_____，然后装_____，最后装_____。（光电传感器支架、料仓底座、出料台检测传感器、物料台挡块） 3）安装时需要注意的事项： _____ _____
推料机构	主要功能：	1）推料机构有_____个部件 2）先装_____，再装_____，最后装_____（气缸固定螺栓、气缸、侧板） 3）安装时需要注意的事项： _____ _____

二、任务实施

1. 工作计划

制订工作计划，并填入表 2-13 中。

表 2-13　工作计划表

步骤	内容	计划时间 /min	实际时间 /min	完成情况
1	制订工作计划			
2	制订安装计划			
3	写材料清单和领料			
4	机械部分安装、调试			
5	按质量要求要点检查整个设备			
6	对教师发现和提出的问题进行回答			
7	成绩评估			

2. 器件选型

选择本任务所需要的器件，并填入表 2-14 中。

表 2-14　器件清单

序号	名称	规格	数量	单位	备注
1	电磁阀组			组	
2	推料气缸			个	
3	顶料气缸			个	

（续）

序号	名称	规格	数量	单位	备注
4	磁性开关			个	
5	光电传感器			个	
6	金属传感器			个	
7	装置侧接线端子排			组	
8	开关电源			块	
9	PLC			台	
10	按钮指示灯模块			个	
11	PLC侧接线端子排			组	
12	走线槽			根	

3. 安装过程中的注意事项

仔细阅读表 2-15 中的安装注意事项。

表 2-15　安装注意事项

仔细阅读安装注意事项			
组长		成员	
安装注意事项	1）准备好安装所需的工具 2）对供料站各个组件要有一个明确的认识 3）仔细阅读安装的工作流程文档 4）安装时对各个部件进行明确排序 5）安装完毕后对供料站进行完整性检查以及清洁处理 6）检查完毕后，按照工艺流程完成安装		
机械部分安装注意事项	1）装配铝合金型材支架时，注意调整好各条边的平行及垂直度，锁紧螺栓 2）气缸安装板和铝合金型材支架的连接，是靠预先在特定位置的铝型材"T"形槽中放置预留与其相配的螺母，因此在对该部分的铝合金型材进行连接时，一定要在相应的位置放置相应的螺母。如果没有放置螺母或没有放置足够多的螺母，将造成无法安装或安装不可靠 3）机械结构固定在底板上的时候，需要将底板移动到操作台的边缘，螺栓从底板的反面拧入，将底板和机械结构部分的支撑型材连接起来		

4. 供料站机械装配专业技术规范标准

供料站机械装配专业技术规范标准见表 2-16，要严格按照专业技术规范标准进行操作。

三、任务总结

本任务重点介绍供料站的安装步骤及机械装配专业技术标准，请同学们根据以上所学内容绘制供料站安装步骤思维导图，并进行项目评价，见表 2-30。

表 2-16 机械装配专业技术规范标准

序号	内容	合格	不合格
1	所有活动件和工件不允许发生碰撞现象	评估时各气缸及工件无碰撞、卡滞现象	评估时在执行器件或工件之间有碰撞现象
2	工具、零部件、垃圾、下脚料或其他碎屑不得遗留在工作台或工作作业区地面	保持工作台面干净整洁，工作完毕及时清理工作台面及地面	
3	不得丢失或损坏任何零部件或组件	保证各零部件的完整及无损坏现象	评估时出现零件损坏现象
4	所有型材末端必须安装端盖		
5	工作单元底板需固定且必须用垫片安装牢固		
6	安装尺寸符合图样要求		

任务 2.3   供料站气路的设计及安装调试

工作任务清单		
任务情境描述	一公司冲压分厂的电晕线自动焊接生产线是生产电晕线的专用设备。它由气路、输送、焊接、水冷及电器器件等系统组成。该设备自动化程度较高，工作中的各工序，如送料、定位、夹紧、焊接、切断，都实现了自动化。钢带与螺柱的焊接采用计算机控制恒流充电模式储能焊机。运行中整体性能良好，但经常出现电磁阀堵塞、TOX气液增力缸腐蚀的问题，严重影响生产。希望在本任务学习完成后，能够用所学的知识对该设备进行改造	
素质目标	知识目标	能力目标
1）培养学生积极查阅资料的能力 2）养成多角度思考、不断创新、主动探究新事物的习惯 3）培养团队协作和沟通能力，具有安全意识	1）掌握气源处理装置的组成结构 2）掌握双作用气缸、电磁阀的工作原理 3）掌握气动原理图的设计方法	1）能正确安装气源装置 2）能根据供料站气动原理图进行气路连接及调试
建议学时	2 学时	

具体工作步骤及要求				
序号	工作步骤	要求	时间安排	备注
1	识读任务书	能快速明确任务要求并清晰表达，在教师要求时间内完成		
2	任务准备	能够选择完成任务需要的工具，并进行工作场所安排及小组分工		
3	任务实施	能够制订实施计划，并能够根据技术图样要求进行气路连接		
4	任务总结	能够清晰地描述任务认知与理解等，思路清晰，语言流畅		

一、任务准备

1. 器件清单

选择本任务所需要的器件，并填入表 2-17 中。

表 2-17   器件清单

序号	名称	数量	单位	规格型号	该器件功能	备注
1	气泵					
2	油水分离器					
3	过滤减压阀					
4	快速六通接头					
5	电磁换向阀及汇流板					
6	双作用直线气缸					
7	单向节流阀					
8	气管					
9	消声器					

2. 信息整理

将获取的相关信息进行总结整理，并填入表 2-18 中。

二、任务实施

1. 工作计划

制订工作计划，并填入表 2-19 中。

表 2-18　信息整理

器件	工作原理	信息整理
气动二联件	快速气路开关　过滤减压阀　气源	1）气动二联件包括____和____ 2）气源处理组件的输入气源来自____，所提供的压力要求为 0.6～1.0MPa 3）组件的气路入口处安装一个_____，用于启/闭气源 4）组件的输出压力为 0～0.8MPa，可调
双作用气缸	双作用气缸的特点：	1）气缸的作用是什么？_____ 2）供料站中用了几个双作用气缸？_____ 3）什么是双作用气缸？什么是单作用气缸？_____
单向节流阀	B端　A端　节流阀B　节流阀A 简述带节流阀的气缸动作过程：	1）什么是节流阀？_____ 2）单向节流阀是由_____阀和_____阀并联而成的流量控制阀，用于控制气缸_____，所以也称为_____阀 3）调节节流阀的_____，则可改变气缸的运动速度

34

（续）

器件	工作原理	信息整理
电磁换向阀	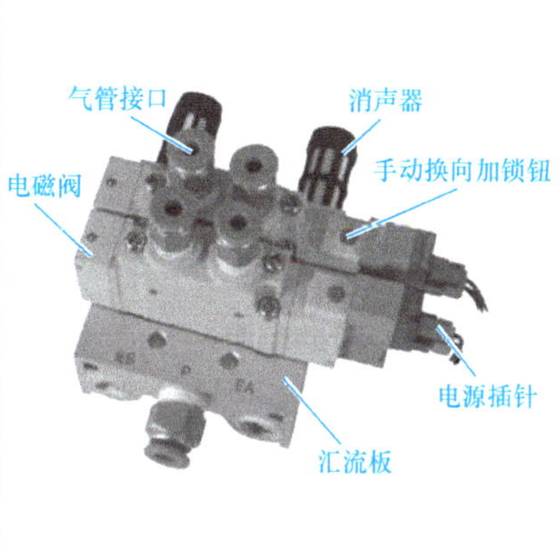 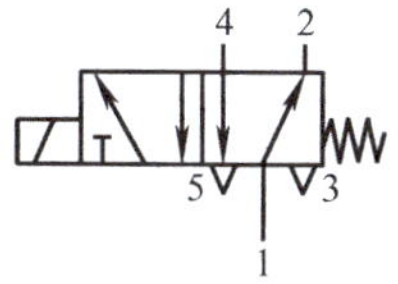 气管接口 消声器 电磁阀 手动换向加锁钮 电源插针 汇流板 电磁换向阀的作用是： _____ YL-335B 所有工作单元的执行气缸都是双作用气缸，因此控制它们工作的电磁换向阀需要有 2 个工作口和 2 个排气口以及 1 个供气口，故使用的电磁换向阀均为二位五通电磁阀	1）电磁换向阀有_____和_____之分。单电控与双电控的区别是什么？ _____ 2）YL-335B 供料站中，使用的电磁换向阀为_____电磁换向阀。供料站中总共有_____个 3）两个电磁换向阀是集中安装在汇流板上的，汇流板中 2 个排气口末端均连接_____，作用是_____
气动控制回路图	（气动控制回路图）	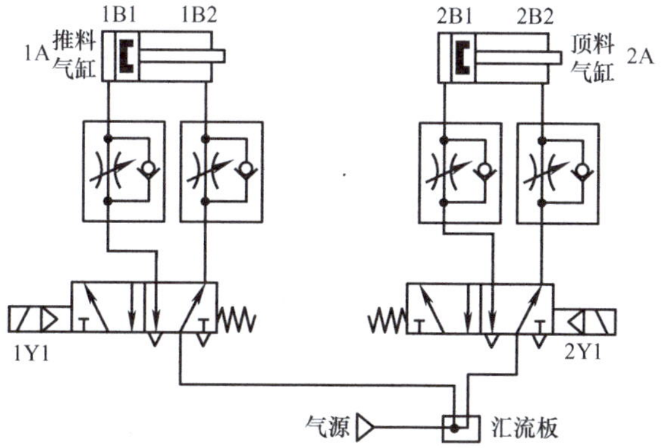 1）找出图中的错误并加以改正 2）其中用到 2 个_____气缸，2 个单向节流阀，2 个电磁换向阀和 1 块汇流板 3）气路连接从汇流板开始。连接时注意气管走向，并应按序排布，均匀美观，不能交叉、打折；气管要在快速接头中插紧，不能有漏气现象

表 2-19 工作计划表

步骤	内容	计划时间 /min	实际时间 /min	完成情况
1	制订工作计划			
2	根据材料清单领料			
3	气源装置的安装与调整			
4	气动元件的安装			
5	气动控制回路的连接			
6	电磁换向阀调试及气缸调整			
7	常见故障及解决办法			
8	填写调试运行记录表			
9	对教师发现和提出的问题进行回答			
10	成绩评估			

2. 供料站气路安装与调试

按表 2-20 所示要求进行供料站气路安装与调试。

表 2-20　供料站气路安装与调试

	供料站气路的连接	
主气路连接	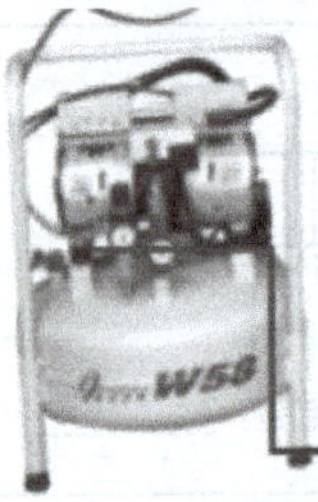 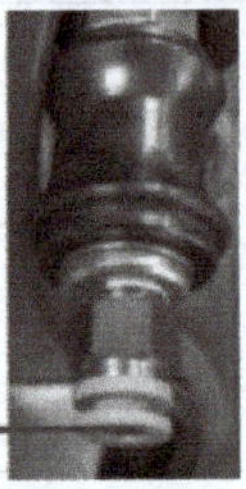	连接步骤： 1）先仔细阅读总气路图 2）气泵的管路出口用专用气管与油水分离器的入口连接 3）油水分离器的出口与快速六通接头的入口连接 4）快速六通接头的出口与供料站汇流板的入口连接
供料站气动控制回路连接	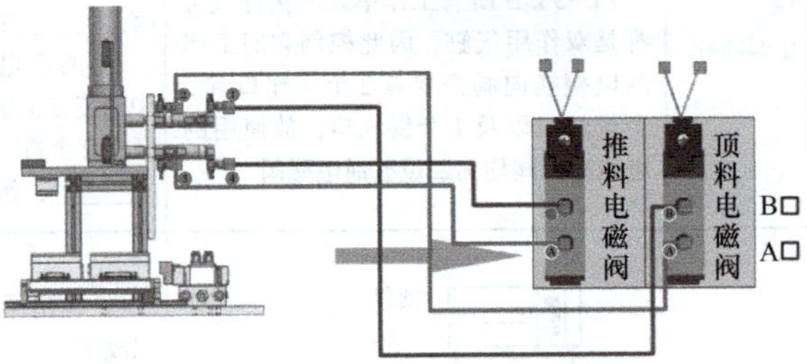	连接步骤： 1）按照左图进行气路连接 2）分别用两种不同颜色表示进气和出气
注意事项	1）气路连接要完全按照自动化生产线气路图进行 2）气路连接时，气管一定要在快速六通接头中插紧，不能有漏气现象 3）气路中的气缸节流阀调整要适当，以活塞进出迅速、无冲击、无卡滞现象为宜，以不推倒工件为准；若有气缸动作相反，将气缸两端进气管位置颠倒即可 4）气路气管在连接走向时，应该按序排布，均匀美观，不能交叉打折、顺序凌乱 5）所有外露气管必须用扎带进行绑扎，松紧程度以不使气管变形为宜，外形美观 6）电磁阀组与气体汇流板的连接必须压在橡胶密封垫上固定，要求密封好，无泄漏	
	电磁换向阀的调试	
电磁换向阀的调试	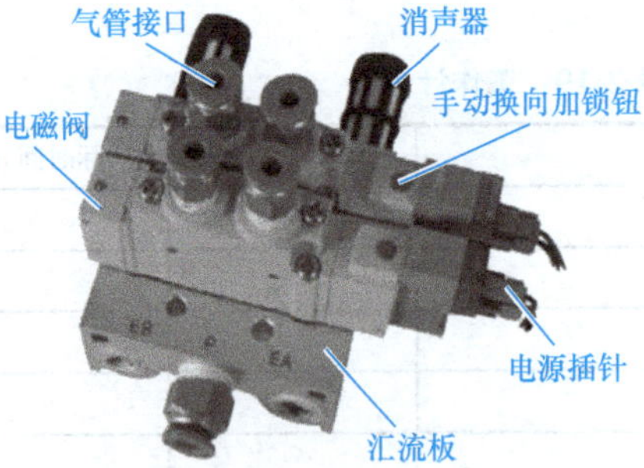	1）本单元所采用的电磁阀，带手动换向阀、加锁钮，有锁定（LOCK）和开启（PUSH）两个位置 2）用小螺钉旋具把加锁钮旋到 LOCK 位置时，手控开关向下凹进去，不能进行手控操作 3）在 PUSH 位置，可用工具向下按，信号为"1"，等同于该侧的电磁信号为"1"；常态时，手控开关的信号为"0" 4）在进行设备调试时，可以使用手控开关对阀进行控制，从而实现对相应气路的控制，以改变推料缸等执行机构的控制，达到调试的目的
更换安装电磁阀	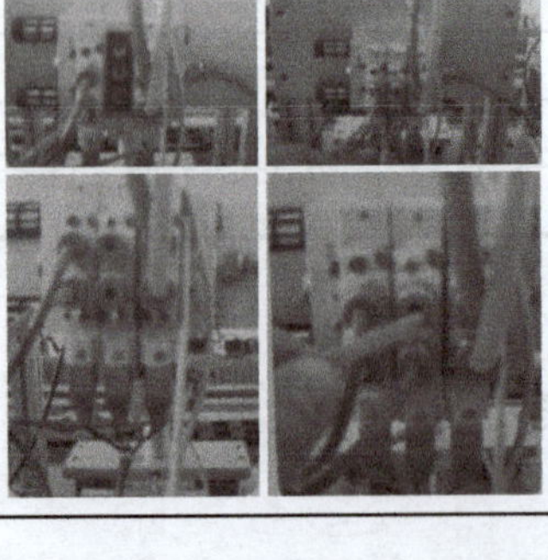	1）切断气源，用螺钉旋具拆卸下已经损坏的电磁阀 2）用螺钉旋具将新的电磁阀装上 3）将电气控制接头插到电磁阀上 4）将气路管插到电磁阀上的快速接头中 5）接通气源，用手控开关进行调试

（续）

气动系统常见故障与解决

故障类型	故障问题	原因	解决办法
气动执行器件（气缸）故障	气缸出现内、外泄漏	1）活塞杆安装位置偏心 2）润滑油供应不足 3）密封圈和密封环磨损或损坏 4）气缸内有杂质及活塞杆有伤痕等	1）重新调整活塞杆的中心，以保证活塞与缸筒的同轴度 2）须经常检查油雾器工作是否可靠，以保证执行器件润滑良好 3）当密封圈和密封环出现磨损或损坏时，须及时更换 4）若气缸内存在杂质，应及时清除 5）活塞杆上有伤痕时就更换
	气缸的输出力不足和动作不平稳	一般是由活塞或活塞杆被卡住、润滑不良、供气量不足，或缸内有冷凝水和杂质等因素所致	1）调整活塞杆的中心 2）检查油雾器的工作是否可靠 3）检查供气管路是否被堵塞 4）当气缸内有冷凝水和杂质时，应及时清除
	气缸的缓冲效果不良	一般是由缓冲密封圈磨损或调节螺钉损坏所致	更换密封圈和调节螺钉
	气缸的活塞杆和缸盖损坏	一般是由活塞杆安装偏心或缓冲机构不起作用而造成的	应调整活塞杆的中心位置，更换缓冲密封圈或调节螺钉
电磁阀故障	重点介绍电路故障	控制电路故障	1）在检查电路故障前，应先将换向阀的手动旋钮转动几下，看换向阀在额定的气压下是否能正常换向，若能正常换向，则是电路故障 2）检查时，可用仪表测量电磁线圈的电压，看是否达到了额定电压，若电压过低，应进一步检查控制电路中的电源和相关联的开关电路
		电磁线圈故障	1）如果在额定电压下换向阀不能正常换向，则应检查电磁线圈的接头是否松动或接触不实 2）具体方法：拔下插头，测量线圈的阻值，如果阻值太大或太小，说明电磁线圈已损坏，应更换
气动辅助器件故障	油雾器的故障	调节针的调节量太小、油路堵塞、管路漏气等都会使液态油滴不能雾化	应及时处理堵塞和漏气的地方。正常使用时，对油杯底部沉积的水分，应及时排除
	自动排污器故障	自动排污器内的油污和水分有时不能自动排除	应将其拆下并进行检查和清洗
	消声器故障	消声器太脏或堵塞	要经常清洗消声器

电晕线自动焊接生产线改造

故障问题	可能原因	拟解决办法
电磁阀堵塞且使TOX气液增力缸腐蚀	经空气压缩机的空气带有水分、油雾和灰尘等杂质	在压缩空气干燥机入口前加装一台主管路过滤器，对压缩空气进行初步过滤；在出气口加装一台 HA 级微油雾过滤器，再进行一次精细过滤
	气路系统连接管路为橡胶管，老化后产生的粉尘也易堵塞电磁阀	用纤维缠绕 PVC（聚氯乙烯）编织管代替气路中的橡胶管，从而解决堵塞问题

三、任务总结

本任务重点介绍了供料站气路组成结构及各部件的功能原理，指导学生进行气路连接及调试，请同学们完成上述表格并进行项目评价，见表 2-30。

任务 2.4　供料站控制电路的测绘与校核

工作任务清单			
任务情境描述	请同学们选择适合的仪表、设备和工具对 YL-335B 型自动化生产线的供料站进行电气测绘，画出电气原理图，结合供料站的工作任务填写 I/O（输入 / 输出）分配表和供料站装置侧接线端子分配表，并对控制电路接线进行校核		
素质目标	知识目标		能力目标
1）具备自主学习和获取信息的能力 2）具有一定的语言表达能力和团队协作意识 3）具有查阅资料的能力	1）掌握供料站电气接线的原理及测绘方法 2）掌握博途软件校核 PLC 电路的方法		1）能够完成供料站电气控制线路的测绘 2）能够正确使用博途软件对电气接线进行校核
建议学时	2 学时		
具体工作步骤及要求			

序号	工作步骤	要求	时间安排	备注
1	识读任务书	能快速明确任务要求并清晰表达，在教师要求时间内完成		
2	任务准备	准备好测绘用的仪器仪表绘图工具、校核用的 PC、数据线，并进行工作场所安排及小组分工		
3	任务实施	能够制订实施计划，对供料站控制电路进行测绘，能够对供料站控制电路进行校核		
4	任务总结	能够清晰地描述任务认知与理解等，思路清晰，语言流畅		

一、任务准备

1. 供料站工作任务

本任务只考虑供料站作为独立设备运行时的情况，工作站的主令信号和工作状态显示信号来自 PLC 旁边的按钮 / 指示灯模块，并且按钮 / 指示灯模块上的工作方式选择开关 SA 应置于"单站方式"位置。具体的控制要求如下：

1）设备上电和气源接通后，若工作站的两个气缸均处于缩回位置，且料仓内有足够的待加工工件，则"正常工作"指示灯 HL1 常亮，表示设备准备好。否则，该指示灯以 0.5Hz 的频率闪烁。

2）若设备准备好，按下起动按钮，工作站起动，"设备运行"指示灯 HL2 常亮。起动后，若出料台上没有工件，则应把工件推到出料台上。出料台上的工件被人工取出后，若没有停止信号，则进行下一次推出工件操作。

3）若在运行中按下停止按钮，则在完成本工作周期任务后，各工作站停止工作，指示灯 HL2 熄灭。

4）若在运行中料仓内工件不足，则工作站继续工作，但"正常工作"指示灯 HL1 以 0.5Hz 的频率闪烁，"设备运行"指示灯 HL2 保持常亮。若料仓内没有工件，则指示灯 HL1 和指示灯 HL2 均以 2Hz 的频率闪烁。工作站在完成本周期任务后停止。除非向料仓补充足够的工件，否则工作站不能再起动。

2. 电路校核方法

控制电路的校核是程序调试的必备工作，对 PLC 输入端口接线的校核，可采用如下方法：接通电源，如果是按钮可直接进行开关操作，如果是传感器可借助工件模拟传感器 ON/OFF 的切换过程，例如光电传感器，可用工件或其他物品遮挡光电传感器的感应端，然后观察与之对应的 PLC 的 I 点指示灯是否亮起，从而判断接线正确与否。

对 PLC 输出端口接线的校核，常用的校核方法是借助 PLC 编程软件的监控表功能校核，具体方法如下：清空供料站料仓内的工件（为使气缸自由动作），接通电源和气源，在 PC 上运行博途软件，创建一个新工程，组态后下载至 PLC，保持博途软件和 PLC 之间的正常通信，添加新监控表，在监控表地址栏输入待检测的全部 Q 点，在"全部监视"状态下直接修改 Q 点的值并执行，观察与各 Q 点连接的指示灯或电磁阀是否动作，从而判断接线正确与否。监控表校核方法如图 2-9 所示。

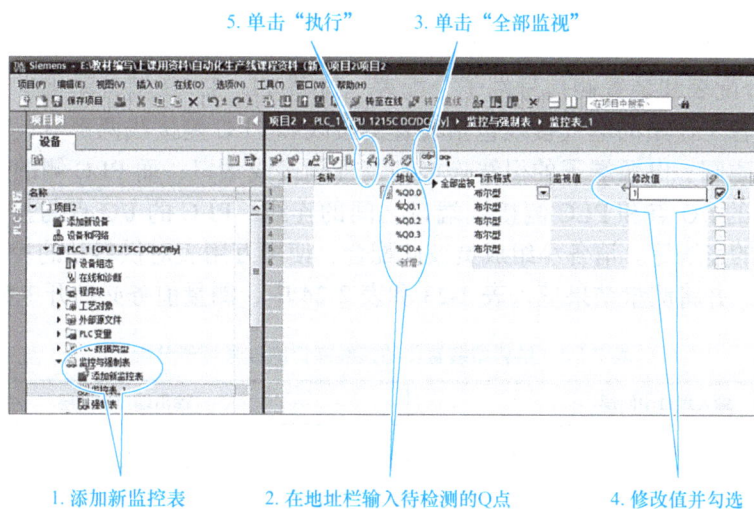

图 2-9　监控表校核方法

二、任务实施

1. 工作计划

制订工作计划，并填入表 2-21 中。

2. 供料站控制电路测绘

（1）PLC 及其扩展模块的选型　PLC 控制电路的测绘可以 PLC 为中心，向外围逐步进行测量，所以首先需要掌握供料站所用 PLC 的型号、输入 / 输出端口的数量、是否加了扩展模块等信息，请同学们查看供料站 PLC 的相关信息，并记录在表 2-22 中。

表 2-21 工作计划表

步骤	内容	计划时间 /min	实际时间 /min	完成情况
1	分析工作任务			
2	电路测绘，填写 I/O 分配表和装置侧信号端子分配表			
3	绘制供料站电气原理图			
4	电路校核			
5	对教师发现和提出的问题进行回答			
6	成绩评估			

表 2-22 供料站 PLC 的相关信息

供料站 PLC 信息	
PLC 型号	
DI 数量	
DQ 数量	
有无扩展模块	
扩展模块型号和功能	

（2）I/O 分配表和装置侧信号端子分配表　按照 YL-335B 型自动化生产线实训装置的接线规则，各工作站的电气接线包括装置侧接线和 PLC 侧接线两部分，在装置侧要把各传感器、电磁阀、电源端子的引线连接到装置侧接线端口；而 PLC 侧的接线则包括电源接线、PLC 的 I/O 点和 PLC 侧接线端口之间的连线、PLC 的 I/O 点与按钮 / 指示灯模块的端子之间的连线等。请各小组成员彼此配合，使用万用表对供料站的控制电路的连接关系进行测量，并将测量结果填入表 2-23 和表 2-24 中，测量前务必断开电源。

表 2-23 供料站装置侧的接线端口的信号端子分配

输入端口中间层			输出端口中间层		
端子号	设备符号	信号线	端子号	设备符号	信号线
2			2		
3			3		
4					
5					
6					
7					
8					
9					
10# ～ 17# 端子没有连接			4# ～ 14# 端子没有连接		

表 2-24　供料站 PLC 的 I/O 信号分配

输入端口分配				输出端口分配			
序号	PLC 输入点	信号名称	信号来源	序号	PLC 输出点	信号名称	输出目标
1				1			装置侧
2				2			
3				3			
4				4			
5			装置侧	5			
6				6			
7				7			
8				8			
9				9			按钮 / 指示灯模块
10				10			
11				11			
12			按钮 / 指示灯模块	12			
13				13			
14				14			

（3）绘制供料站电气原理图　电路图是表达项目电路组成和物理连接信息的简图，它采用按功能排列的图形符号来表示各器件及其连接关系，着重表示功能而不需要考虑项目的实体尺寸、形状和位置。电路图的绘制应符合 GB/T 6988.1—2008 或 JB/T 2740—2015、JB/T 2739—2015 的规定。另外，各传感器所用电源由外部直流电源提供，不使用 PLC 内置的 DC 24V 传感器电源。请根据供料站 PLC 的 I/O 信号分配表绘制图 2-10 所示的电气原理图。

3. 电路校核

请同学们按照任务准备中介绍的校核方法，对供料站的 PLC 控制电路接线进行校核，并把校核结果填入表 2-25 中。

三、任务总结

本任务重点介绍了电路校核方法，引导同学们进行供料站电气原理图的绘制，请同学们完成上述表格并进行项目评价，见表 2-30。

41

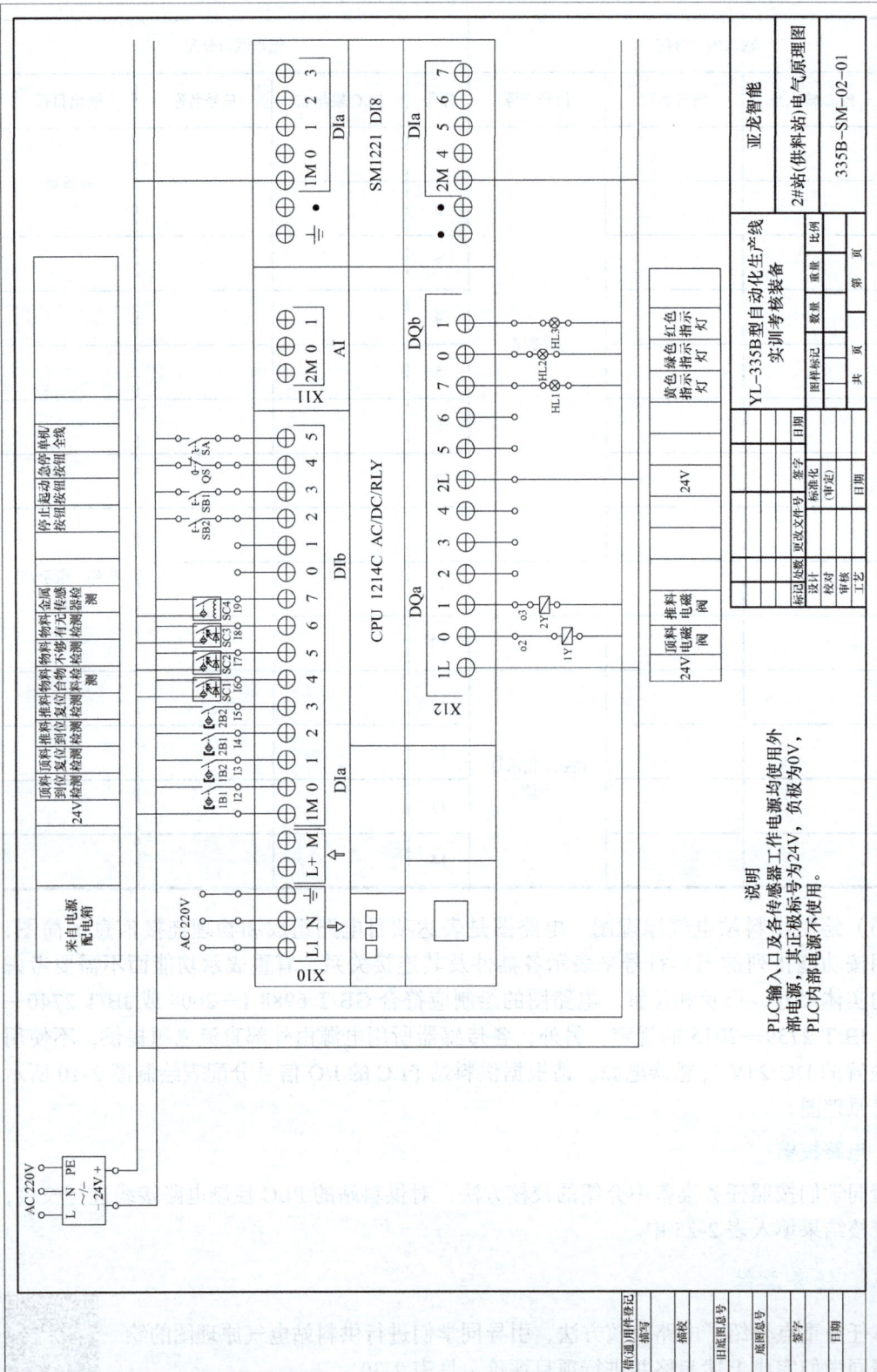

图 2-10 供料站电气原理图

表 2-25　供料站的 PLC 控制电路接线校核

输入端口

序号	PLC 输入点	信号名称	校核结果	故障排除描述（结果不正常填写）
1				
2				
3				
4				
5				
6				
7				
8				
9				
10				
11				
12				
13				
14				

输出端口

序号	PLC 输出点	信号名称	校核结果	故障排除描述（结果不正常填写）
1				
2				
3				
4				
5				

任务 2.5　供料站 PLC 的编程及调试运行

工作任务清单		
任务情境描述	在机械结构、气动系统、检测器件和电气接线均已安装完成的基础上，按照任务要求，对某校新购置的 YL-335B 型自动化生产线的供料站进行 PLC 程序的编写，并对供料站进行调试运行	
素质目标	知识目标	能力目标
1）培养查阅相关资料的能力 2）养成多角度思考、不断创新、主动探究新事物的习惯 3）培养团队协作和沟通能力，具有安全意识	1）掌握 S7-1200 系列 PLC 的基本指令、顺控编程法、子程序调用及编程方法 2）掌握供料站 PLC 编程与调试的方法	1）能够熟练应用博途软件编写供料站的 PLC 控制程序 2）能按照控制要求调试供料站
建议学时	2 学时	

（续）

具体工作步骤及要求

序号	工作步骤	要求	时间安排	备注
1	识读任务书	能快速明确任务要求并清晰表达，在教师要求时间内完成		
2	任务准备	能够在计算机安装博途软件，准备好适合的数据线，并进行工作场所安排及小组分工		
3	任务实施	能够制订实施计划，并按照供料站的任务要求编写程序，能够对供料站进行运行调试		
4	任务总结	能够清晰地描述任务认知与理解等，思路清晰，语言流畅		

一、任务准备

供料站的任务分析见表2-26。

表2-26　供料站的任务分析

任务描述	任务梳理
本任务只考虑供料站作为独立设备运行时的情况，工作站的主令信号和工作状态显示信号来自PLC旁边的按钮 / 指示灯模块，并且按钮 / 指示灯模块上的工作方式选择开关SA应置于"单站方式"位置。具体的控制要求如下： 1) 设备上电和气源接通后，若工作站的两个气缸均处于缩回位置，且料仓内有足够的待加工件，则"正常工作"指示灯HL1常亮，表示设备准备好。否则，该指示灯以0.5Hz的频率闪烁 2) 若设备准备好，按下起动按钮，工作站起动，"设备运行"指示灯HL2常亮。起动后，若出料台上没有工件，则应把工件推到出料台上。出料台上的工件被人工取出后，若没有停止信号，则进行下一次推出工件操作 3) 若在运行中按下停止按钮，则在完成本工作周期任务后，各工作站停止工作，指示灯HL2熄灭 4) 若在运行中料仓内工件不足，则工作站继续工作，但"正常工作"指示灯HL1以0.5Hz的频率闪烁，"设备运行"指示灯HL2保持常亮。若料仓内没有工件，则指示灯HL1和指示灯HL2均以2Hz的频率闪烁。工作站在完成本周期任务后停止。除非向料仓补充足够的工件，否则工作站不能再起动	1) 工作方式：只考虑单站运行模式。工作方式选择开关SA置_____（左 / 右）位 2) 初态检测：若供料站准备就绪，则推料气缸处于_____位置；顶料气缸处于_____位置；料筒内至少有_____个工件，指示灯HL1_____，否则指示灯HL1_____ 3) 起动控制：供料站准备就绪，起动按钮才有效。按下起动按钮，供料站进入推料流程，指示灯HL2_____，但供料站是否执行推料，还要取决于_____，否则供料站处于等待状态，等待_____ 4) 推料流程（两个气缸的伸缩顺序）： ① _____（推 / 顶）料气缸_____（伸出 / 缩回） ② _____（推 / 顶）料气缸_____（伸出 / 缩回） ③ _____（推 / 顶）料气缸_____（伸出 / 缩回） ④ _____（推 / 顶）料气缸_____（伸出 / 缩回） 5) 停止控制： ① 正常停止时的操作步骤为_____， 指示灯状态为_____ ② 非正常停止情况如下： 　工件不足时的设备状态为_____， 指示灯状态为_____ 　工件用完时的设备状态为_____， 指示灯状态为_____

二、任务实施

1. 工作计划

制订工作计划，并填入表 2-27 中。

表 2-27　工作计划表

步骤	内容	计划时间 /min	实际时间 /min	完成情况
1	分析工作任务			
2	绘制 PLC 流程图和顺序控制功能图			
3	编写程序			
4	调试运行并填写调试运行记录表			
5	对教师发现和提出的问题进行回答			
6	成绩评估			

2. 绘制 PLC 流程图和顺序控制功能图

（1）供料站单站控制的编程思路　结合西门子 S7-1200 系列 PLC 的模块化功能，供料站程序主体采用"一主两子"结构，主程序主要完成系统起停等主流程控制，包括上电初始化、故障检测、检查系统是否准备就绪以及系统起动 / 停止操作。两个子程序是系统状态显示子程序和供料控制子程序，系统状态显示子程序主要完成用指示灯指示系统是否准备就绪、缺料或料不足等正 / 异常状态；供料控制子程序主要完成系统起动后推料工艺流程的步进顺序控制。主程序在每个扫描周期都调用系统状态显示子程序，仅当在运行状态已经建立后才可能调用供料控制子程序。

（2）系统起 / 停主流程控制　根据任务分析和编程思路，将图 2-11 所示系统起 / 停主流程控制图填写完整。

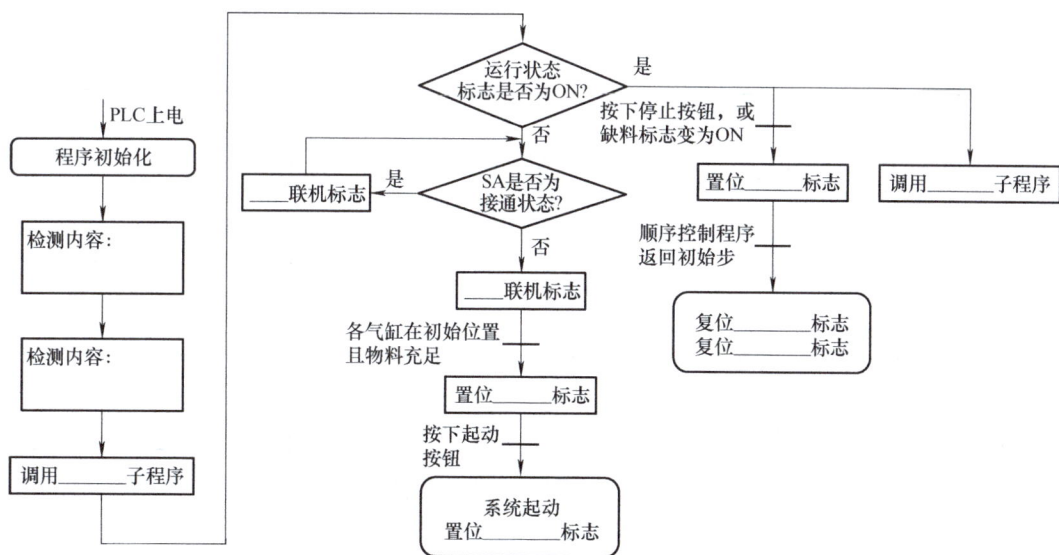

图 2-11　系统起 / 停主流程控制图

（3）步进顺序控制过程　根据任务描述，在表 2-28 中绘制顺序功能图。

表 2-28　绘制顺序功能图

任务描述	顺序功能图
供料控制子程序是一个单序列的步进顺序控制程序，过程比较简单，分为初始步、推料步和复位步 3 个工步 在初始步中，系统处于等待状态，等待料台上没有工件，经延时确认后，才转移到推料步，将工件推出到料台，动作完成后，转移到驱动机构复位步，使推料气缸和顶料气缸先后返回初始位置，这样就完成了一个工作周期，步进程序返回初始步 如果运行状态标志仍为 ON，出料台上的工件被取走，便开始下一周期的供料工作	

3. 程序编写

根据表 2-29 中提供的梯形图，在右侧写出程序注释。

表 2-29　程序编写

梯形图		程序注释
主程序		初始化：_____ _____ _____ _____
	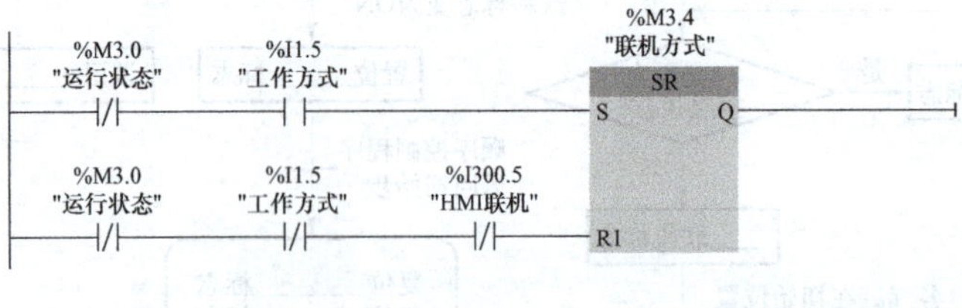	工作方式选择：_____ _____ _____
	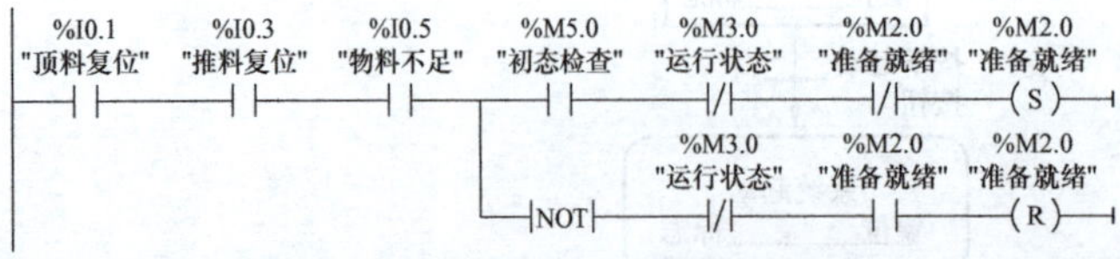	初态检测：_____ _____ _____ _____

（续）

梯形图	程序注释

主程序

起动控制：

%I1.3 "起动按钮"　%M3.4 "联机方式"　%M3.0 "运行状态"　%M2.0 "准备就绪"　%M2.2 "供料不足"　%M3.0 "运行状态"（S）
%I300.0 "全线运行"　%M3.4 "联机方式"
%M20.0 "初始步"（S）

%M3.0 "运行状态"　%FC1　EN　ENO

停止控制：

%M3.4 "联机方式"　%I1.2 "停止按钮"　%M3.0 "运行状态"　%M3.1 "停止指令"（S）
%M3.4 "联机方式"　%I300.0 "全线运行"

%M3.1 "停止指令"　%M20.0 "初始步"　%M3.0 "运行状态"（R）
%M3.0 "运行状态"　%M2.1 "缺料报警"　%I0.4 "出料检测"　%M3.1 "停止指令"（R）

供料控制子程序

初始步：

"定时器用数据块".Static_1

%M20.0 "初始步"　%M3.4 "联机方式"　%I300.4 "请求供料"　%I0.6 "物料没有"　%I0.4 "出料检测"　%M3.1 "停止指令"　TON Time　IN　Q　%M20.1 "Tag_1"（S）
%M3.4 "联机方式"　T#0.2s — PT　ET — T#0ms　%M20.0 "初始步"（R）

推料步：

%M20.1 "Tag_1"　%Q0.0 "顶料驱动"（S）
%I0.0 "顶料到位"　%Q0.1 "推料驱动"（S）
%I0.2 "推料到位"　%M20.2 "Tag_4"（S）
%M20.1 "Tag_1"（R）

复位步：

%M20.2 "Tag_4"　%Q0.1 "推料驱动"（R）

"定时器用数据块".Static_3

%I0.3 "推料复位"　TON Time　IN　Q　%Q0.0 "顶料驱动"（R）
T#0.3s — PT　ET — T#0ms
%I0.1 "顶料复位"　%M3.4 "联机方式"　%Q300.5 "推料完成"
%Q0.0 "顶料驱动"　%I0.4 "出料检测"　%M20.0 "初始步"（S）
%M20.2 "Tag_4"（R）

（续）

梯形图	程序注释
系统状态显示子程序	HL1 控制逻辑：_____ _____ _____ HL2 控制逻辑：_____ _____ _____

梯形图部分（左栏）：

第一段（HL1，输出 %Q0.7）：

- 支路1：%M2.0 "准备就绪"（常开）— %M2.2 "供料不足"（常开）— %M0.7 "Clock_0.5Hz"（常开）— %M2.1 "缺料报警"（常闭）— %M3.0 "运行状态"（常开）— %M3.4 "联机方式"（常闭）—（ %Q0.7 "HL1" ）
- 支路2：%M2.0 "准备就绪"（常开）— %M2.1 "缺料报警"（常开）— %M0.3 "Clock_2Hz"（常开）
- 支路3：%M2.0 "准备就绪"（常开）— %M2.2 "供料不足"（常闭）— %M2.1 "缺料报警"（常闭）
- 支路4：%M2.0 "准备就绪"（常闭）— %M0.7 "Clock_0.5Hz"（常开）

第二段（HL2，输出 %Q1.0）：

- 支路1：%M2.1 "缺料报警"（常闭）— %M3.0 "运行状态"（常开）— %M3.4 "联机方式"（常开）—（ %Q1.0 "HL2" ）
- 支路2：%M2.1 "缺料报警"（常开）— %M0.3 "Clock_2Hz"（常开）

4. 调试运行

1）在料筒内放入 1～2 个工件，接通气源，PLC 上电。

① 现象描述：动作状况为_____

指示灯状况为_____

② 与工作任务是否相符：_____

③ 如果不相符，分析故障原因：

_____

_____

④ 故障解决方案：

_____

_____

2）在料筒内放入 4 个以上工件，接通气源，PLC 上电。

① 现象描述：动作状况为_____

指示灯状况为_____

② 与工作任务是否相符：_____

③ 如果不相符，分析故障原因：

_____

_____

④ 故障解决方案：

_____

_____

3）料台上有工件，按下起动按钮。

① 现象描述：动作状况为_____

指示灯状况为_____

② 与工作任务是否相符：_____

③ 如果不相符，分析故障原因：

_____

_____

④ 故障解决方案：

_____

_____

4）料台上没有工件，按下起动按钮。

① 现象描述：动作状况为_____

指示灯状况为_____

② 与工作任务是否相符：_____

③ 如果不相符，分析故障原因：

_____

_____

④ 故障解决方案：

_____

_____

5）按下起动按钮，如果能够正确推出一个工件，手动取走工件。

① 现象描述：动作状况为_____

指示灯状况为_____

② 与工作任务是否相符：_____

③ 如果不相符，分析故障原因：

_____

_____

④ 故障解决方案：

_____

_____

6）运行过程中，在工件足够多的情况下按下停止按钮。

① 现象描述：动作状况为_____

指示灯状况为_____

② 与工作任务是否相符：_____

③ 如果不相符，分析故障原因：

_____

_____

④ 故障解决方案：

_____

_____

7）供料站持续运行，出现工件不足的情况。

① 现象描述：动作状况为＿＿＿＿＿＿＿＿＿＿＿＿＿＿＿＿＿＿＿＿＿

指示灯状况为＿＿＿＿＿＿＿＿＿＿＿＿＿＿＿＿＿＿＿＿＿＿＿＿＿＿＿＿＿＿

② 与工作任务是否相符：＿＿＿＿＿＿＿＿＿＿＿＿＿＿＿＿＿＿＿＿＿＿＿

③ 如果不相符，分析故障原因：

＿＿＿＿＿＿＿＿＿＿＿＿＿＿＿＿＿＿＿＿＿＿＿＿＿＿＿＿＿＿＿＿＿＿＿＿＿

＿＿＿＿＿＿＿＿＿＿＿＿＿＿＿＿＿＿＿＿＿＿＿＿＿＿＿＿＿＿＿＿＿＿＿＿＿

④ 故障解决方案：

＿＿＿＿＿＿＿＿＿＿＿＿＿＿＿＿＿＿＿＿＿＿＿＿＿＿＿＿＿＿＿＿＿＿＿＿＿

＿＿＿＿＿＿＿＿＿＿＿＿＿＿＿＿＿＿＿＿＿＿＿＿＿＿＿＿＿＿＿＿＿＿＿＿＿

8）供料站持续运行，出现缺料的情况。

① 现象描述：动作状况为＿＿＿＿＿＿＿＿＿＿＿＿＿＿＿＿＿＿＿＿＿＿＿

指示灯状况为＿＿＿＿＿＿＿＿＿＿＿＿＿＿＿＿＿＿＿＿＿＿＿＿＿＿＿＿＿＿

② 与工作任务是否相符：＿＿＿＿＿＿＿＿＿＿＿＿＿＿＿＿＿＿＿＿＿＿＿

③ 如果不相符，分析故障原因：

＿＿＿＿＿＿＿＿＿＿＿＿＿＿＿＿＿＿＿＿＿＿＿＿＿＿＿＿＿＿＿＿＿＿＿＿＿

＿＿＿＿＿＿＿＿＿＿＿＿＿＿＿＿＿＿＿＿＿＿＿＿＿＿＿＿＿＿＿＿＿＿＿＿＿

④ 故障解决方案：

＿＿＿＿＿＿＿＿＿＿＿＿＿＿＿＿＿＿＿＿＿＿＿＿＿＿＿＿＿＿＿＿＿＿＿＿＿

＿＿＿＿＿＿＿＿＿＿＿＿＿＿＿＿＿＿＿＿＿＿＿＿＿＿＿＿＿＿＿＿＿＿＿＿＿

5. 程序调试运行中的注意事项

在编写、传输、调试程序的过程中，能进一步掌握设备调试的方法、技巧及注意点，培养严谨的工作作风。

1）在程序下载运行前，必须认真检查各个执行机构之间是否会发生冲突；采用什么措施避免冲突；同一执行机构在不同阶段所做的动作是否已区分开。如果下载时程序存在严重错误，很容易造成设备的损坏和人员伤害。

2）在调试过程中，仔细观察执行机构的动作，将程序运行过程中存在的问题记录在任务实施表中，并认真分析，找出解决方案。如果程序能够实现预期的控制功能，则应该多次运行，以观察运行的稳定性，从而确定是否优化程序。

3）总结经验，将调试中遇到的问题及解决方法记录下来。

4）在程序调试过程中，应时刻关注设备运行情况，一旦执行机构相互冲突，应及时采取措施（如急停、切断气源、切断电源等），以免造成设备损坏。

三、任务总结

本任务通过工作过程梳理，引导同学们根据顺序功能图对源程序进行识读及整理，并在指导教师监督下进行调试，注意调试过程中出现的故障要及时给予解决。请同学们完成上述表格并进行项目评价，见表2-30。

表 2-30　供料站的安装与调试项目评价表

学习领域		自动化生产线安装与调试		总学时：72 学时		
项　　目		供料站的安装与调试		学　时：10 学时		
班　　级						
团队负责人		团队成员				
评价项目		成绩评定				
资讯	技术资料收集能力	□收集的技术资料翔实丰富（3 分）		□能收集基本的技术资料（2 分）		□收集的技术资料有欠缺（1 分）
决策	系统方案制订、决策能力	□方案技术合理、性价比高（3 分）		□方案基本可行（2 分）		□方案技术性、经济性较差（1 分）
计划	工作计划制订能力	□计划合理、可操作性强（3 分）		□计划具有可操作性（2 分）		□计划不合理、可操作性差（1 分）

实施	对方案实施并优化的能力	评分内容	配分	重点检查内容	扣分	得分	备注
		检测元件安装与调试	2 分	磁性开关在气缸上的位置精度			
			2 分	光电开关的安装位置调整			
			3 分	光电开关的灵敏度调整			
			3 分	各传感器的工作电平调整			
			3 分	各传感器接线是否正确			
			3 分	布线是否合理、美观			
		机械安装及装配工艺	3 分	铝合金型材支撑架的安装			
			3 分	物料台及料仓底座的安装			
			3 分	推料机构的装配			
			3 分	机械结构的组装			
			3 分	接线端子、阀组等部件的安装			
		气路设计及安装调试	3 分	绘制供料站气路图			
			3 分	气动控制回路的装配：①正确连接气路；②气路连接无漏气现象			
			3 分	按质量要求检查整个气路，气路连接无漏气现象			
			3 分	各气动元件的测试是否正确			
			3 分	整个装置的功能调试是否正确			
			3 分	故障排除情况			

（续）

评价项目		成绩评定					
实施	对方案实施并优化的能力	评分内容	配分	重点检查内容	扣分	得分	备注
		电路测绘与校核	2分	能正确填写I/O分配表			
			3分	能正确填写装置侧接线端口端子信息分配表			
			3分	能正确绘制电气原理图			
			3分	能对PLC控制电路进行校核，并排除不正常线路的故障			
		PLC编程与调试运行	3分	供料站实现基本动作要求			
			3分	能实现自动循环运行			
			3分	能对运行、缺料、料不足等状态进行指示			
			3分	能实现急停控制			
		职业素养与安全意识	10分	1）现场操作安全保护是否符合安全操作规程 2）工具摆放、包装物品、导线线头等的处理是否符合职业岗位的要求 3）是否既有分工又有合作，配合紧密 4）遵守工作现场纪律，爱惜设备和器材，保持工位的整洁			
完整性检查	根据工作站各部件的完好程度来确定	□优（3分）		□中（2分）		□差（1分）	
评价	工作成果展示能力	□能完全反映工作成果（3分）		□能反映大部分工作成果（2分）		□不能反映工作成果（1分）	
	对工作过程和成果评价能力	□评价全面、合理（3分）		□评价不够全面、合理（2分）		□评价不合理（1分）	
总分							
评价教师			日期				

项目 3

加工站的安装与调试

【项目所需工具】

表 3-1　工具清单

项目	序号	名称	规格型号	数量	单位	备注
所用设备	1	自动化生产线加工站	YL-335B	1	台	
	2	PC		1	台	
所用仪表	1	万用表		1	块	
所需工具	1	内六角扳手		1	套	
	2	活扳手		1	把	
	3	剥线钳	6in	1	把	
	4	斜口钳	6in	1	把	
	5	尖嘴钳	6in	1	把	
	6	一字槽螺钉旋具	6in、8in	各1	把	
	7	十字槽螺钉旋具	6in、8in	各1	把	
	8	钟表螺钉旋具		1	套	
	9	零件盘	标准	2	个	
成员签字：				教师签字：		

【场地准备】

表 3-2　场地准备

序号	场地准备	规格	数量	单位	备注
1	自动化生产线实训室	标准实训室	1	间	
2	实训台	2.4m×1.6m	20	个	
3	操作工位	每个实训台配2个工位	40	个	
4	调试工具	整套	40	套	
5	PC	满足博途软件运行环境	40	台	

【人员准备】

表 3-3　小组分工

人员准备	
全班共分为（　　　）组，每组（　　　）人操作	
按照生产企业工作岗位进行小组分工：	
生产组长_____、机械装配员_____、电气装配员_____、程序调试员_____、质检员_____	
防护要求	**6S 管理**
1）穿工作服符合"三紧原则"，即袖口紧、领口紧、下摆紧 2）正确佩戴安全帽 3）必要情况下穿绝缘鞋 4）确保在断电情况下进行操作	1）工作台面干净整洁 2）各拆装器件有序摆放 3）工具使用完毕归位 4）整洁、齐全、有序 5）卫生清理

任务 3.1　加工站的认知

工作任务清单			
任务情境描述	在完成前一个站的安装调试之后，本任务要求从若干传感器中找到能够实现加工功能的相关传感器，进行测试，以便后期加装到机械本体上		
素质目标	**知识目标**		**能力目标**
1）具有团队协作和沟通能力 2）具有安全意识 3）具有刻苦钻研、积极进取的精神	1）掌握加工站的功能及结构组成 2）掌握光电传感器、磁性开关结构及工作原理 3）掌握各类传感器的调试方法		1）能根据任务要求正确选择传感器 2）能用学过的内容进行传感器的简单测试 3）能正确使用仪器仪表，正确使用内六角扳手、螺钉旋具等工具
建议学时	2 学时		
具体工作步骤及要求			
序号	工作步骤	要求	时间安排	备注

序号	工作步骤	要求	时间安排	备注
1	识读任务书	能快速明确任务要求并清晰表达，在教师要求时间内完成		
2	任务准备	能够选择完成任务需要的工具，并进行工作场所安排及小组分工		
3	任务实施	能够制订实施计划，并能够选择出完成加工功能的传感器		
4	检测与调试	完成各类传感器的检测与调试		
5	任务总结	能够清晰地描述任务认知与理解等，思路清晰，语言流畅		

一、任务准备

1. 相关知识

加工站通过把待加工工件在加工台夹紧，移送到加工区域冲压气缸的正下方来实现对

工件的冲压加工，然后把加工好的工件重新送出，从而完成工件加工过程。

加工站装置侧的主要结构组成为加工台及滑动机构、冲压机构、电磁阀组、接线端子排、底板等。其机械部分的结构组成如图 3-1 所示。

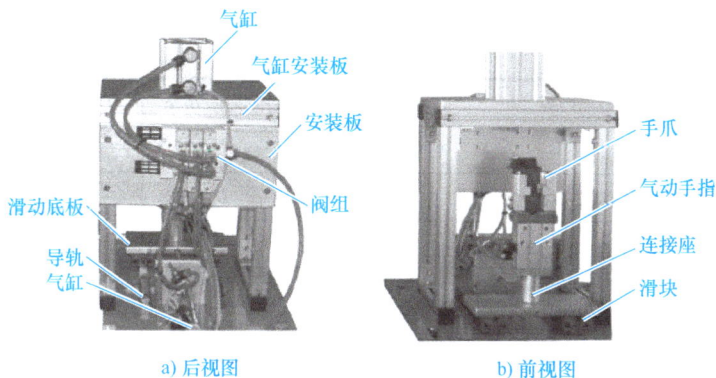

a) 后视图　　　　　　　　b) 前视图

图 3-1　加工站机械部分的结构组成

加工站的动作过程如下：滑动加工台在系统正常工作后的初始状态为伸缩气缸伸出、加工台气动手指张开，当输送机构把物料送到料台上，物料检测传感器检测到工件后，PLC 控制程序驱动气动手指将工件夹紧→加工台回到加工区域冲压气缸下方→冲压气缸活塞杆向下伸出冲压工件→完成冲压动作后向上缩回→加工台重新伸出→到位后气动手指松开，按照以上顺序完成工件加工工序，并向系统发出加工完成信号，为下一次工件的加工做准备。

2. 信息整理

将获取的相关信息进行总结整理，并填入表 3-4 中。

表 3-4　信息整理

器件	图形符号	问题
D-A93 型磁性开关 		1）数量是多少？ ＿＿＿＿＿＿＿＿ 2）位置在哪？ ＿＿＿＿＿＿＿＿ 3）作用是什么？ ＿＿＿＿＿＿＿＿ 4）种类有哪些？ ＿＿＿＿＿＿＿＿ 5）注意事项： ＿＿＿＿＿＿＿＿ 6）如何接线？ ＿＿＿＿＿＿＿＿

二、任务实施

1. 工作计划

制订工作计划，并填入表 3-5 中。

表 3-5　工作计划表

步骤	内容	计划时间 /min	实际时间 /min	完成情况
1	制订工作计划			
2	选择传感器及信息整理			
3	根据材料清单领料			
4	传感器的调试			
5	填写调试运行记录表			
6	对教师发现和提出的问题进行回答			
7	成绩评估			

2. 选择传感器

根据加工站的功能分析填写传感器清单，见表 3-6。

表 3-6　传感器清单

序号	名称	数量	单位	规格型号	该器件功能	备注
1	光电传感器	1	个			
2	磁性开关 1	3	个			
3	磁性开关 2	2	个			

三、检测与调试

1. 调试所需器材

找出调试所需器材，器材清单见表 3-7。

表 3-7　器材清单

序号	器材名称	型号与规格	数量	单位
1	磁性开关	D-Z73	2	个
2	磁性开关	D-A93	3	个
3	PLC	西门子 S7-1200	1	台
4	漫射式光电传感器	CX-441	1	个
5	开关电源	输入 AC 220V、DC 24V	1	块
6	螺钉旋具	通用	1	套
7	万用表	通用	1	块

2. 传感器的检测与调试

（1）磁性开关的检测与调试

1）磁性开关的检测方法同供料站中的检测方法。用万用表检测各磁性开关是否正常，请将检测结果填入表 3-8 中。

表 3-8　检测结果记录表

检测器件	磁铁靠近时正常阻值	测量结果	磁铁远离时正常阻值	测量结果
磁性开关 1	→0		→∞	
磁性开关 2	→0		→∞	
磁性开关 3	→0		→∞	
磁性开关 4	→0		→∞	
磁性开关 5	→0		→∞	

2）磁性开关测量正确以后，将其安装在气缸上，磁性开关测量气缸位置示意图如图 3-2 所示。

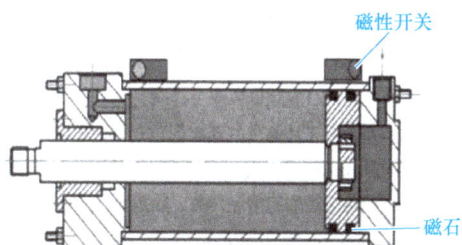

图 3-2　磁性开关测量气缸位置示意图

3）安装完毕后进行调试，调试结果填入表 3-9 中（注意给磁性开关排序）。

表 3-9　磁性开关的安装与调试

磁性开关的安装与调试		
演示调试	 气缸伸出到位　气缸缩回到位 不同气缸的调试实例	1）松开固定螺栓 2）让磁性开关顺着气缸滑动 3）到达指定位置后，磁性开关输出信号"1" 4）再旋紧固定螺栓

（续）

调试运行记录表（填入各磁性开关的运行状态）

气缸状态	磁性开关1	磁性开关2	磁性开关3	磁性开关4	磁性开关5
气动手指夹紧					
气动手指复位					
伸缩气缸伸出					
伸缩气缸缩回					
冲压气缸伸出					
冲压气缸缩回					

4）磁性开关调试过程中的注意事项如下：

① 调试时，不得让磁性开关受到过大的冲击力。

② 不能让磁性开关在水或冷却液中使用。

③ 绝对不要用于有爆炸性、可燃性气体的环境中。

④ 磁性开关周围不要有切屑、焊渣等铁粉存在，若堆积在开关上，则会使开关的磁力减弱，甚至失效。

⑤ 磁性开关的配线不能直接接到电源上，必须串接负载。

⑥ 磁性开关有动作范围，若气缸行程太小则会出现开关不能断开的现象。

（2）光电传感器的检测与调试　光电传感器的检测方法同项目2，此处重点介绍光电传感器面板各控制旋钮的调节，其外形及调节面板如图3-3所示。

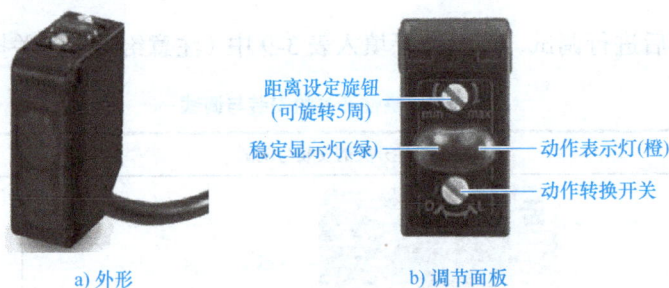

距离设定旋钮（可旋转5周）
稳定显示灯(绿)
动作表示灯(橙)
动作转换开关

a) 外形　　　　b) 调节面板

图 3-3　光电传感器的外形及调节面板

光电传感器的动作模式有受光模式（L模式）和遮光模式（D模式）。受光和遮光是相对受光部而言的。当受光部接收到光线时表示为入光，设置时旋钮拨到L模式，则进入检测-ON模式；当受光部未接收到光线时表示为遮光，设置时旋钮拨到D模式，则进入检测-ON模式。

距离设定旋钮（即灵敏度旋钮）是一个5回转调节器，调整时需要逐步轻微旋转，否则会造成空转现象。调整方法如下：

① 在检测距离范围内放置被检测物体，将灵敏度旋钮置于"Min"位置后再顺时针旋

转它，直到入光指示灯为 ON，此点为 A 点。

②　拿开被检测物体，顺时针旋转灵敏度旋钮，直到传感器可检测背景物体，入光指示灯为 ON。再逆时针旋转灵敏度旋钮，直到入光指示灯为 OFF，此点为 C 点。

③　将灵敏度旋钮设定在 A 点和 C 点的中间，此点即为稳定检测物体的最佳位置。

问题：同一个光电传感器既能检测到黑件又能检测到白件，那么以什么颜色工件为基准来调节灵敏度最为合适？为什么？

_____

_____

四、任务总结

本任务介绍了加工站的功能、结构及动作过程，重点指导学生进行磁性开关及光电传感器的检测与调试，请同学们完成上述表格并进行项目评价，见表 3-29。

任务 3.2　加工站机械结构的安装

工作任务清单		
任务情境描述	YL-335B 设备的加工站模拟设备冲压动作，在工业生产中，要求有高准确度定位功能，因此在安装时必须确保各零件、组合件、部件安装的牢固性和准确性，并保证各工作机构协调、可靠地工作	
素质目标	知识目标	能力目标
1）具有较强的安全生产、环境保护、职业道德和团队合作意识 2）严格执行机电一体化技术文件及工作单，并养成工具三清点的习惯 3）具有良好的心理素质，树立机电产品质量第一意识	1）掌握加工站的基本结构组成部分 2）掌握加工站装配的基本步骤与流程 3）掌握加工站结构图的识读方法	1）能根据任务要求正确安装加工站 2）能正确识读装配工艺图样 3）能正确使用工具进行操作
建议学时	2 学时	
具体工作步骤及要求		

序号	工作步骤	要求	时间安排	备注
1	识读任务书	能快速明确任务要求并清晰表达，在教师要求时间内完成		
2	任务准备	能够选择完成任务需要的工具，并进行工作场所安排及小组分工		
3	任务实施	能够制订实施计划，并能够根据技术图样要求规范装配，每装配完一步都要进行可靠性检查		
4	任务总结	能够清晰地描述任务认知与理解等，思路清晰，语言流畅		

一、任务准备

1. 材料清单

加工站机械结构安装的具体材料清单见附录中的附表 2。

2. 识读图样

加工站工程图如图 3-4 所示。

3. 加工站机械结构的安装步骤

加工站的装配过程包括两部分，一是加工机构组件装配，二是滑动加工台组件装配，然后进行总装。

加工站的安装过程为：①安装加工机构组件；②安装滑动加工台组件；③加工站总装。

在完成以上各组件的装配后，首先将加工台组件和整个安装底板连接固定，再将铝合金型材支架安装在大底板上，最后将加工机构组件部分固定在铝合金型材支架上，完成加工站的装配。

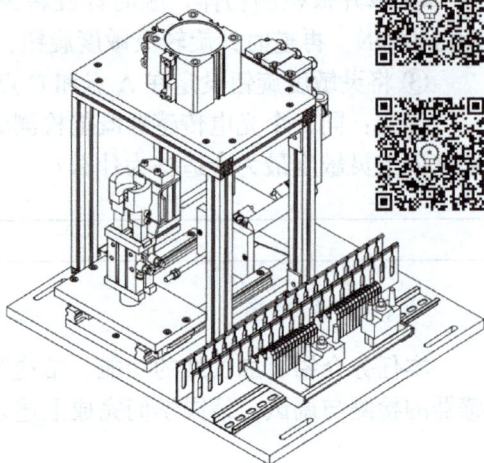

图 3-4　加工站工程图

4. 信息整理

将获取的相关信息进行总结整理，并填入表 3-10 中。

表 3-10　信息整理

部件		信息整理
加工机构组件安装	步骤一支架装配	1）用铝合金型材和连接附件组装冲压气缸的支架 2）安装过程中需要注意： _____ _____
	步骤二冲压气缸及冲压头装配	1）装配模拟冲压用的薄型气缸和冲压头 2）薄型气缸中缸筒与无杆侧端盖压铸成一体，杆盖用弹性挡圈固定，缸体为方形 3）薄型气缸通常用于什么场合？ _____ _____

（续）

	部件		信息整理
加工机构组件安装	步骤三加工机构组装		把铝合金型材支撑架和冲压部分装配到一起
滑动加工台组件安装	步骤一直线导轨组装		1）直线导轨是一种滚动导引，它由钢珠在滑块与导轨之间进行无限滚动循环，使得负载平台能沿着导轨以高准确度做运动 2）直线导轨副通常按照滚珠在导轨和滑块间的接触牙型进行分类，主要有_____和_____两种
	步骤二伸缩机构装配		装配用于位置移动的伸缩机构
	步骤三夹紧机构装配		1）装配夹紧机构部分 2）气动手指主要用于_____、_____工件 3）气动手指的工作方式有几种？ _____ _____
	步骤四滑动加工机构装配		将伸缩机构和夹紧机构装配在一起。一定要保证装配完成后，运动顺畅可靠

（续）

	部件		信息整理
加工站总装	步骤一机械结构组装		最后进行总装，注意调整好相互之间的位置
	步骤二接线端子排、阀组等部件的安装		安装接线端子排、阀组等辅助部件

二、任务实施

1. 工作计划

制订工作计划，并填入表 3-11 中。

表 3-11　工作计划表

步骤	内容	计划时间 /min	实际时间 /min	完成情况
1	制订工作计划			
2	制订安装计划			
3	写材料清单和领料			
4	机械部分安装、调试			
5	PLC、按钮 / 指示灯模块、阀组、端子排等安装			
6	按质量要求要点检查整个设备			
7	对教师发现和提出的问题进行回答			
8	成绩评估			

2. 器件选型

选择本任务所需要的器件，并填入表 3-12 中。

表 3-12 器件清单

序号	名称	规格	数量	单位	备注
1	伸缩气缸			个	
2	冲压气缸			个	
3	气动手指			个	
4	电磁阀组			组	
5	磁性开关 1			个	
6	磁性开关 2			个	
7	光电传感器			个	
8	装置侧接线端子排			组	
9	开关电源			块	
10	PLC			台	
11	按钮 / 指示灯模块			个	
12	PLC 侧接线端子排			组	
13	线槽			根	

3. 安装过程中的注意事项

仔细阅读表 3-13 中的安装注意事项。

表 3-13 安装注意事项

仔细阅读安装注意事项			
组长		成员	
安装注意事项	1）准备好安装所需的工具 2）对加工站各个组件要有一个明确的认识 3）仔细阅读安装的工作流程文档 4）安装时对各个部件进行明确排序 5）安装完毕后对加工站进行完整性检查以及清洁处理 6）检查完毕后，按照工艺流程完成安装		
机械部分安装注意事项	1）调整两直线导轨的平行时，要一边移动安装在两导轨上的安装板，一边拧紧固定导轨的螺栓 2）如果加工组件部分的冲压头和加工台上的工件中心没有对正，可以通过调整推料气缸旋入两导轨连接板的深度来进行对正		
这些你都做到了吗？			

三、任务总结

本任务重点介绍加工站的安装步骤及安装注意事项，请同学们根据所学内容绘制加工站安装步骤思维导图，并进行项目评价，见表 3-29。

任务3.3　加工站气路的设计及安装调试

工作任务清单

任务情境描述	YL-335B 型自动化生产线中的加工站是工件处理单元之一，在整个系统中，起着对输送站送来的工件进行模拟冲孔处理或工件冲压等作用。由于开孔深度不深，因此采用薄型气缸来完成冲压动作，除此之外，还需要用到直线气缸做伸缩运动，气动手指做夹取工件动作模拟

素质目标	知识目标	能力目标
1）培养学生在生活中不断发现问题、学习知识、信息收集和归纳总结能力 2）养成多角度思考、不断创新、主动探究新事物的习惯 3）通过学生分组、小组协作来培养学生交往沟通能力和团队合作精神	1）掌握直线气缸、薄型气缸、气动手指的内部原理结构 2）掌握气动原理图的设计方法	1）能正确使用内六角扳手、螺钉旋具等工具 2）能根据加工站气动原理图进行气路安装及调试

建议学时	2学时

具体工作步骤及要求

序号	工作步骤	要求	时间安排	备注
1	识读任务书	能快速明确任务要求并清晰表达，在教师要求时间内完成		
2	任务准备	能够选择完成任务需要的工具，并进行工作场所安排及小组分工		
3	任务实施	能够制订实施计划，并能够根据技术图样要求进行气路连接		
4	任务总结	能够清晰地描述任务认知与理解等，思路清晰，语言流畅		

一、任务准备

1. 器件清单

选择本任务所需要的器件，并填入表3-14中。

表 3-14　器件清单

序号	名称	数量	单位	规格型号	该器件功能	备注
1	气泵		个			
2	过滤减压阀		个			
3	电磁换向阀及汇流板		个			
4	双作用直线气缸		个			
5	薄型气缸		个			
6	气动手指		个			
7	单向节流阀		个			
8	气管		根			
9	消声器		个			

2. 信息整理

将获取的相关信息进行总结整理，并填入表3-15中。

表3-15　信息整理

器件	工作原理	信息整理
薄型气缸	 薄型气缸优点：结构紧凑，重量轻，占用空间小，能够承受较大的横向截面力	1）薄型气缸是引导活塞在其中进行直线往复运动的圆筒形金属机件 2）YL-335B设备的加工站中，薄型气缸主要用于_____
气动手指（手爪）		1）气动手指用于_____、_____工件 2）气动手指通常有_____、_____等工作方式
加工站气动控制回路图		1）加工站的气动控制器件均采用二位五通单电控电磁换向阀，各电磁阀均带有手动换向和加锁钮，集中安装成阀组固定在冲压支架后面 2）1Y1、2Y1、3Y1分别为控制_____气缸、_____气缸和_____气缸的电磁控制阀

65

二、任务实施

1. 工作计划

制订工作计划，并填入表 3-16 中。

表 3-16　工作计划表

步骤	内容	计划时间 /min	实际时间 /min	完成情况
1	制订工作计划			
2	根据材料清单领料			
3	气源装置的安装与调整			
4	气动器件的安装			
5	气动控制回路的连接			
6	电磁换向阀调试及气缸调整			
7	常见故障及解决办法			
8	填写调试运行记录表			
9	对教师发现和提出的问题进行回答			
10	成绩评估			

2. 调试所需器材

找出调试所需器材，器材清单见表 3-17。

表 3-17　器材清单

序号	器材名称	型号与规格	数量	单位
1	气泵			个
2	气动二联件			套
3	快速六通接头			个
4	电磁换向阀及汇流板			个
5	薄型气缸			个
6	气动手指			个
7	直线气缸			个
8	单向节流阀			个
9	气管 1			根
10	气管 2			根

3. 加工站气路的安装与调试

加工站气路的安装与调试见表 3-18。
气路连接专业技术规范标准见表 3-19。

表 3-18　加工站气路的安装与调试

加工站气路的安装与调试		
主气路连接		连接步骤如下： 1）先仔细阅读总气路图 2）气泵的管路出口用专用气管与油水分离器的入口连接 3）油水分离器的出口与快速六通接头的入口连接 4）快速六通接头的出口与加工站汇流板的入口连接
加工站气动控制回路连接	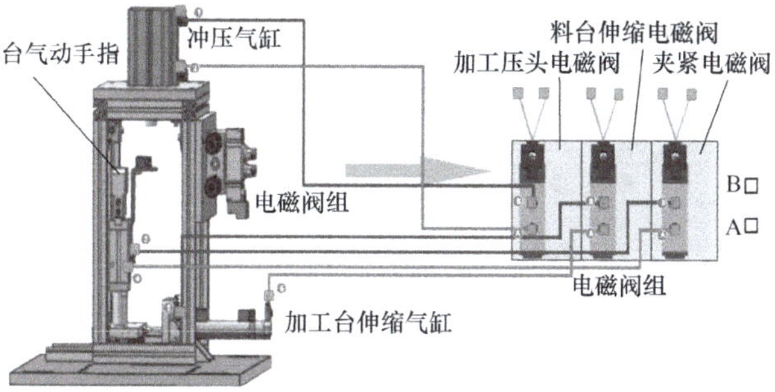	连接步骤如下： 　从汇流板开始，按气动控制回路图用直径 4mm 的气管连接电磁阀、薄型气缸、气动手指，然后用直径为 6mm 的气管完成气源处理器与汇流板进气孔之间的连接
气路连接的专业规范要求		
1）连接时注意气管走向，应按序排布，均匀美观，不能交叉、打折；线槽内不走气管；气管要在快速接头中插紧，不能有漏气现象 2）气路连接完毕后，应用扎带绑扎，两根绑扎带之间的距离不超过 50mm。电缆和气管应分开绑扎，但当它们来自同一个移动模块上时，允许绑扎在一起 3）无气管缠绕、绑扎变形现象		
加工站气路的调试		
1）调整气动部分，检查气路是否正确，气压是否合理、恰当，气缸的动作速度是否合适 2）检查磁性开关的安装位置是否到位，磁性开关工作是否正常		

表 3-19　气路连接专业技术规范标准

标题	内容	合格	不合格
电缆和气管的绑扎	电缆和气管分开绑扎		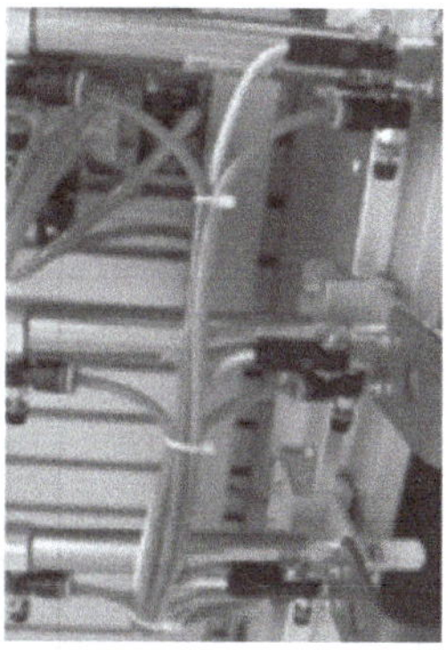 不在同一移动模块上的电缆和气管不能绑扎在一起

（续）

标题	内容	合格	不合格
电缆和气管的绑扎	允许电缆、光纤电缆和气管绑扎在一起，当它们都来自同一个移动模块上时		
	剪掉多余的绑扎带，小于1mm为宜		
	两根绑扎带之间距离5～8cm最为合适		
	两个线夹子之间的距离不超过120mm		

（续）

标题	内容	合格	不合格
电缆和气管的绑扎	第一根绑扎带离电磁阀组气管接头连接处 60mm±5mm		
引入工作台的气管	引入工作台的气管，应首先固定在台面上，然后与气源组件的进气口连接		
从气源组件引出的气管	气源组件与电磁阀之间的连接气管，应使用线夹子固定安装在台面上		
气管束绑扎	无气管缠绕、绑扎变形现象		

（续）

标题	内容	合格	不合格
气路敷设	走线槽里不走气管		
气路连接	所有气动连接处不允许有漏气现象		

三、任务总结

本任务重点介绍了加工站气路组成结构及各部件的功能原理，指导学生进行气路连接及调试，请同学们完成上述表格并进行项目评价，见表3-29。

任务 3.4　加工站控制电路的测绘与校核

工作任务清单	
任务情境描述	请同学们选择适合的仪表、设备和工具对 YL-335B 型自动化生产线的加工站进行电气测绘，画出电气原理图，结合加工站的工作任务填写 I/O 分配表和加工站装置侧接线端子分配表，并对控制电路接线进行校核

素质目标	知识目标	能力目标
1）培养积极查阅相关资料的能力 2）养成多角度思考、不断创新、主动探究新事物的习惯 3）培养团队协作和沟通能力，具有安全意识	1）掌握加工站电气接线的原理及测绘方法 2）掌握博途软件校核 PLC 电路的方法	1）能够完成加工站电气控制线路的测绘 2）能够正确使用博途软件对电气接线进行校核

建议学时	2 学时

具体工作步骤及要求				
序号	工作步骤	要求	时间安排	备注
1	识读任务书	能快速明确任务要求并清晰表达，在教师要求时间内完成		
2	任务准备	准备好测绘用的仪器仪表、绘图工具、校核用的 PC、数据线，并进行工作场所安排及小组分工		
3	任务实施	能够制订实施计划，对加工站控制电路进行测绘，能够对加工站控制电路进行校核		
4	任务总结	能够清晰地描述任务认知与理解等，思路清晰，语言流畅		

一、任务准备

本任务只考虑加工站作为独立设备运行时的情况，工作站的主令信号和工作状态显示信号来自 PLC 旁边的按钮/指示灯模块，并且按钮/指示灯模块上的工作方式选择开关 SA 应置于"单站方式"位置。具体的控制要求为：

1）初始状态：设备上电和气源接通后，滑动加工台伸缩气缸处于伸出位置，加工台气动手指处于松开的状态，冲压气缸处于缩回位置，加工台上没有工件。若设备在上述初始状态，则"正常工作"指示灯 HL1 常亮，表示设备已准备好。否则，该指示灯以 0.5Hz 的频率闪烁。

2）若设备已准备好，按下起动按钮，设备起动，"设备运行"指示灯 HL2 常亮。当待加工工件送到加工台上并被检出后，设备执行将工件夹紧，送往加工区域冲压，完成冲压动作后返回待料位置的工件加工工序。如果没有停止信号输入，当再有待加工工件送到加工台上时，加工站将开始下一周期工作。

3）在工作过程中，若按下停止按钮，则加工站在完成本周期的动作后停止工作，指示灯 HL2 熄灭。

4）在工作过程中，若按下急停按钮，本单元所有机构应立即停止运行，指示灯 HL2 以 1Hz 的频率闪烁。急停按钮复位后，设备从急停前的断点开始继续运行。

二、任务实施

1. 工作计划

制订工作计划，并填入表 3-20 中。

表 3-20　工作计划表

步骤	内容	计划时间 /min	实际时间 /min	完成情况
1	分析工作任务			
2	进行电路测绘，填写 I/O 分配表和装置侧信号端子分配表			
3	绘制加工站电气原理图			
4	电路校核			
5	对教师发现和提出的问题进行回答			
6	成绩评估			

2. 加工站控制电路测绘

请同学们根据供料站控制电路测绘的步骤完成加工站 PLC 控制电路的测绘任务。

（1）PLC 及其扩展模块的选型　请同学们查看加工站 PLC 的相关信息，并记录在表 3-21 中。

（2）I/O 分配表和装置侧信号端子分配表　请各小组成员彼此配合，使用万用表对加工站的控制电路的连接关系进行测量，并将测量结果填入表 3-22 和表 3-23 中，测量前务必断开电源。

表 3-21　加工站 PLC 的相关信息

加工站 PLC 信息	
PLC 型号	
DI 数量	
DQ 数量	
有无扩展模块	
扩展模块型号和功能	

表 3-22　加工站装置侧的接线端口的信号端子分配

输入端口中间层			输出端口中间层		
端子号	设备符号	信号线	端子号	设备符号	信号线
2			2		
3			3		
4			4		
5			5		
6					
7					
8# ～ 17# 端子没有连接			6# ～ 14# 端子没有连接		

表 3-23　加工站 PLC 的 I/O 信号分配

输入端口分配				输出端口分配			
序号	PLC 输入点	信号名称	信号来源	序号	PLC 输出点	信号名称	输出目标
1				1			
2				2			装置侧
3				3			
4				4			
5				5			
6			装置侧	6			
7				7			
8				8			
9				9			按钮 / 指示灯模块
10				10			
11							
12			按钮 / 指示灯模块				
13							
14							

（3）绘制加工站电气原理图

请根据加工站 PLC 的 I/O 信号分配表绘制图 3-5 所示的电气原理图。

72

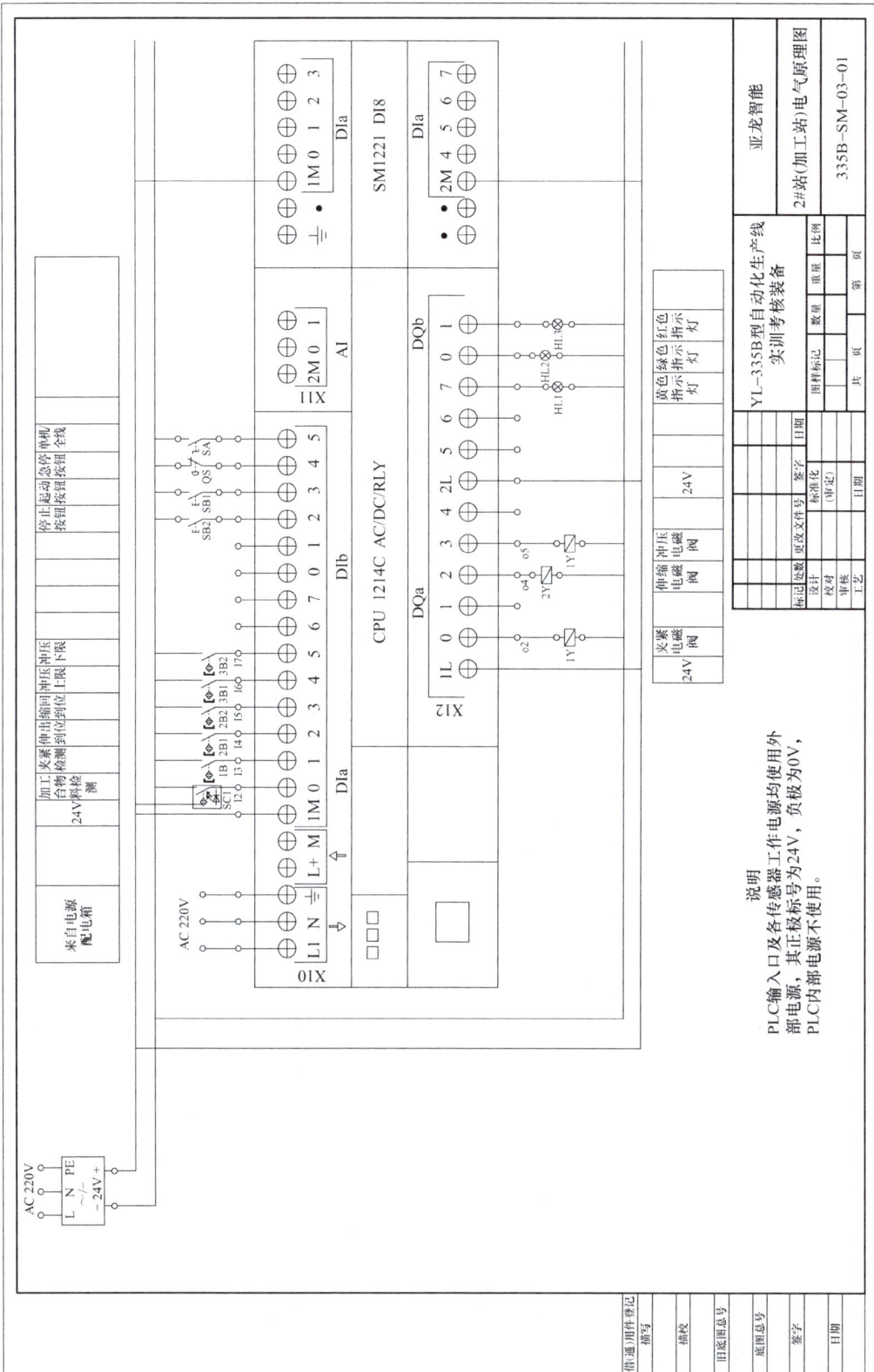

图 3-5 加工站电气原理图

73

3. 电路校核

请同学们按照供料站电路校核的方法，对加工站的 PLC 控制电路接线进行校核，并把校核结果填入表 3-24 中。

表 3-24　加工站的 PLC 控制电路接线校核

输入端口

序号	PLC 输入点	信号名称	校核结果	故障排除描述（结果不正常填写）
1				
2				
3				
4				
5				
6				
7				
8				
9				
10				
11				
12				
13				
14				

输出端口

序号	PLC 输出点	信号名称	校核结果	故障排除描述（结果不正常填写）
1				
2				
3				
4				
5				
6				

三、任务总结

本任务重点引导同学们进行加工站电气原理图的绘制，请同学们完成上述表格并进行项目评价，见表 3-29。

任务 3.5　加工站 PLC 的编程及调试运行

工作任务清单

任务情境描述	在机械结构、气动系统、检测器件和电气接线均已安装完成的基础上，按照任务要求，对某校新购置的 YL-335B 型自动化生产线的加工站进行 PLC 程序的编写，并对加工站进行调试运行

素质目标	知识目标	能力目标
1）具备自主学习和获取信息的能力 2）具有一定的语言表达能力和团队协作意识 3）具有查阅资料的能力	1）掌握 S7-1200 系列 PLC 的定时器指令、子程序调用及编程方法 2）掌握加工站 PLC 编程与调试的方法	1）能够熟练应用博途软件编写加工站的 PLC 控制程序 2）能够编写 PLC 程序控制加工站的运行

建议学时	2 学时

具体工作步骤及要求

序号	工作步骤	要求	时间安排	备注
1	识读任务书	能快速明确任务要求并清晰表达，在教师要求时间内完成		
2	任务准备	准备好 PC、数据线，并进行工作场所安排及小组分工		
3	任务实施	能够制订实施计划，并按照加工站的任务要求编写程序，能够对加工站进行调试运行		
4	任务总结	能够清晰地描述任务认知与理解等，思路清晰，语言流畅		

一、任务准备

加工站的任务分析见表 3-25，请根据任务描述进行信息梳理并填入表中。

表 3-25　加工站的任务分析

任务描述	任务梳理
本任务只考虑加工站作为独立设备运行时的情况，工作站的主令信号和工作状态显示信号来自 PLC 旁边的按钮／指示灯模块，并且按钮／指示灯模块上的工作方式选择开关 SA 应置于"单站方式"位置。具体的控制要求如下： 1）初始状态：设备上电和气源接通后，滑动加工台伸缩气缸处于伸出位置，加工台气动手指处于松开的状态，冲压气缸处于缩回位置，加工台上没有工件。若设备在上述初始状态，则"正常工作"指示灯 HL1 常亮，表示设备已准备好。否则，该指示灯以 0.5Hz 的频率闪烁。 2）若设备已准备好，按下起动按钮，设备起动，"设备运行"指示灯 HL2 常亮。当待加工工件送到加工台上并被检出后，设备执行将工件夹紧，送往加工区域冲压，完成冲压动作后返回待料位置的工件加工工序。如果没有停止信号输入，当再有待加工工件送到加工台上时，加工站将开始下一周期工作	1）工作方式：只考虑单站运行模式。工作方式选择开关 SA 置于＿＿＿＿＿（左／右）位 2）初态检测：若加工站准备就绪，则加工台伸缩气缸处于＿＿＿＿＿位置；气动手指处于＿＿＿＿＿位置；冲压气缸处于＿＿＿＿＿位置；加工台上＿＿＿＿＿工件；指示灯 HL1＿＿＿＿＿，否则指示灯 HL1＿＿＿＿＿ 3）起动控制：加工站准备就绪，起动按钮才有效。按下起动按钮，加工站进入加工流程，指示灯 HL2＿＿＿＿＿，但加工站是否执行加工动作，还要取决于＿＿＿＿＿，否则加工站处于等待状态，等待＿＿＿＿＿。 4）加工流程：（3 个气缸的动作顺序）： ①＿＿＿＿＿气缸＿＿＿＿＿ ②＿＿＿＿＿气缸＿＿＿＿＿ ③＿＿＿＿＿气缸＿＿＿＿＿ ④＿＿＿＿＿气缸＿＿＿＿＿ ⑤＿＿＿＿＿气缸＿＿＿＿＿ ⑥＿＿＿＿＿气缸＿＿＿＿＿

（续）

任务描述	任务梳理
3）在工作过程中，若按下停止按钮，加工站在完成本周期的动作后停止工作，指示灯 HL2 熄灭 4）在工作过程中，若按下急停按钮，本单元所有机构应立即停止运行，指示灯 HL2 以 1Hz 的频率闪烁。急停按钮复位后，设备从急停前的断点开始继续运行	5）停止控制： 正常停止时的操作步骤为＿＿＿＿＿＿＿＿ 指示灯状态为＿＿＿＿＿＿＿＿ 紧急停止时的操作步骤为＿＿＿＿＿＿＿＿ 指示灯状态为＿＿＿＿＿＿＿＿

二、任务实施

1. 工作计划

制订工作计划，并填入表 3-26 中。

表 3-26　工作计划表

步骤	内容	计划时间 /min	实际时间 /min	完成情况
1	分析工作任务			
2	绘制 PLC 流程图和顺序功能图			
3	编写程序			
4	调试运行并填写调试运行记录表			
5	对教师发现和提出的问题进行回答			
6	成绩评估			

2. 编制 PLC 流程图和顺序功能图

（1）加工站单站控制的编程思路　加工站的工作流程与供料站类似，也是 PLC 上电后应首先进入初始状态检查阶段，确认系统已经准备就绪后，才允许接收起动信号投入运行。加工站的状态指示要求简单，不再单独写成子程序，所以程序主体采用"一主一子"结构，主程序主要完成系统起停等主流程控制以及状态指示控制，子程序是加工控制子程序。加工站的工作任务中增加了急停功能，为此，调用加工控制子程序的条件应该是"单元在运行状态"和"急停按钮未按"二者同时成立，这样，当在运行过程中按下急停按钮时，就能立即停止调用加工控制子程序，但急停前当前步的步序控制寄存器仍在置位状态，急停复位后，将从断点开始继续运行。

（2）系统起 / 停主流程控制　根据任务分析和编程思路，将图 3-6 填写完整。

（3）步进顺序控制过程　根据任务描述，在表 3-27 中绘制顺序功能图。

3. 程序编写

根据表 3-28 中提供的梯形图，在右侧写出程序注释。

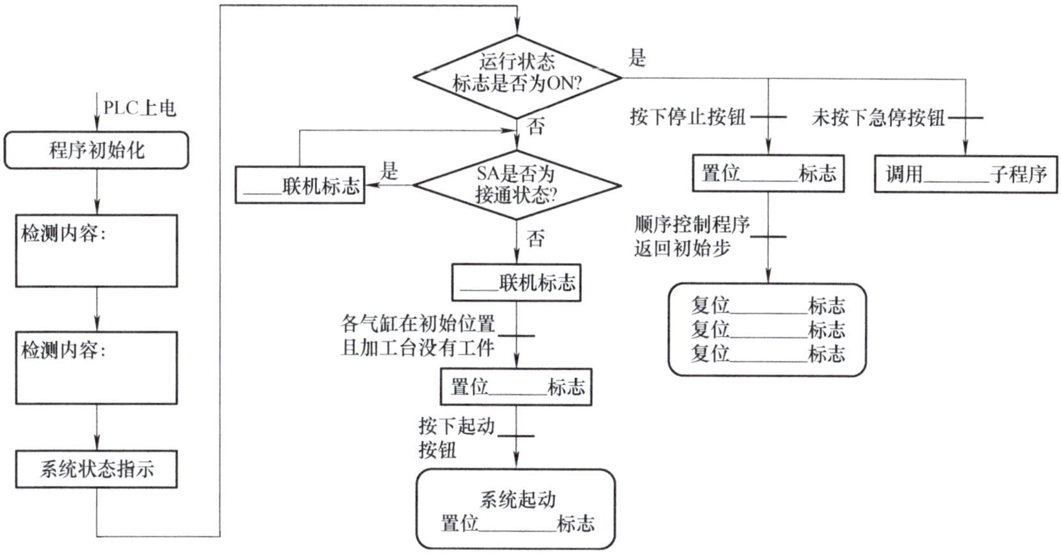

图 3-6 加工站起/停主流程控制

表 3-27 步进顺序控制过程

任务描述	顺序功能图
加工控制子程序是一个单序列的步进顺序控制程序，过程比较简单，分为初始步、送料步、冲压步和复位步 4 个工步 在初始步中，系统处于等待状态，等待工件被送上加工台，经延时确认后，才转移到送料步，将工件夹紧送到冲压气缸下，动作完成且延时确认后，转移到冲压步，完成冲压动作 冲压动作完成后转移到驱动机构复位步，该步中只有加工好的工件被取走后，程序才能返回初始步，这就避免了重复加工的可能 如果运行状态标志仍为 ON，则下一个工件被放上加工台，开始下一周期的加工工作	

表 3-28 程序编写

	梯形图	程序注释
主程序		初态检测：_____ 急停控制：_____ _____ _____ _____

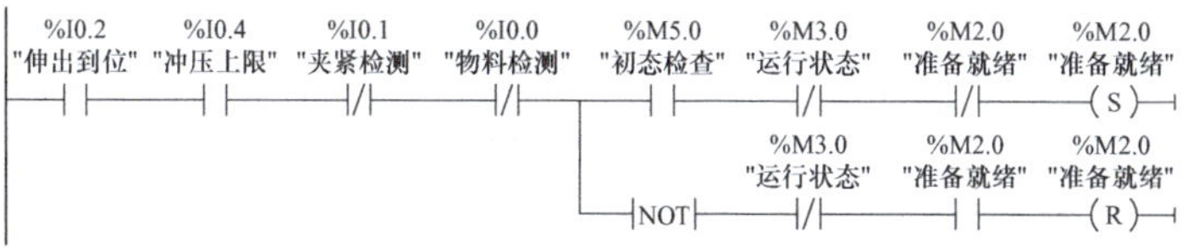

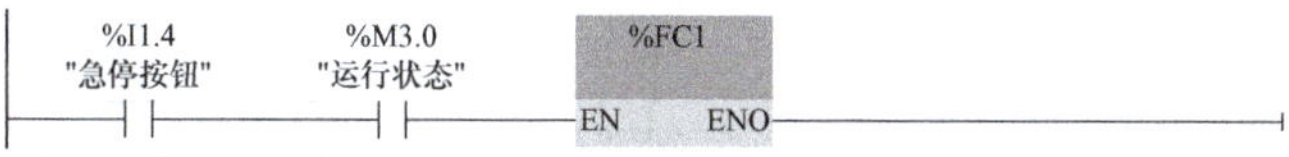

（续）

梯形图	程序注释

主程序

```
  %M3.4        %I1.2       %M3.0                    %M3.1
"联机方式"    "停止按钮"   "运行状态"               "停止指令"
  ─┤/├─────────┤ ├─────────┤ ├──────────────────────( S )─
  %M3.4       %I300.0
"联机方式"   "全线运行"
  ─┤ ├─────────┤/├

  %M3.1        %M20.0                               %M3.0
"停止指令"    "初始步"                             "运行状态"
  ─┤ ├─────────┤ ├──────────────────────────────────( R )─
                                                     %M3.1
                                                   "停止指令"
                                                    ─( R )─
                                                    %M20.0
                                                   "初始步"
                                                    ─( R )─
```

停止控制：_____

_____

_____

```
  %M3.0        %M3.4                                %Q1.0
"运行状态"    "联机方式"                            "HL2"
  ─┤ ├─────────┤ ├──────────────────────────────────( )─

  %M0.7        %M2.0       %M3.4                     %Q0.7
"Clock_0.5Hz" "准备就绪"  "联机方式"                "HL1"
  ─┤ ├─────────┤/├─────────┤ ├──────────────────────( )─
  %M2.0
"准备就绪"
  ─┤ ├
```

状态指示：_____

_____

_____

加工控制子程序

```
                                        "定时器数据块".
                                         Static_1
  %M20.0  %I0.0   %M3.4       %M3.1       ┌─TON──┐        %M20.1
 "初始步" "物料检测" "联机方式" "停止指令"  │ Time │        "Tag_1"
  ─┤ ├────┤ ├───┬──┤/├─────────┤/├────────┤IN  Q├─────────( S )─
              │  %M3.4  %I300.4            │      │          %M20.0
              └─"联机方式""请求加工"  T#0.5s─┤PT ET├─T#0ms   "初始步"
                 ─┤ ├─────┤ ├                                ─( R )─
```

初始步：_____

_____

_____

_____

_____

```
  %M20.1                                            %Q0.0
 "Tag_1"                                          "夹紧电磁阀"
  ─┤ ├──────────────────────────────────────────────( S )─
             %I0.1                                   %Q0.2
           "夹紧检测"                              "伸缩电磁阀"
            ─┤ ├──────────────────────────────────── ( S )─

                        "定时器数据块".
                          Static_2
             %I0.3        ┌─TON──┐                   %M20.2
           "缩回到位"     │ Time │                  "Tag_2"
            ─┤ ├──────────┤IN  Q├────────────────────( S )─
                          │      │                   %M20.1
                   T#0.5s─┤PT ET├─T#0ms             "Tag_1"
                                                     ─( R )─
```

送料步：_____

_____

_____

```
  %M20.2                                            %Q0.3
 "Tag_2"                                          "冲压电磁阀"
  ─┤ ├──────────────────────────────────────────────( S )─
             %I0.5                                   %M20.3
           "冲压下限"                               "Tag_3"
            ─┤ ├──────────────────────────────────── ( S )─
                                                     %M20.2
                                                    "Tag_2"
                                                     ─( R )─
```

冲压步：_____

_____

78

（续）

	梯形图	程序注释
加工控制子程序	%M20.3 "Tag_3" —| |—　　　　　　　　　%Q0.3 "冲压电磁阀"—(R)— %I0.4 "冲压上限" —| |—　　　　　　　　%Q0.2 "伸缩电磁阀"—(R)— %I0.2 "伸出到位" —| |—　　　　　　　　%Q0.0 "夹紧电磁阀"—(R)— "定时器数据块".Static_3　TON Time %I0.1 "夹紧检测" —|/|— IN　Q　　%I0.2 "伸出到位" —| |—　%Q300.3 "加工完成"—( )— T#0.3s—PT　ET—T#0ms %I0.2 "伸出到位" —| |—　%I0.0 "物料检测" —|/|—　　%M20.0 "初始步"—(S)— 　　　　　　　　　　　　　　%M20.3 "Tag_3"—(R)—	复位步：＿＿＿＿＿＿ ＿＿＿＿＿＿＿＿＿＿ ＿＿＿＿＿＿＿＿＿＿ ＿＿＿＿＿＿＿＿＿＿

4. 调试运行

1）在加工台上放入工件，接通气源，PLC 上电。

① 现象描述：动作状况为＿＿＿＿＿＿＿＿＿＿＿＿＿＿＿＿＿＿＿＿＿＿＿＿＿＿

指示灯状况为＿＿＿＿＿＿＿＿＿＿＿＿＿＿＿＿＿＿＿＿＿＿＿＿＿＿＿＿＿

② 与工作任务是否相符：＿＿＿＿＿＿＿＿＿＿＿＿＿＿＿＿＿＿＿＿＿＿

③ 如果不相符，分析故障原因：

＿＿＿＿＿＿＿＿＿＿＿＿＿＿＿＿＿＿＿＿＿＿＿＿＿＿＿＿＿＿＿＿＿＿＿＿＿

＿＿＿＿＿＿＿＿＿＿＿＿＿＿＿＿＿＿＿＿＿＿＿＿＿＿＿＿＿＿＿＿＿＿＿＿＿

④ 故障解决方案：

＿＿＿＿＿＿＿＿＿＿＿＿＿＿＿＿＿＿＿＿＿＿＿＿＿＿＿＿＿＿＿＿＿＿＿＿＿

＿＿＿＿＿＿＿＿＿＿＿＿＿＿＿＿＿＿＿＿＿＿＿＿＿＿＿＿＿＿＿＿＿＿＿＿＿

2）取走加工台上的工件，接通气源，PLC 上电。

① 现象描述：动作状况为＿＿＿＿＿＿＿＿＿＿＿＿＿＿＿＿＿＿＿＿＿＿＿＿＿＿

指示灯状况为＿＿＿＿＿＿＿＿＿＿＿＿＿＿＿＿＿＿＿＿＿＿＿＿＿＿＿＿＿

② 与工作任务是否相符：＿＿＿＿＿＿＿＿＿＿＿＿＿＿＿＿＿＿＿＿＿＿

③ 如果不相符，分析故障原因：

＿＿＿＿＿＿＿＿＿＿＿＿＿＿＿＿＿＿＿＿＿＿＿＿＿＿＿＿＿＿＿＿＿＿＿＿＿

＿＿＿＿＿＿＿＿＿＿＿＿＿＿＿＿＿＿＿＿＿＿＿＿＿＿＿＿＿＿＿＿＿＿＿＿＿

④ 故障解决方案：

＿＿＿＿＿＿＿＿＿＿＿＿＿＿＿＿＿＿＿＿＿＿＿＿＿＿＿＿＿＿＿＿＿＿＿＿＿

＿＿＿＿＿＿＿＿＿＿＿＿＿＿＿＿＿＿＿＿＿＿＿＿＿＿＿＿＿＿＿＿＿＿＿＿＿

3）按下起动按钮，观察现象后在加工台放入工件。

① 现象描述：动作状况为＿＿＿＿＿＿＿＿＿＿＿＿＿＿＿＿＿＿＿＿＿＿
指示灯状况为＿＿＿＿＿＿＿＿＿＿＿＿＿＿＿＿＿＿＿＿＿＿＿＿＿＿＿＿
② 与工作任务是否相符：＿＿＿＿＿＿＿＿＿＿＿＿＿＿＿＿＿＿＿＿＿＿＿
③ 如果不相符，分析故障原因：

＿＿＿＿＿＿＿＿＿＿＿＿＿＿＿＿＿＿＿＿＿＿＿＿＿＿＿＿＿＿＿＿＿＿＿＿＿＿

＿＿＿＿＿＿＿＿＿＿＿＿＿＿＿＿＿＿＿＿＿＿＿＿＿＿＿＿＿＿＿＿＿＿＿＿＿＿

④ 故障解决方案：

＿＿＿＿＿＿＿＿＿＿＿＿＿＿＿＿＿＿＿＿＿＿＿＿＿＿＿＿＿＿＿＿＿＿＿＿＿＿

＿＿＿＿＿＿＿＿＿＿＿＿＿＿＿＿＿＿＿＿＿＿＿＿＿＿＿＿＿＿＿＿＿＿＿＿＿＿

4）如果加工过程正确，工件被送出后，取走工件观察现象后重新放入。
① 现象描述：动作状况为＿＿＿＿＿＿＿＿＿＿＿＿＿＿＿＿＿＿＿＿＿＿
指示灯状况为＿＿＿＿＿＿＿＿＿＿＿＿＿＿＿＿＿＿＿＿＿＿＿＿＿＿＿＿
② 与工作任务是否相符：＿＿＿＿＿＿＿＿＿＿＿＿＿＿＿＿＿＿＿＿＿＿＿
③ 如果不相符，分析故障原因：

＿＿＿＿＿＿＿＿＿＿＿＿＿＿＿＿＿＿＿＿＿＿＿＿＿＿＿＿＿＿＿＿＿＿＿＿＿＿

＿＿＿＿＿＿＿＿＿＿＿＿＿＿＿＿＿＿＿＿＿＿＿＿＿＿＿＿＿＿＿＿＿＿＿＿＿＿

④ 故障解决方案：

＿＿＿＿＿＿＿＿＿＿＿＿＿＿＿＿＿＿＿＿＿＿＿＿＿＿＿＿＿＿＿＿＿＿＿＿＿＿

＿＿＿＿＿＿＿＿＿＿＿＿＿＿＿＿＿＿＿＿＿＿＿＿＿＿＿＿＿＿＿＿＿＿＿＿＿＿

5）在加工过程中的任意时刻，按下停止按钮。
① 现象描述：动作状况为＿＿＿＿＿＿＿＿＿＿＿＿＿＿＿＿＿＿＿＿＿＿
指示灯状况为＿＿＿＿＿＿＿＿＿＿＿＿＿＿＿＿＿＿＿＿＿＿＿＿＿＿＿＿
② 与工作任务是否相符：＿＿＿＿＿＿＿＿＿＿＿＿＿＿＿＿＿＿＿＿＿＿＿
③ 如果不相符，分析故障原因：

＿＿＿＿＿＿＿＿＿＿＿＿＿＿＿＿＿＿＿＿＿＿＿＿＿＿＿＿＿＿＿＿＿＿＿＿＿＿

＿＿＿＿＿＿＿＿＿＿＿＿＿＿＿＿＿＿＿＿＿＿＿＿＿＿＿＿＿＿＿＿＿＿＿＿＿＿

④ 故障解决方案：

＿＿＿＿＿＿＿＿＿＿＿＿＿＿＿＿＿＿＿＿＿＿＿＿＿＿＿＿＿＿＿＿＿＿＿＿＿＿

＿＿＿＿＿＿＿＿＿＿＿＿＿＿＿＿＿＿＿＿＿＿＿＿＿＿＿＿＿＿＿＿＿＿＿＿＿＿

6）在加工过程中的任意时刻，按下急停按钮，观察现象后松开急停按钮。
① 现象描述：动作状况为＿＿＿＿＿＿＿＿＿＿＿＿＿＿＿＿＿＿＿＿＿＿
指示灯状况为＿＿＿＿＿＿＿＿＿＿＿＿＿＿＿＿＿＿＿＿＿＿＿＿＿＿＿＿
② 与工作任务是否相符：＿＿＿＿＿＿＿＿＿＿＿＿＿＿＿＿＿＿＿＿＿＿＿
③ 如果不相符，分析故障原因：

＿＿＿＿＿＿＿＿＿＿＿＿＿＿＿＿＿＿＿＿＿＿＿＿＿＿＿＿＿＿＿＿＿＿＿＿＿＿

＿＿＿＿＿＿＿＿＿＿＿＿＿＿＿＿＿＿＿＿＿＿＿＿＿＿＿＿＿＿＿＿＿＿＿＿＿＿

④ 故障解决方案：

＿＿＿＿＿＿＿＿＿＿＿＿＿＿＿＿＿＿＿＿＿＿＿＿＿＿＿＿＿＿＿＿＿＿＿＿＿＿

＿＿＿＿＿＿＿＿＿＿＿＿＿＿＿＿＿＿＿＿＿＿＿＿＿＿＿＿＿＿＿＿＿＿＿＿＿＿

5. 程序调试运行中的注意事项

同项目 2 的任务 2.5。

三、任务总结

本任务通过工作过程梳理，引导同学们根据顺序功能图对源程序进行识读及整理，并在指导教师监督下进行调试，注意调试过程中出现的故障要及时给予解决。请同学们完成上述表格并进行项目评价，见表 3-29。

表 3-29　加工站的安装与调试项目评价表

学习领域		自动化生产线安装与调试		总学时：72 学时			
项　目		加工站的安装与调试		学　时：10 学时			
班　级							
团队负责人		团队成员					
评价项目		成绩评定					
资讯	技术资料收集能力	□收集的技术资料翔实丰富（3分）		□能收集基本的技术资料（2分）		□收集的技术资料有欠缺（1分）	
决策	系统方案制订、决策能力	□方案技术合理、性价比高（3分）		□方案基本可行（2分）		□方案技术性、经济性较差（1分）	
计划	工作计划制订能力	□计划合理、可操作性强（3分）		□计划具有可操作性（2分）		□计划不合理、可操作性差（1分）	
实施	对方案实施并优化的能力	评分内容	配分	重点检查内容	扣分	得分	备注
		检测元件安装与调试	2分	磁性开关在气缸上的位置精度			
			2分	光电开关的安装位置调整			
			3分	光电开关的灵敏度调整			
			3分	各传感器的工作电平调整			
			3分	各传感器接线是否正确			
			3分	布线是否合理、美观			
		机械安装及装配工艺	2分	加工组件的装配			
			3分	直线导轨的装配			
			2分	伸缩机构的装配			
			2分	夹紧机构的装配			
			2分	滑动加工机构的装配			
			2分	机械结构的组装			
			2分	接线端子、阀组等部件的安装			

（续）

评价项目		成绩评定					
		评分内容	配分	重点检查内容	扣分	得分	备注
实施	对方案实施并优化的能力	气路设计及安装调试	3分	绘制加工站气路图			
			3分	气动控制回路的装配：①正确连接气路；②气路连接无漏气现象			
			3分	按质量要求检查整个气路，气路连接无漏气现象			
			3分	各气动元件的测试是否正确			
			3分	整个装置的功能调试是否正确			
			3分	故障排除情况			
		电路测绘与校核	2分	能正确填写 I/O 分配表			
			3分	能正确填写装置侧接线端口端子信息分配表			
			3分	能正确绘制电气原理图			
			3分	能对 PLC 控制电路进行校核，并排除不正常线路的故障			
		PLC 编程与调试运行	3分	加工站实现基本动作要求			
			3分	能实现自动循环运行			
			3分	能对运行、停止等状态进行指示			
			3分	能实现急停控制			
		职业素养与安全意识	10分	1) 现场操作安全保护是否符合安全操作规程 2) 工具摆放、包装物品、导线线头等的处理是否符合职业岗位的要求 3) 是否既有分工又有合作，配合紧密 4) 遵守工作现场纪律，爱惜设备和器材，保持工位的整洁			
完整性检查	根据工作站各部件的完好程度来确定	□优（3分）		□中（2分）		□差（1分）	
评价	工作成果展示能力	□能完全反映工作成果（3分）		□能反映大部分工作成果（2分）		□不能反映工作成果（1分）	
	对工作过程和成果评价能力	□评价全面、合理（3分）		□评价不够全面、合理（2分）		□评价不合理（1分）	
总分							
评价教师			日期				

项目 4

装配站的安装与调试

【项目所需工具】

表 4-1 工具清单

项目	序号	名称	规格型号	数量	单位	备注
所用设备	1	自动化生产线装配站	YL-335B	1	台	
	2	PC		1	台	
所用仪表	1	万用表		1	块	
所需工具	1	内六角扳手		1	套	
	2	活扳手		1	把	
	3	剥线钳	6in	1	把	
	4	斜口钳	6in	1	把	
	5	尖嘴钳	6in	1	把	
	6	一字槽螺钉旋具	6in、8in	各1	把	
	7	十字槽螺钉旋具	6in、8in	各1	把	
	8	钟表螺钉旋具		1	套	
	9	零件盘	标准	2	个	
	10	扎带		若干	根	
成员签字:				教师签字:		

【场地准备】

表 4-2 场地准备

序号	场地准备	规格	数量	单位	备注
1	自动化生产线实训室	标准实训室	1	间	
2	实训台	2.4m×1.6m	20	个	
3	操作工位	每个实训台配2个工位	40	个	
4	调试工具	整套	40	套	
5	PC	满足博途软件运行环境	40	台	

【人员准备】

表4-3　小组分工

人员准备
全班共分为（　　　）组，每组（　　　）人操作 按照生产企业工作岗位进行小组分工： 生产组长＿＿＿＿＿、机械装配员＿＿＿＿＿、电气装配员＿＿＿＿＿、程序调试员＿＿＿＿＿、质检员＿＿＿＿＿

防护要求	6S 管理
1）穿工作服符合"三紧原则"，即袖口紧、领口紧、下摆紧 2）正确佩戴安全帽 3）必要情况下穿绝缘鞋 4）确保在断电情况下进行操作	1）工作台面干净整洁 2）各拆装器件有序摆放 3）工具使用完毕归位 4）整洁、齐全、有序 5）卫生清理

任务 4.1　装配站的认知

工作任务清单				
任务情境描述	在学习完前 3 个项目之后，相信大家对 YL-335B 型自动化生产线中用到的传感器有了一个基本认识和了解，本任务要求从若干传感器中找到能够实现装配功能的相关传感器并进行测试，以便后期加装到机械本体上			
素质目标	知识目标		能力目标	
1）具有团队协作和沟通能力 2）具有安全意识 3）具有刻苦钻研、积极进取的精神	1）掌握装配站的功能及结构组成 2）掌握光纤传感器的结构及工作原理 3）掌握光纤传感器的调试方法		1）能根据任务要求正确选择传感器 2）能利用仪器仪表进行光纤传感器、磁性开关等的检测	
建议学时	2 学时			
具体工作步骤及要求				
序号	工作步骤	要求	时间安排	备注
1	识读任务书	能快速明确任务要求并清晰表达，在教师要求时间内完成		
2	任务准备	能够选择完成任务需要的工具，并进行工作场所安排及小组分工		
3	任务实施	能够制订实施计划，并能够选择出完成装配功能的传感器		
4	检测与调试	完成各类传感器的检测与调试		
5	任务总结	能够清晰地描述任务认知与理解等，思路清晰，语言流畅		

一、任务准备

1. 相关知识

装配站用于完成将该站料仓内的黑色或白色小圆柱工件嵌入到放置在装配料斗的待装

配工件中的装配过程。

（1）装配站的结构　装配站的外形结构如图 4-1 所示。包括管形料仓、供料机构、回转物料台、机械手、待装配工件的定位机构、气动系统及其阀组、信号采集及其自动控制系统、用于电气连接的端子排组件、整条生产线状态指示的信号灯、用于其他机构安装的铝合金型材支撑架及底板，以及传感器安装支架等其他附件。

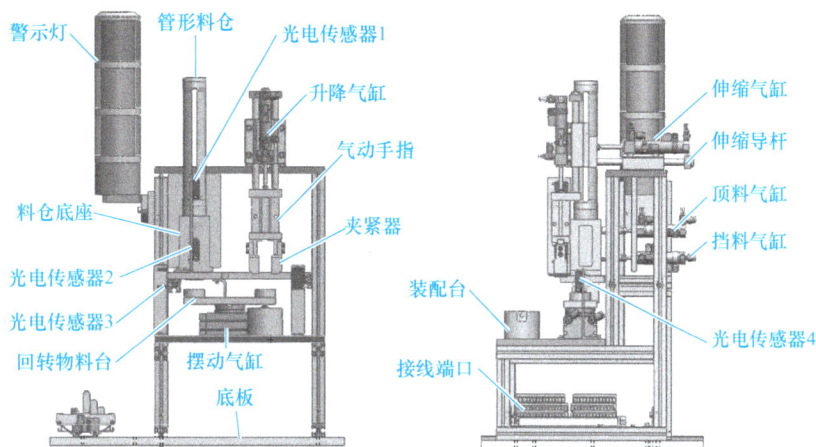

图 4-1　装配站的外形结构

要使装配站各部件正常工作，能否找出哪些地方需要传感器？

_____

_____

_____

_____

（2）管形料仓　管形料仓用来存储装配用的金属、黑色和白色小圆柱零件。它由塑料圆管和中空底座构成。塑料圆管顶端放置加强金属环，以防止破损。工件竖直放入料仓的空心圆管内，由于二者之间有一定的间隙，因此工件能在重力作用下自由下落。

（3）落料机构　在图 4-2 中，料仓底座的背面安装了两个直线气缸。上面的气缸称为顶料气缸，下面的气缸称为挡料气缸。

能否简述落料的动作过程？

_____

_____

（4）回转物料台　回转物料台的结构如图 4-3 所示，该机构由气动摆台和两个料盘组成，气动摆台能驱动料盘旋转 180°，从而实现把从落料机构落下到料盘的工件移动到装配机械手正下方的功能。图 4-3 中的光电传感器 1 和光电传感器 2 分别用来检测左面和右面料盘是否有零件。

（5）装配机械手　装配机械手是整个装配站的核心，其外形结构如图 4-4 所示。当装配机械手正下方的回转物料台料盘上有小圆柱零件，且装配台侧面的光纤传感器检测到装配台上有待装配工件时，机械手从初始状态开始执行装配操作过程。装配机械手装置是一个三维运动的机构，它由水平方向移动和竖直方向移动的 2 个导杆气缸和气动手指组成。

料仓
顶料气缸
挡料气缸
回转物料台

光电传感器1
小圆柱工件
料仓底座
光电传感器2
料仓固定底板
已供出的工件

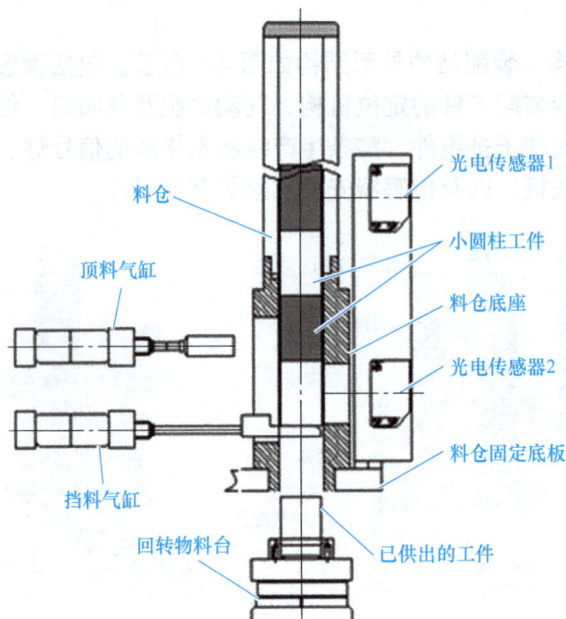

图 4-2 落料机构示意图

试简述装配机械手的动作过程：

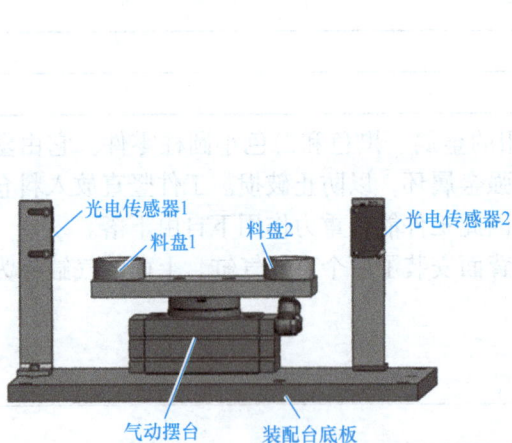

_____

_____

光电传感器1
料盘1
料盘2
光电传感器2
气动摆台
装配台底板

图 4-3 回转物料台的结构

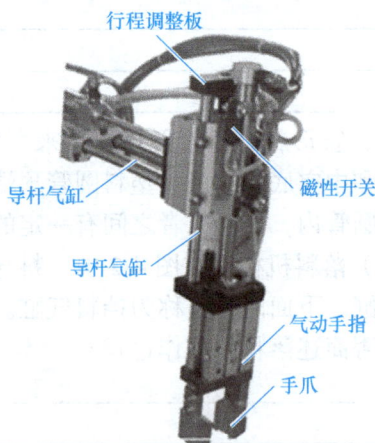

行程调整板
导杆气缸
磁性开关
导杆气缸
气动手指
手爪

图 4-4 装配机械手的外形结构

（6）装配台料斗　输送站运送来的待装配工件直接放置在该机构的料斗定位孔中，由定位孔与工件之间的较小的间隙配合实现定位，从而完成准确的装配动作和定位准确度。装配台料斗的结构如图 4-5 所示。

（7）警示灯　本工作站上安装有红、橙、绿三色警示灯，其外形结构如图 4-6 所示。它用于整个系统的警示。警示灯有五根引出线，其中黄绿交叉线为地线；红色线为红色灯控制线；黄色线为橙色灯控制线；绿色线为绿色灯控制线；黑色线为信号灯公共控制线。

图 4-5　装配台料斗的结构

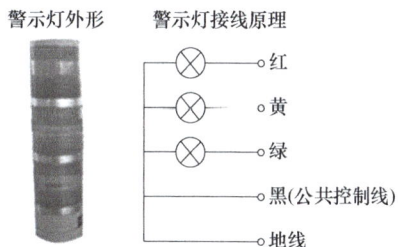

图 4-6　警示灯的外形结构

2. 信息整理

将获取的相关信息进行总结整理，并填入表 4-4 中（光电传感器、磁性开关等内容参考项目 2）。

表 4-4　信息整理

器件		图形符号	问题
光纤传感器			1）数量是多少？_____ 2）位置在哪？_____ 3）作用是什么？_____ 4）种类有哪些？_____ 5）如何接线？_____ 6）注意事项：_____

二、任务实施

1. 工作计划

制订工作计划，并填入表 4-5 中。

表 4-5　工作计划表

步骤	内容	计划时间 /min	实际时间 /min	完成情况
1	制订工作计划			
2	选择传感器及信息整理			
3	根据材料清单领料			
4	传感器的调试			
5	填写调试运行记录表			
6	对教师发现和提出的问题进行回答			
7	成绩评估			

2. 选择传感器

根据装配站的功能分析，需要（要求写清楚数量、功能、传感器类型等信息。例如 1 个检测物料是否充足的光电传感器）：

_____

_____

_____

从商家发来的传感器中找出需要的传感器，并填入表 4-6 中。

表 4-6　传感器清单

序号	名称	数量	单位	规格型号	该器件功能	备注
1	光电传感器	4	个			
2	磁性开关 1	3	个			
3	磁性开关 2	8	个			
4	光纤传感器	1	个			

三、检测与调试

1. 调试所需器材

找出调试所需器材，器材清单见表 4-7。

表 4-7　器材清单

序号	器材名称	型号与规格	数量	单位
1	磁性开关检测仪	专用仪表	1	台
2	磁性开关	D-Z73	8	个
3	磁性开关	D-A93	3	个
4	PLC		1	台
5	开关电源	输入 AC 220V DC 24V	1	块
6	螺钉旋具	通用	1	套
7	万用表	通用	1	块
8	指示灯	220V	1	组
9	漫射式光电传感器	CX-441	4	个
10	光纤传感器		1	个
11	金属工件		1	个
12	白色塑料件		1	个
13	黑色塑料件		1	个

2. 传感器的检测与调试

（1）磁性开关的检测与调试

1）磁性开关的检测方法同供料站中的检测方法。用万用表检测各磁性开关是否正常，并将检测结果填入表 4-8 中。

表 4-8　磁性开关检测记录表

检测器件	磁铁靠近时正常阻值	测量结果	磁铁远离时正常阻值	测量结果
磁性开关 1	→0		→∞	
磁性开关 2	→0		→∞	

（续）

检测器件	磁铁靠近时正常阻值	测量结果	磁铁远离时正常阻值	测量结果
磁性开关 3	→0		→∞	
磁性开关 4	→0		→∞	
磁性开关 5	→0		→∞	
磁性开关 6	→0		→∞	
磁性开关 7	→0		→∞	
磁性开关 8	→0		→∞	
磁性开关 9	→0		→∞	
磁性开关 10	→0		→∞	
磁性开关 11	→0		→∞	

2）将磁性开关安装在气缸上，并进行调试，将各磁性开关的运行状态填入表 4-9 中，指示灯亮打"√"（注意给磁性开关排序）。

表 4-9　调试运行记录表

气缸状态	磁性开关 1	磁性开关 2	磁性开关 3	磁性开关 4	磁性开关 5	磁性开关 6	磁性开关 7	磁性开关 8	磁性开关 9	磁性开关 10	磁性开关 11
伸缩气缸伸出											
伸缩气缸缩回											
升降气缸上升											
升降气缸下降											
气动手指松开											
气动手指夹紧											
回转气缸左摆											
回转气缸右摆											
顶料气缸伸出											
顶料气缸缩回											
挡料气缸伸出											
挡料气缸缩回											

3）磁性开关调试过程中的注意事项如下：

① 调试时，不得让磁性开关受到过大的冲击力。

② 不能让磁性开关在水或冷却液中使用。

③ 绝对不要用于有爆炸性、可燃性气体的环境中。

④ 磁性开关周围不要有切屑、焊渣等铁粉存在，若堆积在开关上，则会使开关的磁力减弱，甚至失效。

⑤ 磁性开关的配线不能直接接到电源上，必须串接负载。

⑥ 磁性开关有动作范围，若气缸行程太小则会出现开关不能断开的现象。

（2）光电传感器的检测与调试　将光电传感器的检测与调试结果填入表 4-10 中。

表 4-10　光电传感器的检测与调试

光电传感器的检测与调试			
调试注意事项	1）选择合适的检测距离 2）选择合适的输出类型 3）根据被测物的大小选择合适的光点（光纤） 4）注意环境光及安装位置（避免并排同向安装）的影响 5）被检测物颜色的影响：红色光源对绿色和黑色不敏感；蓝色光源对绿色、红色和黑色不敏感；绿色光源对红色和黑色不敏感		

调试运行记录表（填入各光电传感器的运行状态）			
物料情况	光电传感器 1	光电传感器 2	光电传感器 3	光电传感器 4
---	---	---	---	---
左料盘中有料				
左料盘中无料				
右料盘中有料				
右料盘中无料				
料仓中有料				
料仓中无料				
料仓中物料充足				
料仓中物料不足				

（3）光纤传感器的检测与调试　光纤传感器由光纤检测头和放大器两部分组成，其外形结构如图 4-7 所示。放大器和光纤检测头是分离的两个部分，以光纤本身作为敏感器件，使光纤兼有感受和传递被测信息的作用。光纤检测头的尾端部分分成两条光纤，使用时分别插入放大器的两个光纤孔。

光纤式光电接近开关的放大器灵敏度的调节范围较大。当放大器灵敏度调得较小时，对于反射性较差的黑色物体，光电探测器无法接收到反射信号；而对于反射性较好的白色物体，光电探测器就可以接收到反射信号。反之，若调高放大器灵敏度，则即使对于反射性较差的黑色物体，光电探测器也可以接收到反射信号。

图 4-8 所示为光纤传感器放大器的俯视图，调节其中部的 8 旋转灵敏度高速旋钮就能进行放大器灵敏度调节（顺时针旋转则灵敏度增大）。调节时，会看到"入光量显示灯"发光的变化。当探测器检测到物料时，动作显示灯会亮，提示检测到物料。

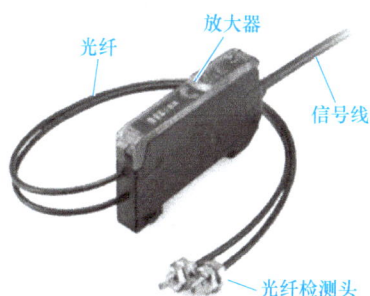

图 4-7　光纤传感器的外形结构

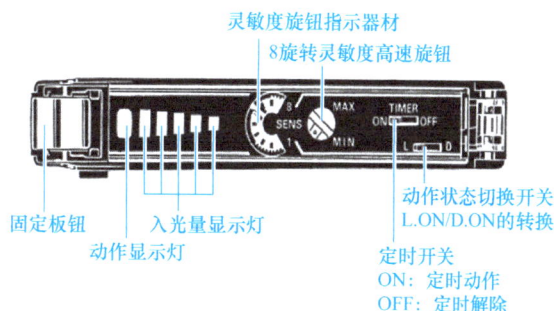

图 4-8　光纤传感器放大器的俯视图

光纤传感器的安装与调试见表 4-11。

表 4-11　光纤传感器的安装与调试

光纤传感器的安装与调试	
光纤传感器的安装	 ① DIN导轨　② ④ DIN导轨 ③	放大器单元的安装与拆除步骤如下： 安装：先让①端卡入导轨，再将②端压入导轨 拆除：按③方向下压并向内侧施力，再把放大器按④方向上抬后，即可将放大器单元拆取下来
	固定板　带齿轮垫圈　固定螺母	光纤头的安装
	锁定杠杆　插入位置　解除锁定状态　锁定状态　保护罩　光纤插入位置记号　光纤　10.7mm 光纤插接、拆除光纤	光纤插接时，掀起保护罩按光纤放大器单元侧面的标示插入光纤，放下保护罩并拨动锁定按钮将其锁紧；拆除光纤时，打开保护罩，将锁定解除后拔出光纤
光纤传感器的调试	操作步骤： 1）安装光纤传感器 2）完成光纤传感器与 PLC 的连接 3）对光纤传感器的放大器灵敏度进行调节 4）在料斗中放置不同颜色、不同材质的物料，对应不同颜色信号时，观察光纤传感器的输出信号变化	

91

（续）

调试运行记录表				
检测项目	无检测物时	检测到黑色塑料件	检测到白色塑料件	检测到金属件
光纤传感器的状态				
当前光量值				

	光纤传感器在机电设备中的使用
使用注意事项	1）不能安装在以下场所：阳光直射处，湿度高、可能会结霜处，有腐蚀性气体处，对本体有直接振动或冲击影响处 2）电力线、动力线与光电开关使用同一配线管或者配线槽时，会由于感应引起误动作或者产品损坏，原则上请分开配线或者使用屏蔽线 3）导线的延长请使用 0.3mm 以上的线，并控制在 100m 以下 4）电源接通后，经过 200ms 以上才可以进行检测，负载与光纤传感器的电源分开时，请一定要先接通光纤传感器的电源 5）在切断电源时会发生输出脉冲情况，所以要先切断负载或负载线的电源 6）使用接插件式时，为了防止触电或短路，请在不使用的连接电源端子上贴上保护用贴片 7）放大器拆卸和安装时请一定要切断电源 8）请不要在光纤单元固定于放大器单元的状态下施加拉伸、压缩等动作 9）在使用时一定要确保保护罩已盖好 10）不要使用香蕉水、汽油、丙酮、灯油类进行清洁

四、任务总结

本任务介绍了装配站的功能、结构及动作过程，重点指导学生进行光纤传感器的安装及调试，请同学们完成上述表格并进行项目评价，见表 4-31。

任务 4.2 装配站机械结构的安装

	工作任务清单
任务情境描述	本案例以 YL-335B 型自动化生产线有关技术图样为依据进行编写。YL-335B 设备的装配站模拟大小工件嵌套的动作过程，要求抓取机械手动作准确可靠，直线导轨运动无卡滞现象，因此安装时必须确保各零件、组件安装的牢固性和准确性，并保证各工作机构协调、可靠地工作

素质目标	知识目标	能力目标
1）具有较强的安全生产、环境保护、职业道德和团队合作意识 2）严格执行机电一体化技术文件及工作单，并养成工具三清点的习惯 3）具有良好的心理素质，树立机电产品质量第一的意识	1）掌握装配站的基本结构组成部分 2）掌握装配站装配的基本步骤与流程 3）掌握装配站结构图的识读方法	1）能根据任务要求正确安装装配站 2）能正确识读装配工艺图样 3）能正确使用工具进行操作
建议学时	2 学时	

（续）

具体工作步骤及要求

序号	工作步骤	要求	时间安排	备注
1	识读任务书	能快速明确任务要求并清晰表达，在教师要求时间内完成		
2	任务准备	能够选择完成任务需要的工具，并进行工作场所安排及小组分工		
3	任务实施	能够制订实施计划，并能够根据技术图样要求规范装配，每装配完一步都要进行可靠性检查		
4	任务总结	能够清晰地描述任务认知与理解等，思路清晰，语言流畅		

一、任务准备

1. 材料清单

装配站机械结构安装的具体材料清单见附录中的附表 3。

2. 识读图样

识读图样，明确各部件的位置。装配站工程图如图 4-9 所示。

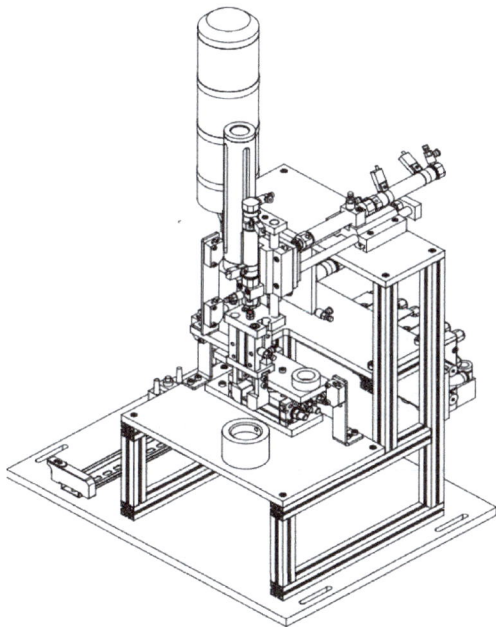

图 4-9　装配站工程图

3. 装配站机械结构的安装步骤

装配站是整个 YL-335B 设备中所包含气动器件较多、结构较为复杂的单元，为了减小安装的难度和提高安装时的效率，在装配前，应认真分析其结构组成，认真观看录像，参考别人的装配工艺，认真思考，做好记录。遵循先前的思路，先完成组件的装配，再进行总装。

在完成组件装配后，将与底板接触的型材放置在底板的连接螺纹之上，使用"L"形的连接件和连接螺栓，固定装配站的型材支架。

然后把组件逐个安装上去，顺序为：装配回转台组件→小工件料仓组件→小工件落料组件→装配机械手组件。

最后，安装警示灯及其各传感器，从而完成机械部分的装配。

4. 信息整理

将获取的相关信息进行总结整理，并填入表 4-12 中。

表 4-12　信息整理

部件		信息整理
小工件落料组件		1）该机构的主要功能是_____ 2）该组件中有两个气动执行器件，分别为_____和_____ 3）先将顶料气缸及挡料气缸安装在侧板上，然后再固定磁性开关及节流阀
装配回转台组件		1）该机构的主要功能是_____ _____ 2）该组件中的气动执行器件叫_____ _____ 3）气动摆台→料盘安装板→左右料盘→料斗→传感器支架
装配机械手组件		1）该组件中的气动执行器件分别为_____气缸、_____气缸和_____ 2）先将_____气缸安装在固定板上，然后进行升降气缸及气动手指的安装

（续）

部件	信息整理
小工件料仓组件	1）安装小工件料仓及其安装板 2）按照料仓底座→料筒→传感器支架→传感器的顺序进行安装 3）该组件的功能是＿＿＿＿＿＿＿＿＿＿＿＿＿＿＿
左右支架组件	装配左右型材支架，注意要安装牢固可靠
装配站总装	总装时建议先进行装配，不要一次性拧紧各固定螺栓，待相互位置基本确定后，再依次进行调整固定
其他部件的安装	包括接线端子排、电磁阀组、PLC、按钮/指示灯模块、开关电源的安装

二、任务实施

1. 工作计划

制订工作计划，并填入表 4-13 中。

表 4-13　工作计划表

步骤	内容	计划时间 /min	实际时间 /min	完成情况
1	制订工作计划			
2	制订安装计划			
3	写材料清单和领料			
4	机械部分的安装、调试			
5	按质量要求要点检查整个设备			
6	对教师发现和提出的问题进行回答			
7	成绩评估			

2. 器件选型

选择本任务所需要的器件，并填入表4-14中。

表4-14　器件清单

序号	名称	规格	数量	单位	备注
1	顶料气缸			个	
2	挡料气缸			个	
3	伸缩气缸（导杆气缸）			个	
4	升降气缸（导杆气缸）			个	
5	气动手指			个	
6	气动摆台			个	
7	电磁阀组			组	
8	磁性开关1			个	
9	磁性开关2			个	
10	光电传感器			个	
11	光纤传感器			个	
12	装置侧接线端子排			组	
13	PLC			台	
14	开关电源			块	
15	按钮/指示灯模块			组	
16	PLC侧接线端子排			组	
17	走线槽			根	

3. 安装过程中的注意事项

仔细阅读表4-15中的装配站安装注意事项。

表4-15　装配站安装注意事项

仔细阅读安装注意事项		
组长		成员
安装注意事项	1）准备好安装所需的工具 2）对装配站各个组件要有一个明确的认识 3）仔细阅读安装的工作流程文档 4）安装时对各个部件进行明确排序 5）安装完毕后对装配站进行完整性检查以及清洁处理 6）检查完毕后，按照工艺流程完成安装	
机械部分安装注意事项	1）安装时铝合金型材要对齐 2）导杆气缸行程要调整恰当 3）挡料气缸和顶料气缸位置要正确 4）气动摆台要调整到180°，并且与回转物料台平行，以免装配完成后摆动角度不到位 5）装配时，要注意摆台的初始位置，以免装配完成后摆动角度不到位 6）预留螺栓的位置一定要足够，以免组件之间不能完成安装 7）建议先进行预装配，但不要一次性拧紧各固定螺栓，待相互位置基本确定后，再依次进行调整固定	
这些你都做到了吗？		

三、任务总结

本任务重点介绍装配站的安装步骤及安装注意事项，请同学们根据所学内容绘制装配站安装步骤思维导图，并进行项目评价，见表 4-31。

任务 4.3　装配站气路的设计及安装调试

工作任务清单	
任务情境描述	YL-335B 型自动化生产线中装配站的动作过程为：将该单元料仓内的黑色或白色小圆柱工件落到旋转物料台上，通过回转气缸将小圆柱工件旋转到抓取机械手正下方，然后抓取机械手将小圆柱工件装入大工件，完成一次装配，等待被送往下一工作站。在此过程中，用到 2 个直线气缸、1 个回转气缸、2 个导杆气缸和 1 个气动手指

素质目标	知识目标	能力目标
1）培养学生在生活中不断发现问题、学习知识、信息收集和归纳总结能力 2）养成多角度思考、不断创新、主动探究新事物的习惯 3）通过学生分组、小组协作来培养学生的交往沟通能力和团队合作精神	1）掌握回转气缸、导杆气缸的内部原理及结构 2）掌握装配站气动控制回路图的绘制方法	1）能正确使用内六角扳手、螺钉旋具等工具 2）能根据装配站气动原理图进行气路安装及调试 3）能根据装配站需求调节系统压力

建议学时	2 学时

具体工作步骤及要求				
序号	工作步骤	要求	时间安排	备注
1	识读任务书	能快速明确任务要求并清晰表达，在教师要求时间内完成		
2	任务准备	能够选择完成任务需要的工具，进行工作场所安排及小组分工		
3	任务实施	能够制订实施计划，并能够根据技术图样要求进行气路连接		
4	任务总结	能够清晰地描述任务认知与理解等，思路清晰，语言流畅		

一、任务准备

1. 调试所需器材

找出调试所需器材，器材清单见表 4-16。

表 4-16　器材清单

序号	器材名称	型号与规格	数量	单位
1	气泵			个
2	气动二联件			套
3	快速六通接头			个
4	电磁换向阀及汇流板			个

（续）

序号	器材名称	型号与规格	数量	单位
5	直线气缸			个
6	导杆气缸			个
7	气动摆台			个
8	气动手指			个
9	单向节流阀			个
10	气管1			根
11	气管2			根

2. 信息整理

将获取的相关信息进行总结整理，并填入表 4-17 中。

表 4-17　信息整理

器件		信息整理
气动摆台（回转气缸）	 基体　回转凸台　反扣螺母　调节螺杆1　调节螺杆2　磁性开关 实物图　　　剖视图	回转物料台是由直线气缸驱动齿轮条来实现回转运动的。回转角度能在 0°～90° 和 0°～180° 之间任意可调，多用于方向和位置需要变换的机构
导杆气缸	 截流阀　磁性开关　直线气缸　直线气缸安装板　连接件安装板　行程调整板　安装支架　导杆	1）导杆气缸是指具有_____功能的气缸。一般为_____和_____的集合体。导杆气缸具有导向准确度高，抗扭转力矩强、承载能力强、工作平稳等特点 2）安装在导杆末端的行程调整板用于调整该导杆气缸的_____
装配站气动控制回路图	 顶料气缸 1B1 1B2 1A　挡料气缸 2B1 2B2 2A　手爪伸缩气缸 3B1 3B2 3A　手爪提升气缸 4B1 4B2 4A　摆动气缸 5B1 5B2 5A　手指气缸 6B1 6B2 6A 装配站汇流板　气源	1）在装配站气动控制回路图中，所用的电磁阀是_____电磁阀 2）能否写出 6 个气动执行器件的初始状态？ _____

二、任务实施

1. 工作计划

制订工作计划，并填入表 4-18 中。

表 4-18　工作计划表

步骤	内容	计划时间 /min	实际时间 /min	完成情况
1	制订工作计划			
2	根据材料清单领料			
3	气源装置的安装与调整			
4	气动元件的安装			
5	气动控制回路的连接			
6	电磁换向阀调试及气缸调整			
7	对教师发现和提出的问题进行回答			
8	成绩评估			

2. 装配站气路安装与调试

装配站气路安装与调试见表 4-19。

表 4-19　装配站气路安装与调试

装配站气路安装与调试		
主气路连接		连接步骤如下： 1）先仔细阅读总气路图 2）气泵的管路出口用专用气管与油水分离器的入口连接 3）油水分离器的出口与快速六通接头的入口连接 4）快速六通接头的出口与装配站汇流板的入口连接
装配站气动控制回路连接		连接步骤如下： 从汇流板开始，按气动控制回路图用直径 4mm 的气管连接电磁阀、直线气缸、导杆气缸、气动摆台、气动手指，然后用直径为 6mm 的气管完成气源处理器与汇流板进气孔之间的连接

（续）

气路连接的专业规范要求
1）连接时注意气管走向，应按序排布，均匀美观，不能交叉、打折；线槽内不走气管；气管要在快速六通接头中插紧，不能有漏气现象
2）气路连接完毕后，应用扎带绑扎，两根绑扎带之间的距离不超过50mm。电缆和气管应分开绑扎，但当它们都来自同一个移动模块上时，允许绑扎在一起
3）无气管缠绕、绑扎变形现象

装配站气路的调试
1）调整气动部分，检查气路是否正确，气压是否合理、恰当，气缸的动作速度是否合适
2）检查磁性开关的安装位置是否到位，磁性开关工作是否正常

三、任务总结

本任务重点介绍了装配站气路组成结构及各部件的功能原理，指导学生进行气路连接及调试，请同学们完成上述表格并进行项目评价，见表4-31。

任务4.4 装配站控制电路的测绘与校核

工作任务清单		
任务情境描述	请同学们选择合适的仪表、设备和工具对YL-335B型自动化生产线的装配站进行电气测绘，画出电气原理图，结合装配站的工作任务填写I/O分配表和装配站装置侧接线端子分配表，并对控制电路接线进行校核		
素质目标	知识目标	能力目标
1）具备自主学习和获取信息的能力 2）具有一定的语言表达能力和团队协作意识 3）具有查阅资料的能力	1）掌握装配站电气接线的原理及测绘方法 2）掌握博途软件校核PLC电路的方法	1）能够完成装配站电气控制线路的测绘 2）能够正确使用博途软件对电气接线进行校核
建议学时	2学时	

具体工作步骤及要求				
序号	工作步骤	要求	时间安排	备注
1	识读任务书	能快速明确任务要求并清晰表达，在教师要求时间内完成		
2	任务准备	准备好测绘用的仪器仪表、绘图工具、校核用的PC、数据线，并进行工作场所安排及小组分工		
3	任务实施	能够制订实施计划，对装配站控制电路进行测绘，能够对装配站控制电路进行校核		
4	任务总结	能够清晰地描述任务认知与理解等，思路清晰，语言流畅		

一、任务准备

本任务只考虑装配站作为独立设备运行时的情况，工作站的主令信号和工作状态显示信号来自 PLC 旁边的按钮 / 指示灯模块，并且按钮 / 指示灯模块上的工作方式选择开关 SA 应置于"单站方式"位置。具体的控制要求如下：

1）装配站各气缸的初始状态为：挡料气缸处于伸出状态，顶料气缸处于缩回状态，装配机械手的升降气缸处于提升状态，伸缩气缸处于缩回状态，气爪处于松开状态。设备上电和气源接通后，若各气缸满足初始状态要求，且料仓上已经有足够的小圆柱零件，工件装配台上没有待装配工件，则"正常工作"指示灯 HL1 常亮，表示设备准备好。否则，该指示灯以 0.5Hz 的频率闪烁。

2）若设备准备好，按下起动按钮，装配站启动，"设备运行"指示灯 HL2 常亮。如果回转台上的左料盘内没有小圆柱零件，就执行下料操作；如果左料盘内有零件，而右料盘内没有零件，则执行回转台回转操作。

3）如果回转台上的右料盘内有小圆柱零件且装配台上有待装配工件，执行装配机械手抓取小圆柱零件并放入待装配工件中的操作。

4）完成装配任务后，装配机械手应返回初始位置，等待下一次装配。

5）若在运行过程中按下停止按钮，则落料机构应在完成本次落料后停止落料，在装配条件满足的情况下，装配站在完成本次装配后停止工作。

6）在运行中发生"零件不足"报警时，指示灯 HL3 以 0.5Hz 的频率闪烁，HL1 和 HL2 常亮；在运行中发生"零件没有"报警时，指示灯 HL3 以亮 1s、灭 0.5s 的方式闪烁，HL2 熄灭，HL1 常亮。

二、任务实施

1. 工作计划

制订工作计划，并填入表 4-20 中。

表 4-20　工作计划表

步骤	内容	计划时间 /min	实际时间 /min	完成情况
1	分析工作任务			
2	进行电路校核与测绘，填写 I/O 分配表和装置侧信号端子分配表			
3	绘制装配站电气原理图			
4	对教师发现和提出的问题进行回答			
5	成绩评估			

2. 装配站控制电路校核与测绘

通过对供料和加工两个工作站控制电路的学习，能够发现 PLC 控制电路的测绘和校核可以同步进行，电路的校核过程其实也是测绘过程，在接通电源和气源的前提下，通过对 PLC 输入侧和输出侧电路的校核基本可以完成 95% 以上线路的测绘任务，剩余少数电源接线可以用万用表补充完成，因此在此处将装配站控制电路的测绘和校核工作合并完成。

（1）PLC 及其扩展模块的选型　请同学们查看装配站 PLC 的相关信息，并记录在表 4-21 中。

表 4-21　装配站 PLC 的相关信息

装配站 PLC 的相关信息	
PLC 型号	
DI 数量	
DQ 数量	
有无扩展模块	
扩展模块型号和功能	

（2）电路的校核及测绘　请各小组成员彼此配合，对装配站的控制电路接线进行校核与测绘，并完成表 4-22 ～表 4-24 的填写。

表 4-22　装配站控制电路的校核结果

输入端口				
序号	PLC 输入点	信号名称	校核结果	故障排除描述（结果不正常填写）
1				
2				
3				
4				
5				
6				
7				
8				
9				
10				
11				
12				
13				
14				
15				
16				
17				
18				
19				
20				

（续）

序号	PLC 输出点	信号名称	校核结果	故障排除描述（结果不正常填写）
			输出端口	
1				
2				
3				
4				
5				
6				
7				
8				
9				
10				
11				
12				

表 4-23　装配站装置侧的接线端口的信号端子分配

端子号	设备符号	信号线	端子号	设备符号	信号线
输入端口中间层			输出端口中间层		
2			2		
3			3		
4			4		
5			5		
6			6		
7			7		
8			8		
9			9		
10			10		
11					
12					
13					
14					
15					
16					
17					
			11# ～ 14# 端子没有连接		

表 4-24　装配站 PLC 的 I/O 信号分配

输入端口分配				输出端口分配			
序号	PLC 输入点	信号名称	信号来源	序号	PLC 输出点	信号名称	输出目标
1				1			
2				2			
3				3			
4				4			
5				5			装置侧
6				6			
7				7			
8				8			
9			装置侧	9			
10				10			
11				11			
12				12			
13				13			
14				14			
15				15			按钮 / 指示灯模块
16				16			
17							
18							
19							
20							
21							
22			按钮 / 指示灯模块				
23							
24							

　　（3）绘制装配站电气原理图　请根据装配站 PLC 的 I/O 信号分配表绘制图 4-10 所示的电气原理图。

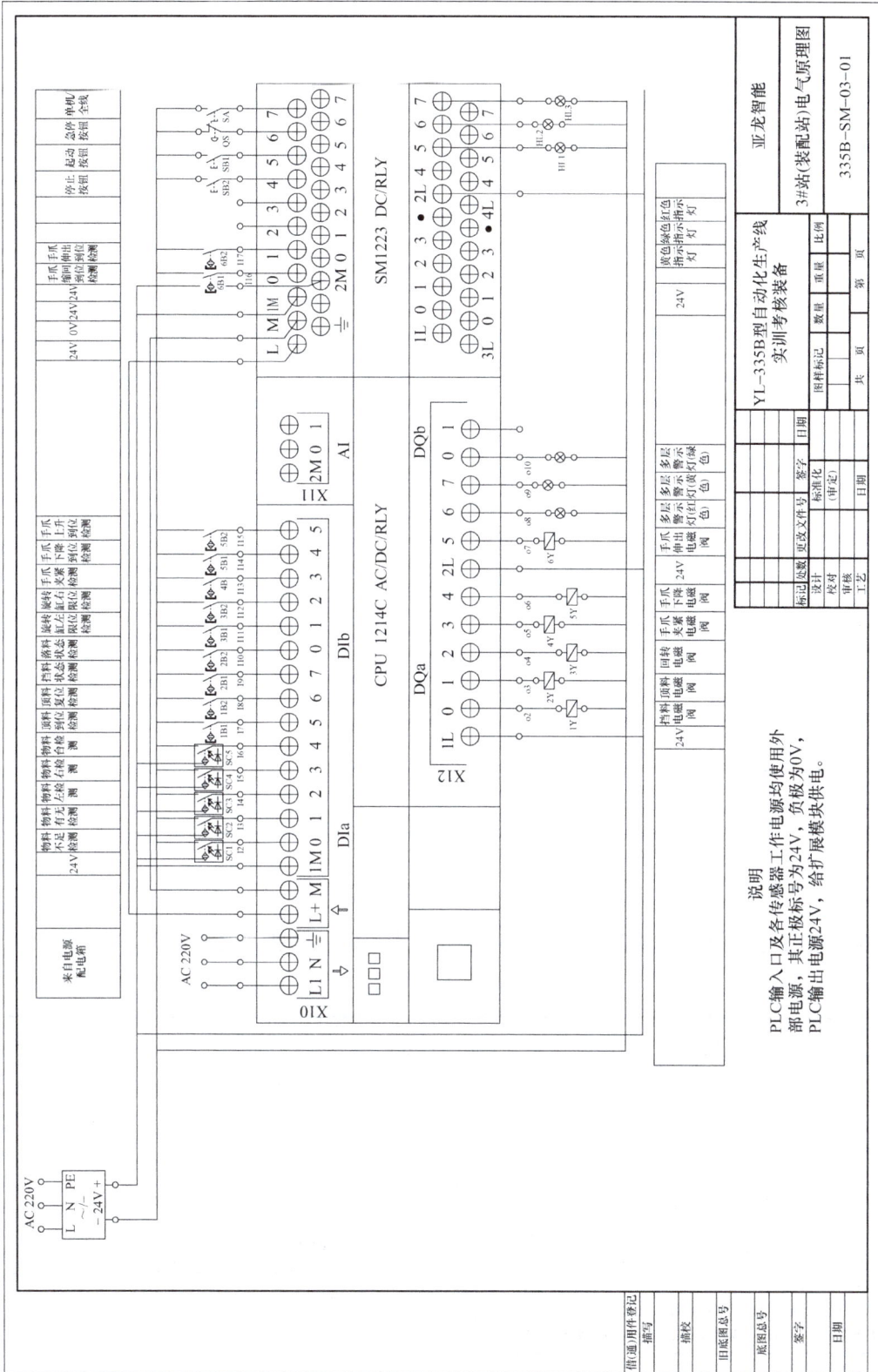

图 4-10 装配站电气原理图

三、任务总结

本任务重点引导同学们进行装配站电气原理图的绘制，请同学们完成上述表格并进行项目评价，见表4-31。

任务4.5　装配站 PLC 的编程及调试运行

工作任务清单		
任务情境描述	在机械结构、气动系统、检测器件和电气接线均已安装完成的基础上，按照任务要求，对某校新购置的 YL-335B 型自动化生产线的装配站进行 PLC 程序的编写，并对装配站进行调试运行	
素质目标	知识目标	能力目标
1）具备自主学习和获取信息的能力 2）具有一定的语言表达能力和查阅资料的能力	掌握装配站 PLC 编程与调试的方法	1）能够熟练应用博途软件编写装配站的 PLC 控制程序 2）能按照控制要求调试装配站
建议学时	2 学时	
具体工作步骤及要求		

序号	工作步骤	要求	时间安排	备注
1	识读任务书	能快速明确任务要求并清晰表达，在教师要求时间内完成		
2	任务准备	准备好 PC、适合的数据线和相关的工具书，并进行工作场所安排及小组分工		
3	任务实施	能够制订实施计划，并按照装配站的任务要求编写程序，能够对装配站进行运行调试		
4	任务总结	能够清晰地描述任务认知与理解等，思路清晰，语言流畅		

一、任务准备

装配站的任务分析见表4-25，请根据任务分析进行信息梳理并填入表中。

表 4-25　装配站的任务分析

任务描述	任务梳理
本任务只考虑装配站作为独立设备运行时的情况，工作站的主令信号和工作状态显示信号来自 PLC 旁边的按钮/指示灯模块，并且按钮/指示灯模块上的工作方式选择开关 SA 应置于"单站方式"位置。具体的控制要求如下： 1）装配站各气缸的初始状态为：挡料气缸处于伸出状态，顶料气缸处于缩回状态，装配机械手的升降气缸处于提升状态，伸缩气缸处于缩回状态，气爪处于松开状态。设备上电和气源接通后，若各气缸满足初始位置要求，且料仓上已经有足够的小圆柱零件，工件装配台上没有待装配工件，则"正常工作"指示灯 HL1 常亮，表示设备准备好。否则，该指示灯以 0.5Hz 的频率闪烁	1）工作方式：只考虑单站运行模式。工作方式选择开关 SA 置于_____（左/右）位 　　2）初态检测：若装配站准备就绪，则有挡料气缸处于_____状态；顶料气缸处于_____状态；料仓内至少有_____个工件；升降气缸处于_____状态；伸缩气缸处于_____状态；气动手指处于_____状态；装配台上_____工件。指示灯 HL1_____；否则，指示灯 HL1_____ 　　3）起动控制：装配站准备就绪，起动按钮才有效。按下起动按钮，装配站进入运行状态，指示灯 HL2_____，装配站的动作情况分为如下几种：

（续）

任务描述	任务梳理
2）若设备准备好，按下起动按钮，装配站起动，"设备运行"指示灯 HL2 常亮。如果回转台上的左料盘内没有小圆柱零件，就执行下料操作；如果左料盘内有零件，而右料盘内没有零件，则执行回转台回转操作 3）如果回转台上的右料盘内有小圆柱零件且装配台上有待装配工件，执行装配机械手抓取小圆柱零件并放入待装配工件中的操作 4）完成装配任务后，装配机械手应返回初始位置，等待下一次装配 5）若在运行过程中按下停止按钮，则落料机构应在完成本次落料后停止落料，在装配条件满足的情况下，装配站在完成本次装配后停止工作 6）在运行中发生"零件不足"报警时，指示灯 HL3 以0.5Hz 的频率闪烁，HL1 和 HL2 常亮；在运行中发生"零件没有"报警时，指示灯 HL3 以亮 1 秒、灭 0.5s 的方式闪烁，HL2 熄灭，HL1 常亮	① 落料机构： 动作条件为＿＿＿＿＿＿＿＿＿＿； 无动作条件为＿＿＿＿＿＿＿＿＿＿。 ② 回转台： 动作条件为＿＿＿＿＿＿＿＿＿＿； 无动作条件为＿＿＿＿＿＿＿＿＿＿。 ③ 机械手： 动作条件为＿＿＿＿＿＿＿＿＿＿； 无动作条件为＿＿＿＿＿＿＿＿＿＿。 4）落料流程（两个气缸的伸缩顺序）： ① ＿＿（挡/顶）料气缸＿＿（伸出/缩回） ② ＿＿（挡/顶）料气缸＿＿（伸出/缩回） ③ ＿＿（挡/顶）料气缸＿＿（伸出/缩回） ④ ＿＿（挡/顶）料气缸＿＿（伸出/缩回） 5）装配流程（机械手的动作顺序）： ① ＿＿（水平/竖直/气爪）气缸＿＿ ② ＿＿（水平/竖直/气爪）气缸＿＿ ③ ＿＿（水平/竖直/气爪）气缸＿＿ ④ ＿＿（水平/竖直/气爪）气缸＿＿ ⑤ ＿＿（水平/竖直/气爪）气缸＿＿ ⑥ ＿＿（水平/竖直/气爪）气缸＿＿ ⑦ ＿＿（水平/竖直/气爪）气缸＿＿ ⑧ ＿＿（水平/竖直/气爪）气缸＿＿ 6）停止控制： ① 正常停止时的操作步骤为＿＿＿＿＿ ＿＿＿＿＿＿＿＿＿，指示灯状态为＿＿＿ ② 非正常停止情况如下： 　工件不足时的设备状态为＿＿＿＿＿＿， 指示灯状态为＿＿＿＿＿＿ 　工件用完时的设备状态为＿＿＿＿＿＿， 指示灯状态为＿＿＿＿＿＿

二、任务实施

1. 工作计划

制订工作计划，并填入表 4-26 中。

表 4-26　工作计划表

步骤	内容	计划时间/min	实际时间/min	完成情况
1	分析工作任务			
2	绘制 PLC 流程图和顺序控制功能图			
3	编写程序			
4	调试运行并填写调试运行记录表			
5	对教师发现和提出的问题进行回答			
6	成绩评估			

2. 绘制 PLC 流程图和顺序控制功能图

（1）装配站单站控制的编程思路　装配站的主控过程包括两个相互独立的子过程，一个是落料控制过程，另一个是装配控制过程。落料控制过程是通过落料机构的操作，使料仓中的小圆柱内芯件落到回转台的左边料盘上，然后回转台转动，使装有零件的料盘转移到装配机械手手爪下方；装配控制过程则是抓取装配机械手手爪下方的内芯件，送往装配台，完成内芯件嵌入大圆柱工件的过程。

两个子过程编写为两个独立的子程序，均采用顺控编程方式，其相互独立性体现在：每一个子程序在其初始步，当起动条件满足后，即转移到下一步，开始本序列的步进过程；过程结束后，不需要等待另一子程序的结束，即可返回初始步；如果起动条件仍然满足，各自都可开始下一个工作周期。在主程序中，当初始状态检查结束，确认单元准备就绪，按下起动按钮进入运行状态后，应同时调用落料控制和装配控制两个子程序。停止时，必须在两个子程序都返回各自初始步后，系统才能停止工作，因此每个子程序的初始步，必须包含停止指令的信息，使得率先返回初始步的子程序不能满足步转移条件而停在初始步等待。

装配站的状态显示控制也单独写成子程序，所以装配站的 PLC 程序为"一主三子"结构。

（2）系统起 / 停主流程控制　装配站的起动 / 停止控制与供料站类似，在每一个扫描周期监视停止按钮有无按下或是否出现缺料事件，若事件发生，则发出停止指令；二者不同之处在于停止指令发出后，须等待落料控制子程序和装配控制子程序都返回各自的初始步后，才能复位运行状态标志和停止标志。结合供料站和加工站的控制流程图，根据装配站的工作任务及编程思路，在表 4-27 中画出装配站的系统起动 / 停止主流程控制流程图。

表 4-27　装配站的系统起动 / 停止主流程控制流程图

装配站的系统起动 / 停止主流程控制流程图

（3）步进顺序控制过程　落料控制过程包含两个过程，即落料过程和回转台转动、料盘转移的过程。子程序处于初始步时，步进起动的条件是：系统处于运行状态，回转台左旋或右旋到位，即回转台处于静止状态，料仓内有内芯件。若条件成立，当回转台左料盘没有内芯件时，程序转移至下料步。回转台转动控制没有列入步进顺序，在每个落料控制子程序执行的周期都进行右料盘检测，在右无料左有料的情况下，驱动气动摆台旋转180°，实现回转台回转操作。若摆动气缸在左限位位置，须使电磁阀得电才能实现回转；反之，若摆动气缸在右限位位置，须使电磁阀失电才能实现回转。根据工作流程图，在表 4-28 中绘制落料控制顺序功能图。

表 4-28　落料控制过程梳理

工作流程图	顺序功能图
↓上电初始化 下料初始步　等待起动 起动条件ON 左料盘无芯件 左料盘有芯件 下料步　驱动顶料气缸 到位延时确认 驱动挡料气缸 挡料缩回到位 驱动机构返回步 顶料缩回到位 右料盘检测　检测右料盘有无芯件 有芯件　无芯件 下料初始步 芯件转移　回转台转动 右料盘有芯件 下料初始步	

装配控制子程序是一个单序列的周而复始的步进程序，编程时须注意在一个装配周期结束时，为防止出现重复装配现象，在复位步中加入装配台工件检测信号，只有装配好的工件被取走，才能返回初始步，为下一个周期做好准备。梳理装配控制过程，根据工作流程图，在表 4-29 中绘制顺序功能图。

3. 程序编写

根据表 4-30 中提供的梯形图，在右侧写出程序注释。

表 4-29　装配控制过程梳理

工作流程图	顺序功能图

```
                    ↓上电初始化
        ┌─────────┐
    ┌──▶│ 装配     │  等待起动
    │   │ 初始步   │
    │   └─────────┘
    │     ┤ 起动条件ON
    │   ┌─────────┐
    │   │ 右料盘   │  检测右料盘
    │   │ 检测步   │  有无芯件
    │   └─────────┘
    │     ┤ 有芯件延时确认
    │   ┌─────────┐
    │   │ 抓取     │  手爪下降，到位
    │   │ 工件步   │  后手指夹紧，到
    │   └─────────┘  位后延时0.5s
    │     ┤ 定时时间到
    │   ┌─────────┐
    │   │ 手爪     │  手爪上升
    │   │ 上升步   │
    │   └─────────┘
    │     ┤ 上升到位
    │   ┌─────────┐
    │   │ 手臂     │  手臂伸出
    │   │ 伸出步   │
    │   └─────────┘
    │     ┤ 伸出到位
    │   ┌─────────┐
    │   │ 装配步   │  手爪下降，到位
    │   │          │  后手指松开，到
    │   └─────────┘  位后延时0.3s
    │     ┤ 定时时间到
    │   ┌─────────┐
    │   │ 机械手   │  手爪上升，到位
    │   │ 返回步   │  后手臂缩回，到
    │   └─────────┘  位后延时0.5s
    │     ┤ 装配完的工件取走
    └─────┘
```

表 4-30　程序编写

梯形图	程序注释
主程序	初态检测：_____ _____ _____ _____

梯形图内容：

```
 %I0.6        %I0.7                                    %M5.1
"顶料复位"   "挡料状态"                               "Tag_2"
 ──┤├──────────┤├──────────────────────────────────────( )──

 %I2.0        %I1.5        %I1.3                         %M5.2
"缩回到位"   "上升到位"   "夹紧检测"                    "Tag_5"
 ──┤├──────────┤├──────────┤/├─────────────────────────( )──

 %M5.1    %M5.2    %I0.0      %I0.4    %M5.0    %M3.0    %M2.0    %M2.0
"Tag_2"  "Tag_5" "物料不足" "装配台检测" "初态检查" "运行状态" "准备就绪" "准备就绪"
 ──┤├──────┤├──────┤├────────┤/├────────┤├────────┤/├────────┤/├────(S)──
                                              %M3.0    %M2.0    %M2.0
                                            "运行状态" "准备就绪" "准备就绪"
                              ──┤NOT├────────┤/├────────┤├────────(R)──
```

（续）

	梯形图	程序注释
主程序	%M3.4 "联机" / — %I2.4 "停止按钮" / — ... %M3.0 "运行状态" — %M3.1 "停止指令" (S) %M3.4 "联机" — %I300.0 "全线运行" / — "定时器用数据块".Static_13 TON Time %M10.1 "系统缺料" / — %I0.3 "右检测" / — %I0.2 "左检测" / — IN Q — T#1s — PT — ET — T#0ms %M3.1 "停止指令" — %M5.1 "Tag_2" — %M20.0 "落料初始步" — %M20.0 "落料初始步" (R) %M30.0 "抓料初始步" — %M5.2 "Tag_5" — %M3.0 "运行状态" (R) %M30.0 "抓料初始步" (R) %M3.1 "停止指令" (R)	停止控制：_____ _____ _____ _____
装配控制子程序	"定时器用数据块".Static_6 TON Time %M30.0 "抓料初始步" — %I0.4 "装配台检测" — IN Q — T#0.8s — PT — ET — T#0ms — %M3.4 "联机" — %I300.4 "允许装配" — %I0.3 "右检测" — %M30.1 "Tag_10" (S) %M3.4 "联机" — %M30.0 "抓料初始步" (R)	初始步：_____ _____ _____ _____
	%M30.1 "Tag_10" — %Q0.4 "升降驱动" (S) %I1.4 "下降到位" — %Q0.3 "夹紧驱动" (S) "定时器用数据块".Static_7 TON Time %I1.3 "夹紧检测" — IN Q — T#0.5s — PT — ET — T#0ms — %M30.2 "Tag_11" (S) %M30.1 "Tag_10" (R)	抓取步：_____ _____ _____ _____

（续）

梯形图	程序注释

装配控制子程序

装配步：_____

```
%M30.2      %I2.0       %I1.4                    %Q0.4
"Tag_11"    "缩回到位"   "下降到位"                "升降驱动"
─┤├─────────┤├──────────┤├──────────────────────( R )

            %I1.5                                %Q0.5
            "上升到位"                            "伸缩驱动"
           ─┤├──────────────────────────────────( S )

                        "定时器用数据块".
                         Static_8
            %I2.1        ┌─TON──┐                %Q0.4
            "伸出到位"    │ Time │                "升降驱动"
           ─┤├───────────┤IN   Q├───────────────( S )
                  T#0.3s─┤PT  ET├─T#0ms

            %I1.4        %I2.1                   %Q0.3
            "下降到位"    "伸出到位"                "夹紧驱动"
           ─┤├──────────┤├─────────────────────( R )

            %I1.3                                %M30.3
            "夹紧检测"                            "Tag_12"
           ─┤/├──────────────────────────────────( S )

                                                 %M30.2
                                                 "Tag_11"
                                                ─( R )
```

复位步：_____

```
%M30.3                                           %Q0.4
"Tag_12"                                         "升降驱动"
─┤├──────────────────────────────────────────────( R )

            %I1.5                                %Q0.5
            "上升到位"                            "伸缩驱动"
           ─┤├──────────────────────────────────( R )

            %I2.0                                %Q300.5
            "缩回到位"                            "装配完成"
           ─┤├──────────────────────────────────(   )

                        "定时器用数据块".
                         Static_9
                        ┌─TON──┐    %I0.4        %M30.0
                        │ Time │    "装配台检测"  "抓料初始步"
                       ─┤IN   Q├───┤/├──────────( S )
                  T#0.5s─┤PT  ET├─T#0ms
                                                 %M30.3
                                                 "Tag_12"
                                                ─( R )
```

落料控制子程序

初始步：_____

```
                                    "定时器用数据块".
                                     Static_1
%M20.0    %I1.1    %I0.2    %I0.1   %M3.0   ┌─TON──┐         %M20.1
"落料初始步""左旋到位""左检测" "物料没有""运行状态"│ Time │         "Tag_6"
─┤├───────┤├──────┤/├─────┤├──────┤├──────┤IN   Q├─────────( S )
          %I1.2                      T#1s─┤PT  ET├─T#0ms
          "右旋到位"                                          %M20.0
         ─┤├─                                                "落料初始步"
                                                            ─( R )
```

下料步：_____

```
%M20.1                              %Q0.1
"Tag_6"                             "顶料驱动"
─┤├──────────────────────────────────( S )
            "定时器用数据块".
             Static_2
%I0.5       ┌─TON──┐                %Q0.0
"顶料到位"   │ Time │                "落料驱动"
─┤├─────────┤IN   Q├────────────────( S )
      T#0.3s─┤PT  ET├─T#0ms
                        %I1.0       %I0.2       %M20.2
                        "落料状态"   "左检测"     "Tag_7"
                       ─┤├─────────┤├──────────( S )
                                                %M20.1
                                                "Tag_6"
                                               ─( R )
```

112

（续）

梯形图		程序注释
落料控制子程序	%M20.2 "Tag_7" —[ ]— %Q0.0 "落料驱动" —(R)— %I0.7 "挡料状态" —[ ]— %Q0.1 "顶料驱动" —(R)— "定时器用数据块".Static_3 TON Time；%I0.6 "顶料复位" —[ ]— IN，T#0.3s—PT，Q，ET—T#0ms；%M20.0 "落料初始步" —(S)—，%M20.2 "Tag_7" —(R)—	复位步：_____
	%M3.0 "运行状态" —[ ]— %I0.3 "右检测" —[/]— "定时器用数据块".Static_4 TON Time，T#1.5s—PT，IN，Q，ET—T#0ms，%M3.2 "Tag_9" —( )—	右料盘检测：_____
	%M3.0 "运行状态" —[ ]— %I0.2 "左检测" —[ ]— "定时器用数据块".Static_5 TON Time，T#1s—PT，IN，Q，ET—T#0ms；%I1.1 "左旋到位" —[ ]— %M3.2 "Tag_9" —[ ]— %Q0.2 "摆缸驱动" —(S)—；%I1.2 "右旋到位" —[ ]— %M3.2 "Tag_9" —[ ]— %Q0.2 "摆缸驱动" —(R)—	回转台转动：_____
显示子程序	%M3.5 "亮1s、灭0.5s" —[/]— "定时器用数据块".Static_11 TON Time，T#0.5s—PT，IN，Q，ET—T#0ms，%M3.5 "亮1s、灭0.5s" —(S)—	亮 1s、灭 0.5s 方波：_____
	%M3.5 "亮1s、灭0.5s" —[ ]— "定时器用数据块".Static_12 TON Time，T#1s—PT，IN，Q，ET—T#0ms，%M3.5 "亮1s、灭0.5s" —(R)—	
	%I0.1 "物料没有" —[ ]— "定时器用数据块".Static_10 TON Time，T#1.5s—PT，IN，Q，ET—T#0ms，%M3.6 "缺料报警延时" —( )— %M0.7 "Clock_0.5Hz" —[ ]— %I0.0 "物料不足" —[/]— %M3.6 "缺料报警延时" —[ ]— %M3.0 "运行状态" —[ ]— %M3.4 "联机" —[ ]— %Q2.7 "HL3" —( )—；%M3.5 "亮1s、灭0.5s" —[ ]— %M3.6 "缺料报警延时" —[ ]—	HL3 控制逻辑：_____

4. 调试运行

请同学们结合前面所学的供料站和加工站调试运行的方法和步骤，根据装配站的具体工作要求，自己设计装配站的调试运行方案，调试步骤要全面，要综合考虑正常操作和非正常情况下装配站的运行情况，并填写调试运行记录表。

　　1）步骤1：

　　① 现象描述：动作状况为＿＿＿＿＿＿＿＿＿＿＿＿＿＿＿＿＿

指示灯状况为＿＿＿＿＿＿＿＿＿＿＿＿＿＿＿＿＿＿＿＿＿＿＿＿

　　② 与工作任务是否相符：＿＿＿＿＿＿＿＿＿＿＿＿＿＿＿＿＿

　　③ 如果不相符，分析故障原因：

＿＿＿＿＿＿＿＿＿＿＿＿＿＿＿＿＿＿＿＿＿＿＿＿＿＿＿＿＿＿

＿＿＿＿＿＿＿＿＿＿＿＿＿＿＿＿＿＿＿＿＿＿＿＿＿＿＿＿＿＿

　　④ 故障解决方案：

＿＿＿＿＿＿＿＿＿＿＿＿＿＿＿＿＿＿＿＿＿＿＿＿＿＿＿＿＿＿

＿＿＿＿＿＿＿＿＿＿＿＿＿＿＿＿＿＿＿＿＿＿＿＿＿＿＿＿＿＿

　　2）步骤2：

　　① 现象描述：动作状况为＿＿＿＿＿＿＿＿＿＿＿＿＿＿＿＿＿

指示灯状况为＿＿＿＿＿＿＿＿＿＿＿＿＿＿＿＿＿＿＿＿＿＿＿＿

　　② 与工作任务是否相符：＿＿＿＿＿＿＿＿＿＿＿＿＿＿＿＿＿

　　③ 如果不相符，分析故障原因：

＿＿＿＿＿＿＿＿＿＿＿＿＿＿＿＿＿＿＿＿＿＿＿＿＿＿＿＿＿＿

＿＿＿＿＿＿＿＿＿＿＿＿＿＿＿＿＿＿＿＿＿＿＿＿＿＿＿＿＿＿

　　④ 故障解决方案：

＿＿＿＿＿＿＿＿＿＿＿＿＿＿＿＿＿＿＿＿＿＿＿＿＿＿＿＿＿＿

＿＿＿＿＿＿＿＿＿＿＿＿＿＿＿＿＿＿＿＿＿＿＿＿＿＿＿＿＿＿

　　3）步骤3：

　　① 现象描述：动作状况为＿＿＿＿＿＿＿＿＿＿＿＿＿＿＿＿＿

指示灯状况为＿＿＿＿＿＿＿＿＿＿＿＿＿＿＿＿＿＿＿＿＿＿＿＿

　　② 与工作任务是否相符：＿＿＿＿＿＿＿＿＿＿＿＿＿＿＿＿＿

　　③ 如果不相符，分析故障原因：

＿＿＿＿＿＿＿＿＿＿＿＿＿＿＿＿＿＿＿＿＿＿＿＿＿＿＿＿＿＿

＿＿＿＿＿＿＿＿＿＿＿＿＿＿＿＿＿＿＿＿＿＿＿＿＿＿＿＿＿＿

　　④ 故障解决方案：

＿＿＿＿＿＿＿＿＿＿＿＿＿＿＿＿＿＿＿＿＿＿＿＿＿＿＿＿＿＿

＿＿＿＿＿＿＿＿＿＿＿＿＿＿＿＿＿＿＿＿＿＿＿＿＿＿＿＿＿＿

　　4）步骤4：

　　① 现象描述：动作状况为＿＿＿＿＿＿＿＿＿＿＿＿＿＿＿＿＿

指示灯状况为＿＿＿＿＿＿＿＿＿＿＿＿＿＿＿＿＿＿＿＿＿＿＿＿

　　② 与工作任务是否相符：＿＿＿＿＿＿＿＿＿＿＿＿＿＿＿＿＿

　　③ 如果不相符，分析故障原因：

＿＿＿＿＿＿＿＿＿＿＿＿＿＿＿＿＿＿＿＿＿＿＿＿＿＿＿＿＿＿

＿＿＿＿＿＿＿＿＿＿＿＿＿＿＿＿＿＿＿＿＿＿＿＿＿＿＿＿＿＿

　　④ 故障解决方案：

5）步骤 5：

① 现象描述：动作状况为＿＿＿＿＿＿＿＿＿＿＿＿＿＿＿＿＿＿
指示灯状况为＿＿＿＿＿＿＿＿＿＿＿＿＿＿＿＿＿＿＿＿＿＿＿＿

② 与工作任务是否相符：＿＿＿＿＿＿＿＿＿＿＿＿＿＿＿＿＿＿

③ 如果不相符，分析故障原因：

＿＿＿＿＿＿＿＿＿＿＿＿＿＿＿＿＿＿＿＿＿＿＿＿＿＿＿＿＿＿

＿＿＿＿＿＿＿＿＿＿＿＿＿＿＿＿＿＿＿＿＿＿＿＿＿＿＿＿＿＿

④ 故障解决方案：

＿＿＿＿＿＿＿＿＿＿＿＿＿＿＿＿＿＿＿＿＿＿＿＿＿＿＿＿＿＿

＿＿＿＿＿＿＿＿＿＿＿＿＿＿＿＿＿＿＿＿＿＿＿＿＿＿＿＿＿＿

6）步骤 6：

① 现象描述：动作状况为＿＿＿＿＿＿＿＿＿＿＿＿＿＿＿＿＿＿
指示灯状况为＿＿＿＿＿＿＿＿＿＿＿＿＿＿＿＿＿＿＿＿＿＿＿＿

② 与工作任务是否相符＿＿＿＿＿＿＿＿＿＿＿＿＿＿＿＿＿＿＿＿

③ 如果不相符，分析故障原因：

＿＿＿＿＿＿＿＿＿＿＿＿＿＿＿＿＿＿＿＿＿＿＿＿＿＿＿＿＿＿

＿＿＿＿＿＿＿＿＿＿＿＿＿＿＿＿＿＿＿＿＿＿＿＿＿＿＿＿＿＿

④ 故障解决方案：

＿＿＿＿＿＿＿＿＿＿＿＿＿＿＿＿＿＿＿＿＿＿＿＿＿＿＿＿＿＿

＿＿＿＿＿＿＿＿＿＿＿＿＿＿＿＿＿＿＿＿＿＿＿＿＿＿＿＿＿＿

各小组可根据自己设计的调试步骤自行加页。

三、任务总结

本任务通过工作过程梳理，引导同学们根据顺序功能图对源程序进行识读及整理，并在指导教师监督下进行调试，注意调试过程中出现的故障要及时给予解决。请同学们完成上述表格并进行项目评价，见表4-31。

表 4-31 装配站的安装与调试项目评价表

学习领域	自动化生产线安装与调试		总学时：72学时	
项　　目	装配站的安装与调试		学　时：10学时	
班　　级				
团队负责人		团队成员		
评价项目		成绩评定		
资讯	技术资料收集能力	□收集的技术资料翔实丰富（3分）	□能收集基本的技术资料（2分）	□收集的技术资料有欠缺（1分）
决策	系统方案制订、决策能力	□方案技术合理、性价比高（3分）	□方案基本可行（2分）	□方案技术性、经济性较差（1分）

（续）

评价项目		成绩评定					
计划	工作计划制订能力	□ 计划合理、可操作性强（3分）		□ 计划具有可操作性（2分）		□ 计划不合理、可操作性差（1分）	
实施	对方案实施并优化的能力	评分内容	配分	重点检查内容	扣分	得分	备注
		检测元件安装与调试	2分	磁性开关在气缸上的位置精度			
			2分	光纤传感器的安装位置调整			
			3分	光纤传感器的放大器灵敏度调整			
			3分	各传感器的工作电平调整			
			3分	各传感器接线是否正确			
			3分	布线是否合理、美观			
		机械安装及装配工艺	2分	小工件供料组件的安装			
			3分	装配回转台组件的安装			
			2分	装配机械手组件的安装			
			2分	小工件料仓组件的安装			
			2分	左右支架的安装			
			2分	传感器支架、气缸支架、电磁阀组的安装			
			2分	接线端子排、PLC、开关电源、按钮/指示灯模块的安装			
		气路设计及安装调试	3分	绘制加工站气路图			
			3分	气动控制回路的装配：①正确连接气路；②气路连接无漏气现象			
			3分	按质量要求检查整个气路，气路连接无漏气现象			
			3分	各气动元件的测试是否正确			
			3分	整个装置的功能调试是否正确			
			3分	故障排除情况			

(续)

评价项目		成绩评定					
		评分内容	配分	重点检查内容	扣分	得分	备注
实施	对方案实施并优化的能力	电路测绘与校核	2分	能正确填写 I/O 分配表			
			3分	能正确填写装置侧接线端口端子信息分配表			
			3分	能正确绘制电气原理图			
			3分	能对 PLC 控制电路进行校核，并排除不正常线路的故障			
		PLC 编程与调试运行	3分	落料机构运行正常			
			3分	机械手抓取运行正常			
			3分	能实现自动循环运行			
			3分	能对运行、缺料、料不足等状态进行指示			
		职业素养与安全意识	10分	1）现场操作安全保护是否符合安全操作规程 2）工具摆放、包装物品、导线线头等的处理是否符合职业岗位的要求 3）是否既有分工又有合作，配合紧密 4）遵守工作现场纪律，爱惜设备和器材，保持工位的整洁			
完整性检查	根据工作站各部件的完好程度来确定	□优（3分）		□中（2分）		□差（1分）	
评价	工作成果展示能力	□能完全反映工作成果（3分）		□能反映大部分工作成果（2分）		□不能反映工作成果（1分）	
	对工作过程和成果评价能力	□评价全面、合理（3分）		□评价不够全面、合理（2分）		□评价不合理（1分）	
总分							
评价教师			日期				

项目 5

分拣站的安装与调试

【项目所需工具】

表 5-1　工具清单

项目	序号	名称	规格型号	数量	单位	备注
所用设备	1	自动化生产线供料站	YL-335B	1	台	
	2	PC		1	台	
所用仪表	1	万用表		1	块	
所需工具	1	内六角扳手		1	套	
	2	活扳手		1	把	
	3	剥线钳	6in	1	把	
	4	斜口钳	6in	1	把	
	5	尖嘴钳	6in	1	把	
	6	一字槽螺钉旋具	6in、8in	各1	把	
	7	十字槽螺钉旋具	6in、8in	各1	把	
	8	钟表螺钉旋具		1	套	
	9	零件盘	标准	2	个	
	10	扎带		若干	根	
成员签字：				教师签字：		

【场地准备】

表 5-2　场地准备

序号	场地准备	规格	数量	单位	备注
1	自动化生产线实训室	标准实训室	1	间	
2	实训台	2.4m × 1.6m	20	个	
3	操作工位	每个实训台配2个工位	40	个	
4	调试工具	整套	40	套	
5	PC	满足博途软件运行环境	40	台	

【人员准备】

表 5-3　小组分工

人员准备
全班共分为（　　）组，每组（　　）人操作 按照生产企业工作岗位进行小组分工： 生产组长_____、机械装配员_____、电气装配员_____、程序调试员_____、质检员_____

防护要求	6S 管理
1）穿工作服符合"三紧原则"，即袖口紧、领口紧、下摆紧 2）正确佩戴安全帽 3）必要情况下穿绝缘鞋 4）确保在断电情况下进行操作	1）工作台面干净整洁 2）各拆装器件有序摆放 3）工具使用完毕归位 4）整洁、齐全、有序 5）卫生清理

任务 5.1　分拣站的认知

工作任务清单		
任务情境描述	本任务要求从若干传感器中找到能够实现分拣功能的相关传感器并进行测试，以便后期加装到机械本体上	
素质目标	知识目标	能力目标
1）具有团队协作和沟通能力 2）具有安全意识 3）具有刻苦钻研、积极进取的精神	1）掌握分拣站的功能及结构组成 2）掌握光纤传感器、光电传感器、金属传感器及磁性开关的调试方法 3）掌握编码器的调试方法	1）能根据任务要求正确选择传感器 2）能利用仪器仪表进行传感器的检测
建议学时	2 学时	

具体工作步骤及要求				
序号	工作步骤	要求	时间安排	备注
1	识读任务书	能快速明确任务要求并清晰表达，在教师要求时间内完成		
2	任务准备	能够选择完成任务需要的工具，并进行工作场所安排及小组分工		
3	任务实施	能够制订实施计划，并能够选择出完成分拣功能的传感器		
4	检测与调试	完成各类传感器的检测与调试		
5	任务总结	能够清晰地描述任务认知与理解等，思路清晰，语言流畅		

一、任务准备

1. 相关知识

分拣站是 YL-335B 设备中的最末站，用于完成对上一站送来的已加工、装配工件的分拣，以实现使不同颜色工件从不同料槽中分流的功能。当输送站送来的工件放到传送带上并被入料口光电传感器检测到时，即起动变频器，工件开始送入分拣区进行分拣。图 5-1 所示为分拣站的主要结构。

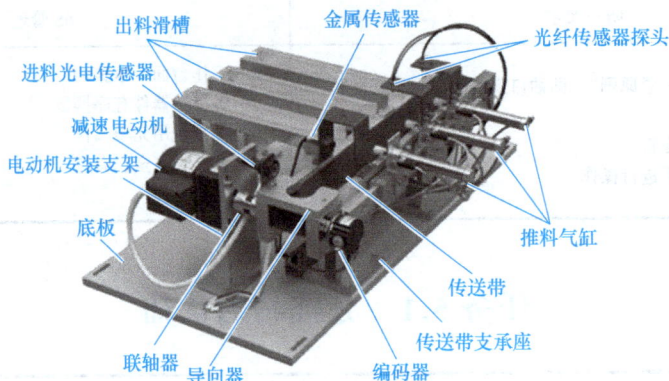

图 5-1　分拣站的主要结构

分拣站的主要结构包括传送和分拣机构、传送带驱动机构、变频器模块、电磁阀组、接线端口、PLC 模块、按钮 / 指示灯模块及底板等。

（1）传送和分拣机构　传送和分拣机构主要由传送带、出料滑槽、推料（分拣）气缸、漫射式光电传感器、光纤传感器、磁感应接近式传感器组成。其主要用于传送已经加工、装配好的工件，工件被光纤传感器检测到并进行分拣。

传送带是把机械手输送过来的加工好的工件输送至分拣区。导向器用于纠偏机械手输送过来的工件。三条物料槽分别用于存放加工好的黑色、白色或金属工件。

传送和分拣的工作原理：在输送站送来工件放到传送带上并被入料口漫射式光电传感器检测到的同时，将信号传输给 PLC，通过 PLC 的程序起动变频器，电动机运转驱动传送带工作，把工件带进分拣区，如果工件为金属壳工件，则该工件到达 1 号滑槽中间时，传送带停止，工件被推到 1 号槽中；如果工件为白色芯或金属芯的塑料壳工件，则该工件到达 2 号滑槽中间时，传送带停止，工件被推到 2 号槽中；如果工件为黑色芯，无论外壳是什么颜色或材质，则该工件到达 3 号滑槽中间时，传送带停止，工件被推到 3 号槽中。工件被推入滑槽后，分拣站的一个工作周期结束。

（2）传送带驱动机构　传送带驱动机构如图 5-2 所示，它主要由电动机安装支架、减速电动机、联轴器等组成。

减速电动机是传送带驱动机构的主要部分，电动机转速的快慢由变频器来控制，其作用是带动传送带以输送物料。电动机安装支架用于固定电动机。联轴器用于把电动机的轴和传送带主动轮的轴连接起来，从而组成一个传动机构。

2. 信息整理

将获取的相关信息进行总结整理，并填入表 5-4 中。

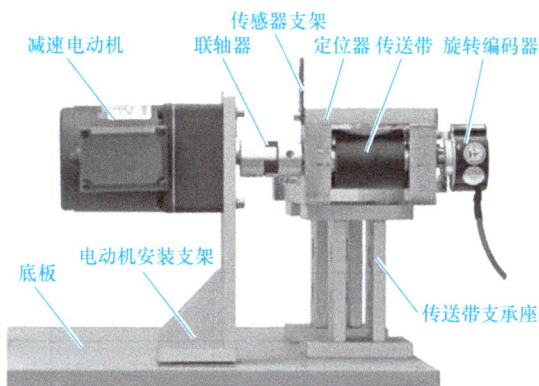

图 5-2　传送带驱动机构

表 5-4　信息整理

器件		图形符号	问题
旋转编码器			1）数量是多少？ _____ 2）位置在哪？ _____ 3）作用是什么？ _____ 4）种类有哪些？ _____ 5）如何接线？ _____ 6）注意事项： _____

二、任务实施

1. 工作计划

制订工作计划，并填入表 5-5 中。

表 5-5　工作计划表

步骤	内容	计划时间 /min	实际时间 /min	完成情况
1	制订工作计划			
2	选择传感器			
3	根据材料清单领料			
4	传感器的调试			
5	填写调试运行记录表			
6	对教师发现和提出的问题进行回答			
7	成绩评估			

2. 选择传感器

根据分拣站的功能分析，需要：（要求写清楚数量、功能、传感器类型等信息。例如 1 个检测入料口是否有物料的光电传感器）

从商家发来的传感器中找出需要的传感器，并填入表 5-6 中。

表 5-6　传感器清单

序号	名称	数量	单位	规格型号	该器件功能	备注
1	光电传感器	1	个			
2	金属传感器	1	个			
3	光纤传感器	2	个			
4	编码器	1	个			

三、检测与调试

1. 调试所需器材

找出调试所需器材，器材清单见表 5-7。

表 5-7 器材清单

序号	器材名称	型号与规格	数量	单位
1	磁性开关检测仪	专用仪表	1	台
2	磁性开关	D-Z73	3	个
3	金属传感器	NPN 型、PNP 型金属传感器各 2 只	4	只
4	漫射式光电传感器	CX-441	1	个
5	光纤传感器		1	个
6	旋转编码器	ZKT4808-001G-500BZ3-12-24C	1	个
7	PLC	S7-1200		台
8	开关电源	输入 AC 220V、DC 24V	1	块
9	螺钉旋具	通用	1	套
10	万用表	通用	1	块
11	指示灯	220V	1	组
12	金属工件		若干	个
13	白色塑料件		若干	个
14	黑色塑料件		若干	个

2. 传感器的检测与调试

（1）磁性开关的检测与调试

1）磁性开关的检测方法同供料站中的检测方法。用万用表检测各磁性开关是否正常，请将检测结果填入表 5-8 中（注意排序）。

表 5-8 磁性开关检测记录表

检测器件	磁铁靠近时正常阻值	测量结果	磁铁远离时正常阻值	测量结果
磁性开关 1	→0		→∞	
磁性开关 2	→0		→∞	
磁性开关 3	→0		→∞	

2）将磁性开关安装在气缸上，并进行调试，将各磁性开关的运行状态填入表 5-9（注意给磁性开关排序）。

表 5-9　磁性开关调试运行记录表

气缸状态	磁性开关 1	磁性开关 2	磁性开关 3
一号气缸伸出到位			
二号气缸伸出到位			
三号气缸伸出到位			

3）磁性开关调试过程中的注意事项如下：

① 调试时，不得让磁性开关受到过大的冲击力。

② 不能让磁性开关在水或冷却液中使用。

③ 绝对不要用于有爆炸性、可燃性气体的环境中。

④ 磁性开关周围不要有切屑、焊渣等铁粉存在，若堆积在开关上，则会使开关的磁力减弱，甚至失效。

⑤ 磁性开关的配线不能直接接到电源上，必须串接负载。

⑥ 磁性开关有动作范围，若气缸行程太小则会出现开关不能断开的现象。

（2）光电传感器、光纤传感器与金属传感器的检测与调试　请将各类传感器的检测与调试结果填入表 5-10 中。

表 5-10　传感器调试运行记录表

传感器名称	入料口检测到工件	入料口未检测到工件	检测到外壳是金属材质	检测到外壳是塑料材质	检测到是白色内芯	检测到是黑色内芯
光电传感器						
金属传感器						
光纤传感器 1						
光纤传感器 2						

（3）旋转编码器的检测与调试　旋转编码器是通过光电转换，将输出至轴上的机械、几何位移量转换成脉冲或数字信号的传感器，主要用于速度或位置（角度）的检测。其内部结构如图 5-3 所示。

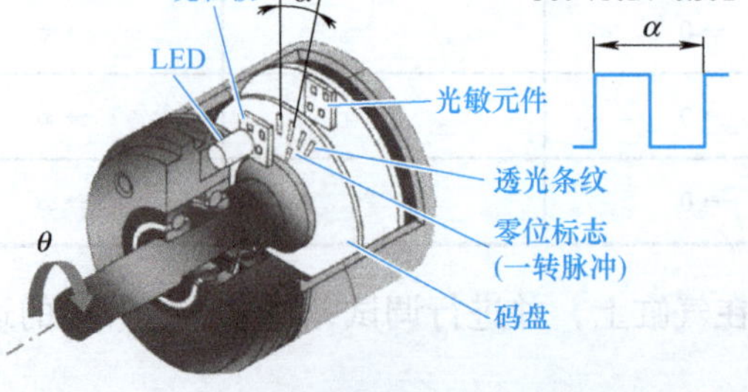

图 5-3　旋转编码器的内部结构

典型的旋转编码器是由光栅盘和光电检测装置组成的。光栅盘是在一定直径的圆板上等分地开通若干个长方形狭缝。由于光电码盘与电动机同轴，电动机旋转时，光栅盘与电动机同速旋转，经发光二极管等电子器件组成的检测装置检测输出若干脉冲信号，其原理示意图如图 5-4 所示；通过计算每秒旋转编码器输出脉冲的个数就能反映当前电动机的转速。

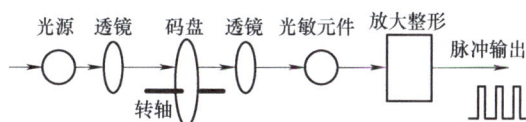

图 5-4 旋转编码器的原理示意图

1）YL-335B 设备上采用的是什么类型的旋转编码器？增量式旋转编码器产生三组方波脉冲，这三组方波脉冲有什么用途？

_____

_____

2）通过查阅资料，解释分辨率 500 线是什么意思？什么是脉冲当量？

_____

_____

计算工件在传送带上的位置时，需确定每两个脉冲之间的距离，即脉冲当量。分拣站主动轴的直径为 $d=43$mm，则减速电动机每旋转一周，传送带上工件移动距离 $L=\pi d=3.14 \times 43$mm$=135.02$mm，故脉冲当量 $\mu=L/500 \approx 0.27$mm。按图 5-5 所示的安装尺寸，当工件从下料口中心线移至传感器中心时，旋转编码器约发出 435 个脉冲；移至第一个推杆中心点时，约发出 621 个脉冲；移至第二个推杆中心点时，约发出 974 个脉冲；移至第三个推杆中心点时，约发出 1298 个脉冲。安装尺寸示意图如图 5-5 所示。

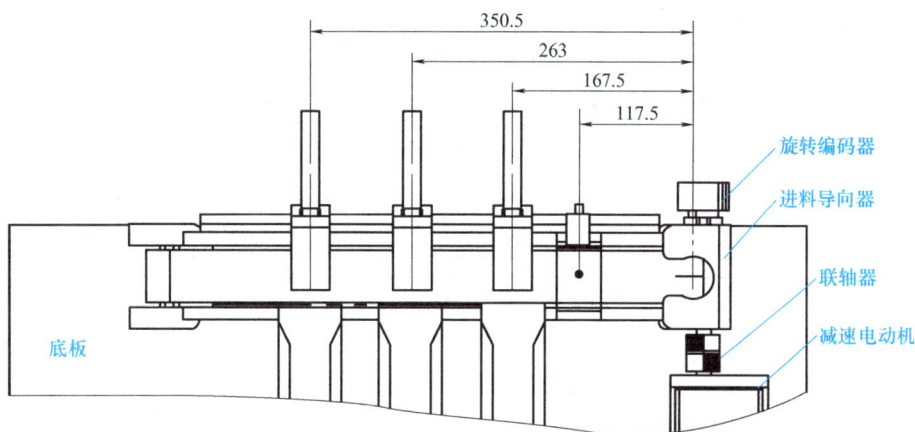

图 5-5 安装尺寸示意图

应该指出的是，上述脉冲当量的计算只是理论上的。实际上各种误差因素不可避免，例如传送带主动轴直径（包括传送带厚度）的测量误差，传送带的安装偏差、张紧度，分拣站整体在工作台面上的定位偏差等，都将影响理论计算值。因此理论计算值只能作为估算值。脉冲当量的误差所引起的累积误差会随着工件在传送带上运动距离的增大而迅速增加，直至超过系统的可容忍误差范围。因而在分拣站安装调试时，除了要仔细调整尽量减少安装偏差外，还需现场测试脉冲当量值。

3）旋转编码器的检测与调试见表 5-11。

表 5-11 旋转编码器的检测与调试

旋转编码器的检测与调试

| 检测方法 | 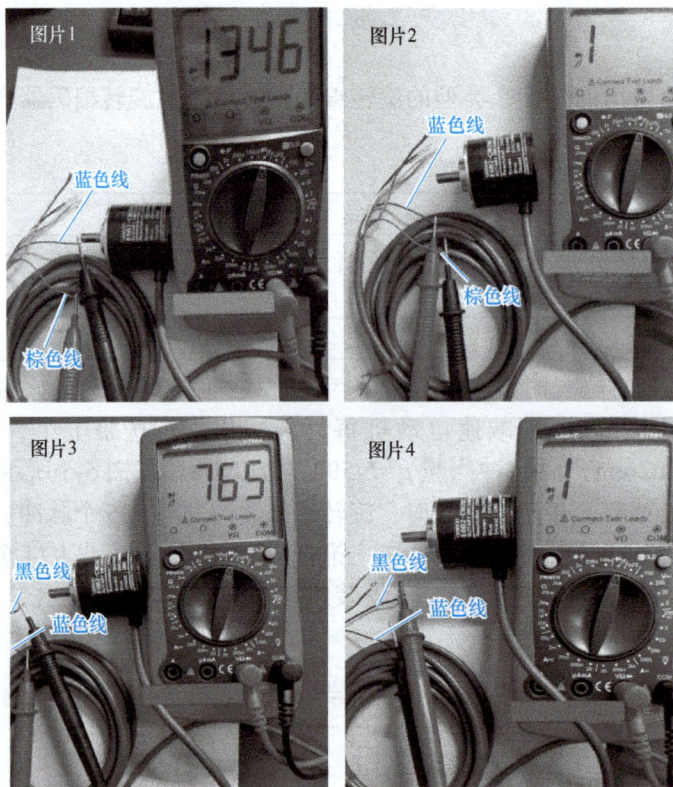 | 1）将数字万用表拨至检测二极管档位，黑表笔接蓝色线，红表笔接棕色线，此时数字万用表显示为1346，为正常值
2）将万用表的黑表笔接棕色线，红表笔接蓝色线，此时万用表显示为无穷大，为正常值
3）将红表笔接蓝色线不动，黑表笔分别接白色、橙色和黑色线，此时显示为765，并且三种颜色线的阻值完全一样，即为正常。对调表笔，3 个电阻值为无穷大，也为正常值 |

调试运行记录表（填入检测结果）

检测对象	正常值	测量值
黑表笔接蓝色线，红表笔接棕色线	1346	
黑表笔接棕色线，红表笔接蓝色线	1	
将红表笔接蓝色线不动，黑表笔分别接白色、橙色和黑色线	765	

（续）

使用注意事项

（1）机械安装

1）编码器轴与用户轴端输出轴之间必须采用弹性联接，以避免因用户轴端输出轴的窜动、跳动而造成编码器轴系和码盘的损坏

2）安装时注意允许的轴负载，在编码器轴端加装齿轮、摩擦轮、带轮时必须加装卸荷机构，而不能直接加装

3）应保证编码器轴与用户轴端输出轴的不同轴度 <0.2mm，与轴线的偏转角 <1.5°

4）安装编码器时严禁敲击、挤压、摔打和碰撞，以避免损坏轴系和码盘

5）不要随意扭折编码器的弹性联接板，以免该板失去弹性而损坏编码器

6）编码器信号电缆不能强力拉扯，需要妥善固定，以防止冷却风扇叶打坏电缆

7）中空编码器安装前必须先清除轴上的毛刺、油漆和铁锈，避免强行安装

8）编码器长期使用时，应定期检查固定编码器和轴的螺钉是否松动

（2）电气安装

1）编码器信号电缆配线时应采用屏蔽电缆，建议尽可能采用双绞屏蔽电缆，截面积应大于或等于 0.2mm²，布线时应避免与动力电缆长距离平行，并尽可能加大布线间隔

2）接地线应尽可能粗些，一般应大于或等于 1.5mm²

3）编码器信号电缆线不能相互搭接，也不能错接到直流或交流电源上，以免损坏输出电路

4）与编码器连接的电动机等设备都必须可靠接地，以避免产生感应高电压和静电

5）开机上电调试前，应仔细检查编码器型号与订货型号是否相符，安装是否到位，接线是否正确，然后再上电测试

6）长距离传输时，应考虑电源信号的衰减因素，选用具备输出阻抗低、抗干扰能力强的编码器

7）应尽可能地避免在强电磁波环境中使用编码器

（3）安装环境方面

1）编码器是精密传感器，使用时应注意周围有无强振源及干扰源

2）没有防护结构的编码器不能溅上水和油，必要时应加装挡板或防护罩

3）注意环境温度、湿度是否在编码器使用要求的范围内

4）普通的编码器不能使用在高温、高湿、易燃、易爆和有腐蚀性的环境中

四、任务总结

本任务重点介绍了分拣站的功能、结构及动作过程，并引导学生进行旋转编码器的检测与调试，请同学们根据所学内容完成上述表格并进行项目评价，见表 5-41。

任务 5.2　分拣站机械结构的安装

工作任务清单	
任务情境描述	YL-335B 型自动化生产线中的分拣站是仓储物流系统的缩影，为保证分拣的效率及精准分拣，因此在安装时必须确保各零件、组合件、部件安装的牢固性和准确性，并保证各工作机构协调、可靠地工作。本案例以 YL-335B 型自动化生产线有关技术图样为依据而编写

素质目标	知识目标	能力目标
1）具有较强的安全生产、环境保护、职业道德和团队合作意识 2）严格执行机电一体化技术文件及工作单，并养成工具三清点的习惯 3）具有良好的心理素质，树立机电产品质量第一的意识	1）掌握分拣站的基本结构组成部分 2）掌握分拣站装配的基本步骤与流程 3）掌握分拣站结构图的识读方法	1）能根据任务要求正确安装分拣站 2）能正确识读装配工艺图样 3）能正确使用工具进行操作
建议学时	2 学时	

（续）

具体工作步骤及要求

序号	工作步骤	要求	时间安排	备注
1	识读任务书	能快速明确任务要求并清晰表达，在教师要求时间内完成		
2	任务准备	能够选择完成任务需要的工具，并进行工作场所安排及小组分工		
3	任务实施	能够制订实施计划，并能够根据技术图样要求规范装配，每装配完一步都要进行可靠性检查		
4	任务总结	能够清晰地描述任务认知与理解等，思路清晰，语言流畅		

一、任务准备

1. 材料清单

分拣站机械结构安装的具体材料清单见附录中的附表4。

2. 识读图样

识读图样，明确各部件的位置。分拣站工程图如图5-6所示。

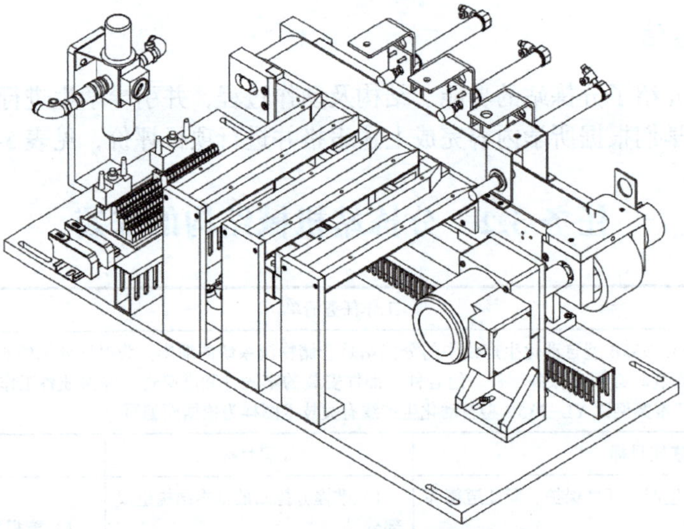

图5-6　分拣站工程图

3. 信息整理

将获取的相关信息进行总结整理，并填入表5-12中。

表 5-12　信息整理

部件		信息整理
传送机构组件安装		完成传送机构的组装，先安装分拣传送带装置及其底座，然后将其安装到底板上
驱动电动机组件安装		1）完成驱动电动机组件的安装，进一步安装联轴器，把驱动组件与传送机构相连接并固定在底板上 2）联轴器的作用是_____
其他机械部件的安装		推料气缸支架、推料气缸、传感器支架、出料槽及支撑板等

（续）

部件		信息整理
其他部件的安装	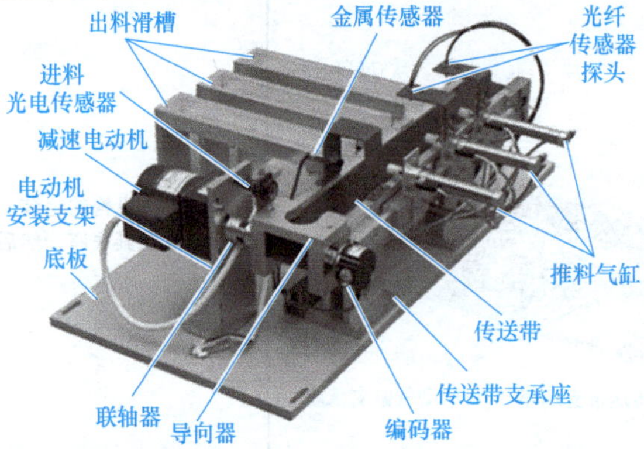	最后完成变频器、传感器、接线端子排、电磁阀组、PLC、按钮／指示灯模块、开关电源的安装

二、任务实施

1. 工作计划

制订工作计划，并填入表 5-13 中。

表 5-13　工作计划表

步骤	内容	计划时间 /min	实际时间 /min	完成情况
1	制订工作计划			
2	制订安装计划			
3	写材料清单和领料			
4	机械部分安装、调试			
5	传感器、气缸等部件的安装			
6	接线端子排、阀组、PLC、变频器等的安装			
7	按钮／指示灯模块安装			
8	开关电源的安装			
9	按质量要求要点检查整个设备			
10	对教师发现和提出的问题进行回答			
11	成绩评估			

2. 器件选型

选择本任务所需要的器件，并填入表 5-14 中。

表 5-14　器件清单

序号	名称	规格	数量	单位	备注
1	驱动电动机			台	
2	联轴器			个	
3	推料气缸			个	
4	电磁阀 1			个	
5	电磁阀 2			个	
6	光电传感器			个	
7	金属传感器			个	
8	光纤传感器			个	
9	旋转编码器			个	
10	装置侧接线端子排			组	
11	PLC			台	
12	开关电源			块	
13	按钮/指示灯模块			个	
14	PLC 侧接线端子排			组	
15	变频器			台	
16	走线槽			根	

3. 安装过程中的注意事项

仔细阅读表 5-15 中的分拣站安装注意事项。

表 5-15　分拣站安装注意事项

仔细阅读安装注意事项			
组长		成员	
安装注意事项	1）准备好安装所需的工具 2）对分拣站各个组件要有一个明确的认识 3）仔细阅读安装的工作流程文档 4）安装时对各个部件进行明确排序 5）安装完毕后对分拣站进行完整性检查以及清洁处理 6）检查完毕后，按照工艺流程完成安装		
机械部分安装注意事项	传送带安装时应注意：①传送带托板与传送带两侧板的固定位置应调整好，以免传送带安装后凹入侧板表面，造成推料被卡住的现象；②主动轴和从动轴的安装位置不能错，主动轴和从动轴的安装板的位置不能相互调换；③传送带的张紧度应调整适中；④要保证主动轴和从动轴的平行；⑤为了使传动部分平稳可靠，噪声减小，特使用滚动轴承作为动力回转件，但滚动轴承及其安装配合零件均为精密结构件，对其拆装需要一定的技能和专用的工具，建议不要自行拆卸		

三、任务总结

本任务重点介绍分拣站的安装步骤及机械安装注意事项，请同学们根据以上内容绘制分拣站安装步骤思维导图，并进行项目评价，见表 5-41。

任务 5.3　分拣站气路的设计及安装调试

工作任务清单

任务情境描述	自动分拣系统能有效地解决早期物流系统未整体规划所造成的"配"和"送"工艺环节人工作业运行成本高、效率低等问题。YL-335B 系统中的分拣站使用了 3 个二位五通带手控开关的单电控电磁阀，分别对金属、白料和黑料推动气缸的气路进行控制，以改变各自的动作状态

素质目标	知识目标	能力目标
1）培养学生在生活中不断发现问题、学习知识、信息收集和归纳总结能力 2）养成多角度思考、不断创新、主动探究新事物的习惯 3）通过学生分组、小组协作来培养学生交往沟通能力和团队合作精神	1）掌握二位五通电磁阀内部原理及结构 2）掌握分拣站气动控制回路图的绘制方法	1）能正确使用内六角扳手、螺钉旋具等工具 2）能根据分拣站气动原理图进行气路安装及调试 3）能根据分拣站需求调节系统压力

建议学时	2 学时

具体工作步骤及要求

序号	工作步骤	要求	时间安排	备注
1	识读任务书	能快速明确任务要求并清晰表达，在教师要求时间内完成		
2	任务准备	能够选择完成任务需要的工具，进行工作场所安排及小组分工		
3	任务实施	能够制订实施计划，并能够根据技术图样要求进行气路连接，气路调试过程中注意设备和人身安全		
4	任务总结	能够清晰地描述任务认知与理解等，思路清晰，语言流畅		

一、任务准备

1. 器件清单

选择本任务所需要的器件，并填入表 5-16 中。

表 5-16　器件清单

序号	名称	数量	单位	规格型号	该器件功能	备注
1	气泵		个			
2	气动二联件		套			
3	快速六通接头		个			
4	电磁换向阀及汇流板		个			
5	双作用直线气缸		个			
6	单向节流阀		个			
7	气管 1		根			
8	气管 2		根			

2. 信息整理

将获取的相关信息进行总结整理，并填入表 5-17 中。

表 5-17　信息整理

器件		信息整理
单电控电磁阀		电磁阀的功能如下： 1）改变气动执行器件动作的方向 2）电磁阀在气动回路中控制气路通道的通、断或改变压缩空气的流动方向 3）电磁阀是气动调节阀的一个附件，用于控制气动阀门气源气路 4）电磁阀常用于开关阀，通过电压信号控制气源气路的通断，以控制阀门的开关 5）电磁阀具有比定位器更大的流通口径，有时可用于快速开启及快速关闭的阀门 6）单电控电磁阀具有失电常闭或常开位置，可用于断气保护
电磁阀内部结构		1）电磁阀是包含一个或几个孔的阀体。阀体部分由滑阀芯、滑阀套、弹簧底座等组成，当线圈通电或断电时，能达到改变流体方向的目的 2）电磁阀的电磁部件由固定铁心、动铁心、线圈等组成，动铁心的运转将导致流体通过阀体或被切断
分拣站气动控制回路图		1）磁性开关安装在各分拣气缸的前限工作位置，还是后限工作位置？ 2）能否写出 3 个气动执行器件的初始状态？ _____ _____ _____

二、任务实施

1. 工作计划

制订工作计划，并填入表 5-18 中。

表 5-18　工作计划表

步骤	内容	计划时间 /min	实际时间 /min	完成情况
1	制订工作计划			
2	根据材料清单领料			
3	气源装置的安装与调整			
4	气动元件的安装			
5	气动控制回路的连接			
6	电磁换向阀调试及气缸调整			
7	常见故障及解决办法			
8	填写调试运行记录表			
9	对教师发现和提出的问题进行回答			
10	成绩评估			

2. 分拣站气路安装与调试

分拣站气路安装与调试见表 5-19。

表 5-19　分拣站气路安装与调试

分拣站气路的安装		
主气路 连接		连接步骤： 1）先仔细阅读总气路图 2）气泵的管路出口用专用气管与油水分离器的入口连接 3）油水分离器的出口与快速六通接头的入口连接 4）快速六通接头的出口与分拣站汇流板的入口连接
分拣站气动 控制回路 连接		连接步骤： 从汇流板开始，按气动控制回路图用直径4mm的气管连接电磁阀、直线气缸，然后用直径为6mm的气管完成气源处理器与汇流板进气孔之间的连接

（续）

气路连接的专业规范要求
1）连接时注意气管走向，应按序排布，均匀美观，不能交叉、打折；线槽内不走气管；气管要在快速接头中插紧，不能有漏气现象 2）气路连接完毕后，应用扎带绑扎，两根绑扎带之间的距离不超过 50mm。电缆和气管应分开绑扎，但当它们都来自同一个移动模块上时，允许绑扎在一起 3）无气管缠绕、绑扎变形现象
分拣站气路的调试
1）调整气动部分，检查气路是否正确，气压是否合理、恰当，气缸的动作速度是否合适 2）检查磁性开关的安装位置是否到位，磁性开关工作是否正常

三、任务总结

本任务重点介绍了分拣站气路组成结构及各部件的功能原理，指导学生进行分拣站气路连接及调试，请同学们完成上述表格并进行项目评价，见表 5-41。

任务 5.4　分拣站传送带电动机的变频调速控制

工作任务清单			
任务情境描述	在机械结构、气动系统、检测器件和电气接线均已安装完成的基础上，按照任务要求，对某校新购置的 YL-335B 型自动化生产线的分拣站传送带电动机的变频调速控制系统进行设计，编写 PLC 程序，设置变频器参数，并对分拣站传送带电动机的变频调速系统进行调试		
素质目标	知识目标		能力目标
1）培养学生查阅、整理相关资料的能力 2）培养学生"确立目标，努力实现"的职业规划素养及标准作业素养	1）掌握 G120 变频器的快速调试方法 2）掌握 G120 变频器的模拟量给定方式和调速参数设置方法		1）能在规定时间内完成分拣站 S7-1200 PLC 与 G120 变频器控制三相异步电动机调速系统的变频器参数设置及 PLC 编程并进行调试 2）能解决调试运行过程中出现的常见问题
建议学时	2 学时		
具体工作步骤及要求			
序号	工作步骤	要求	时间安排	备注
1	识读任务书	能快速明确任务要求并清晰表达，在教师要求时间内完成		
2	任务准备	准备好实训设备、PC、数据线，并进行工作场所安排及小组分工		
3	任务实施	能够制订实施计划，并按照分拣站的任务要求画出电路图，设置变频器参数；能够对分拣站 S7-1200 PLC 与 G120 变频器控制电动机调速系统进行调试运行		
4	任务总结	能够清晰地描述任务认知与理解等，思路清晰，语言流畅		

一、任务准备

1. 变频器的基本调试

通常，在首次使用变频器对电动机调速之前，需对变频器进行调试，以确保顺利地控制电动机的速度。变频器的基本调试包括参数复位、基本调试、功能调试三部分。

1）参数复位：将变频器参数恢复到出厂设置。一般在变频器出厂和参数出现混乱的时候进行此操作。

2）基本调试：输入电动机相关的参数和一些基本驱动控制参数，并根据需要进行电动机识别，以使变频器可以良好地驱动电动机运转。一般在参数复位操作后，或者更换电动机后需要进行此操作。

3）功能调试：按照具体生产工艺需要进行参数设置。这一部分的调试工作比较复杂，常常需要在现场多次调试。

2. 变频器面板及菜单功能介绍

变频器面板如图 5-7 所示。G120 变频器六个菜单的功能分别为："MONITORINS"实现运行参数的显示；"CONTROL"实现 BOP-2 控制；"DIAGNOSTICS"实现故障报警的查看；"PARAMETER"实现参数的修改；"SETUP"实现设备的快速调试；"EXTRAS"实现设备的工厂恢复和参数的备份。

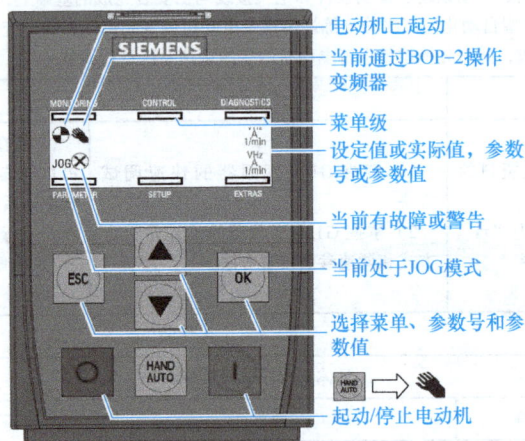

图 5-7　变频器面板

3. SINAMICS G120 变频器常用参数

（1）G120 变频器参数（见表 5-20）

表 5-20　G120 变频器参数

变频器参数	设定值	单位	功能说明
P0003	3	—	权限级别
P0010	1/0	—	驱动调试参数筛选。先设置为 1，在把 P0015 和电动机相关参数修改完成后，再设置为 0

（续）

变频器参数	设定值	单位	功能说明
P0015	根据任务需求设置	—	设备宏指令
P0304	根据电动机铭牌设置	V	电动机的额定电压
P0305	根据电动机铭牌设置	A	电动机的额定电流
P0307	根据电动机铭牌设置	kW	电动机的额定功率
P0310	根据电动机铭牌设置	Hz	电动机的额定频率
P0311	根据电动机铭牌设置	r/min	电动机的额定转速
P1080	根据任务需求设置	Hz	下限频率
P1082	根据任务需求设置	Hz	上限频率
P1120	根据任务需求设置	s	斜坡加速时间
P1121	根据任务需求设置	s	斜坡减速时间
P0840	根据任务需求设置（r722.0～r722.5）		命令给定源设定
P1070	根据任务需求可设置为 r755.0 或 r1024 等值		频率给定源

（2）SINAMICS G120 变频器宏参数的使用　G120 为满足不同的接口定义提供了多种预定义接口宏，利用预定义接口宏可以方便地设置变频器的命令源和设定值源。可以通过参数 P0015 修改宏。在选用宏功能时需要注意以下两点：

1）如果其中一种宏定义的接口方式完全符合应用，那么按照该宏的接线方式设计原理图，并在调试时选择相应的宏功能即可方便地实现控制要求。

2）如果所有宏定义的接口方式都不能完全符合应用，那么请选择与布线比较相近的接口宏，然后根据需要来调整输入 / 输出的配置。

修改 P0015 参数的步骤如下：

1）设置 P0010=1。

2）修改 P0015。

3）设置 P0010=0。

需要注意的是，只有在设置 P0010=1 时，才能更改 P0015 参数。

二、任务实施

分拣站传送带电动机的变频调速需要 PLC 与变频器配合控制电动机来完成。现要求 I0.0 有信号时，PLC、变频器控制电动机正转，电动机运行频率为 30Hz，I0.3 接停止按钮，按下停止按钮，电动机停止运行。请同学们查看实训台相关设备，制订计划并完成信息整理。

1. 工作计划

制订工作计划，并填入表 5-21 中。

表 5-21 工作计划表

步骤	内容	计划时间 /min	实际时间 /min	完成情况
1	分析工作任务			
2	查验电动机、变频器等铭牌参数			
3	使用 Startdrive 调试 G120 变频器参数			
4	使用 PLC 控制变频器模拟量调速			
5	调试运行并填写调试运行记录表			
6	对教师发现和提出的问题进行回答			
7	成绩评估			

2. 信息整理

1）查看电动机铭牌，并将电动机信息整理到表 5-22 中。

表 5-22 电动机信息

序号	内容	铭牌参数
1	额定电压	
2	额定电流	
3	额定功率	
4	额定频率	
5	功率因数	
6	额定转速	

2）查看变频器型号及订货号，并将变频器信息整理到表 5-23 中。

表 5-23 变频器信息

序号	内容	铭牌参数	含义
1	变频器控制单元型号		
2	变频器控制单元订货号		
3	变频器功率模块型号		
4	变频器功率模块订货号		

3）快速调试是通过设置电动机参数、变频器的命令源、速度设定源等基本参数，来达到简单快速运转电动机的一种操作模式。请回顾 G120 变频器与电动机的快速调试有哪几种方法？

_____

_____

4）若使用 G120 变频器 BOP-2 面板方式来进行快速调试，可在哪个菜单下进行快速调试？

_____

_____

5）请同学们根据前面分析的电路接线图，确定好 PLC 与 G120 变频器的信号传输地址，并填入表 5-24 中。

表 5-24　PLC 与 G120 变频器的信号传输地址

序号	PLC 输出点	信号名称	变频器的输入点
1			
2			
3			
4			
5			
6			
7			

6）根据设备参数、电动机参数、PLC 与变频器连接点，结合 CU240E−2PN 使用手册，观察设备的调试性能，完成表 5-25 中 G120 变频器快速调试需设置的参数。

表 5-25　G120 变频器快速调试参数设置

参数号	设置值	说明
		用户口访问专家级
		开始快速调试
		电动机标准
		功率单元应用
		G120 变频器设备输入电压
		电动机类型
		根据铭牌设定电动机额定电压 /V
		根据铭牌设定电动机额定电流 /V
		根据铭牌设定电动机额定功率 /kW
		根据铭牌设定电动机额定频率 /Hz
		电动机的额定速度 /（r/min）
		斜坡下降时间 /s
		斜坡上升时间 /s
		变频器输出上限速度 /（r/min）
		变频器输出下限速度 /（r/min）
		结束快速调试

7）选用 G120 变频器正确宏参数实现系统固定转速的实现。请同学们回顾所学知识，结合 CU240E−2PN 使用手册，选用合适的宏参数完成变频器模拟量调速电动机 30Hz 运行的控制（请注意宏参数设置过程中参数 P0010 的使用）。根据变频器端子功能表（见表 5-26），完成表 5-27 的填写。

表 5-26　变频器端子功能表

宏编号	宏功能描述	主要端子定义	备注
12	两线制控制 1，模拟量调速	DI0：ON/OFF1 正转 DI1：反转 DI2：应答 AI0+ 和 AI0−：转速设定	两线控制是一种开关触点闭合 / 断开的起停方式
13	端子起动，模拟量给定，带安全功能	DI0：ON/OFF1 正转 DI1：反转 DI2：应答 AI0+ 和 AI0−：转速设定 DI4：预留安全功能 DI5：预留安全功能	
17	两线制控制 2，模拟量调速	DI0：ON/OFF1 正转 DI1：ON/OFF1 反转 DI2：应答 AI0+ 和 AI0−：转速设定	
18	两线制控制 3，模拟量调速	DI0：ON/OFF1 正转 DI1：ON/OFF1 反转 DI2：应答 AI0+ 和 AI0−：转速设定	
19	三线制控制 1，模拟量调速	DI0：Enable/OFF1 DI1：脉冲正转起动 DI2：脉冲反转起动 DI4：应答 AII0+ 和 AI0−：转速设定	三线控制是一种脉冲上升沿触发的起停方式
20	三线制控制 2，模拟量调速	DI0：Enable/OFF1 DI1：脉冲正转起动 DI2：反转 DI4：应答 AI0+ 和 AI0−：转速设定	

表 5-27　G120 变频器实现系统模拟量转速参数设置

参数号	设置值	说明
		权限级别
		驱动调试参数筛选
		设置宏指令
		驱动宏指令生效
		变频器故障复位
		固定转速设定

将设置参数保存在变频器中。

3. PLC 程序编写

使用 PLC 内部 NORM_X 与 SCALE_X 指令实现变频器模拟量调速的控制。变频器模拟量调速控制程序如图 5-8 所示。

▼ 程序段2：转速给定

▼ 程序段3：转速测量

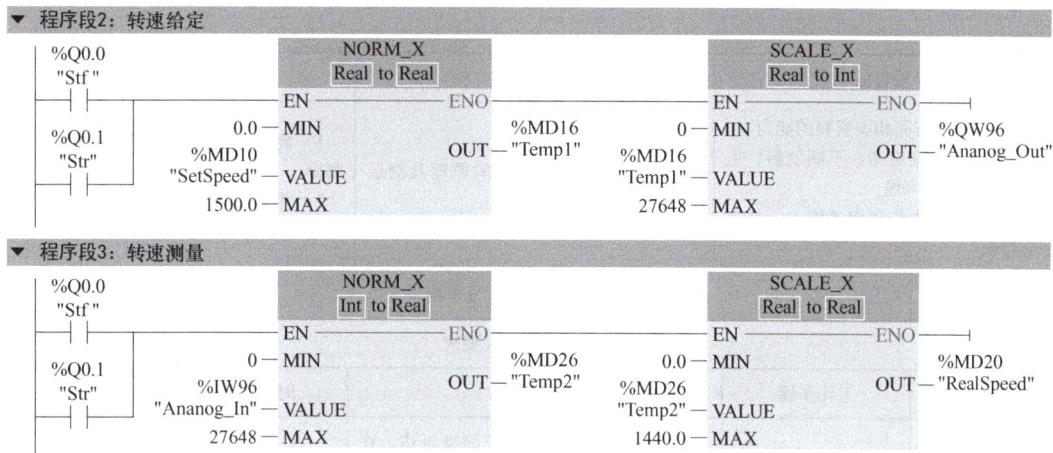

图 5-8　变频器模拟量调速控制程序

请根据接线电路图及任务要求编写 PLC 程序，并填入表 5-28 中。

表 5-28　PLC 程序编写

4.调试运行

请同学们根据分拣站传送带电动机的变频调速控制系统的具体工作要求进行调试，使调速过程符合任务要求，调试步骤要全面，要综合考虑正常操作和非正常情况下变频调速系统的运行情况，并填写调试运行记录表。

三、任务总结

本任务重点介绍 G120 变频器的调试方法，请同学们根据任务要求完成分拣站变频器的参数设置及程序编写，并进行项目评价，见表 5-41。

任务 5.5　分拣站控制电路的测绘与校核

工作任务清单	
任务情境描述	请同学们选择合适的仪表、设备和工具对 YL-335B 型自动化生产线的分拣站进行电气测绘，画出电气原理图，结合分拣站的工作任务填写 I/O 分配表和分拣站装置侧接线端子分配表，并对控制电路接线进行校核

（续）

素质目标	知识目标	能力目标
1）培养积极查阅相关资料的能力 2）养成多角度思考、不断创新、主动探究新事物的习惯 3）培养团队协作和沟通能力，具有安全意识	掌握分拣站电气接线的原理及测绘方法	1）能够完成分拣站电气控制线路的测绘 2）能够正确使用博途软件对电气接线进行校核

建议学时	2 学时

具体工作步骤及要求

序号	工作步骤	要求	时间安排	备注
1	识读任务书	能快速明确任务要求并清晰表达，在教师要求时间内完成		
2	任务准备	准备好测绘用的仪器仪表、绘图工具、校核用的 PC、数据线，并进行工作场所安排及小组分工		
3	任务实施	能够制订实施计划，对分拣站控制电路进行测绘，能够对分拣站控制电路进行校核		
4	任务总结	能够清晰地描述任务认知与理解等，思路清晰，语言流畅		

一、任务准备

本任务只考虑分拣站作为独立设备运行时的情况，工作站的主令信号和工作状态显示信号来自 PLC 旁边的按钮 / 指示灯模块，并且按钮 / 指示灯模块上的工作方式选择开关 SA 应置于"单站方式"位置。具体的控制要求如下：

1）设备的工作目标是完成对金属壳工件、白色芯或金属芯塑料壳工件和黑色芯的金属或塑料壳工件进行分拣。为了在分拣时准确推出工件，要求使用旋转编码器进行定位检测，并且工件材料和芯体颜色属性应在推料气缸前的适当位置被检测出来。

2）设备上电和气源接通后，若 3 个推料气缸均处于缩回位置，则"正常工作"指示灯 HL1 常亮，表示设备已准备好。否则，该指示灯以 0.5Hz 的频率闪烁。

3）若设备已准备好，按下起动按钮，系统起动，"设备运行"指示灯 HL2 常亮。当传送带入料口人工放下已装配的工件时，变频器立即起动，驱动传动电动机以固定频率为 30Hz 的速度，把工件带往分拣区。如果工件为金属壳工件，则该工件到达 1 号滑槽中间时，传送带停止，工件被推到 1 号槽中；如果工件为白色芯或金属芯的塑料壳工件，则该工件到达 2 号滑槽中间时，传送带停止，工件被推到 2 号槽中；如果工件为黑色芯，无论外壳是什么颜色或材质，则该工件到达 3 号滑槽中间时，传送带停止，工件被推到 3 号槽中。工件被推入滑槽后，分拣站的一个工作周期结束。仅当工件被推入滑槽后，才能再次向传送带下料。

4）如果在运行期间按下停止按钮，则分拣站在本工作周期结束后停止运行。

二、任务实施

1. 工作计划

制订工作计划，并填入表 5-29 中。

表 5-29　工作计划表

步骤	内容	计划时间 /min	实际时间 /min	完成情况
1	分析工作任务			
2	进行电路校核与测绘，填写 I/O 分配表和装置侧信号端子分配表			
3	绘制分拣站电气原理图			
4	对教师发现和提出的问题进行回答			
5	成绩评估			

2. 分拣站控制电路校核与测绘

（1）PLC 及其扩展模块的选型　请同学们查看分拣站 PLC 的相关信息，并记录在表 5-30 中。

表 5-30　分拣站 PLC 信息整理

分拣站 PLC 信息	
PLC 型号	
DI 数量	
DQ 数量	
有无扩展模块	
扩展模块型号和功能	

（2）电路的校核及测绘　请各小组成员彼此配合，对分拣站的控制电路接线进行校核与测绘，并完成表 5-31 ～表 5-33 的填写。

表 5-31　分拣站控制电路校核结果

输入端口				
序号	PLC 输入点	信号名称	校核结果	故障排除描述（结果不正常填写）
1				
2				
3				
4				
5				
6				
7				
8				

（续）

序号	PLC 输入点	信号名称	校核结果	故障排除描述（结果不正常填写）
9				
10				
11				
12				

输出端口

序号	PLC 输出点	信号名称	校核结果	故障排除描述（结果不正常填写）
1				
2				
3				
4				
5				
6				
7				
8				
9				
10				

表 5-32　分拣站装置侧接线端口的信号端子分配

输入端口中间层			输出端口中间层		
端子号	设备符号	信号线	端子号	设备符号	信号线
2			2		
3			3		
4			4		
5					
6					
7					
8					
9					
10					
11					
12					
13# ～ 17# 端子没有连接			5# ～ 14# 端子没有连接		

表 5-33　分拣站 PLC 的 I/O 信号分配

输入端口分配				输出端口分配			
序号	PLC 输入点	信号名称	信号来源	序号	PLC 输出点	信号名称	输出目标
1				1			
2				2			
3				3			
4				4			
5			装置侧	5			
6				6			
7				7			
8				8			
9				9			
10				10			
11				11			
12			按钮/指示灯模块	12			
13				13			
14				14			

（3）绘制分拣站电气原理图　请同学们根据分拣站 PLC 的 I/O 信号分配表绘制图 5-9 所示的电气原理图。

三、任务总结

本任务着重引导同学们进行分拣站电路校核与测绘，并完成分拣站电气原理图的绘制，请同学们完成上述表格并进行项目评价，见表 5-41。

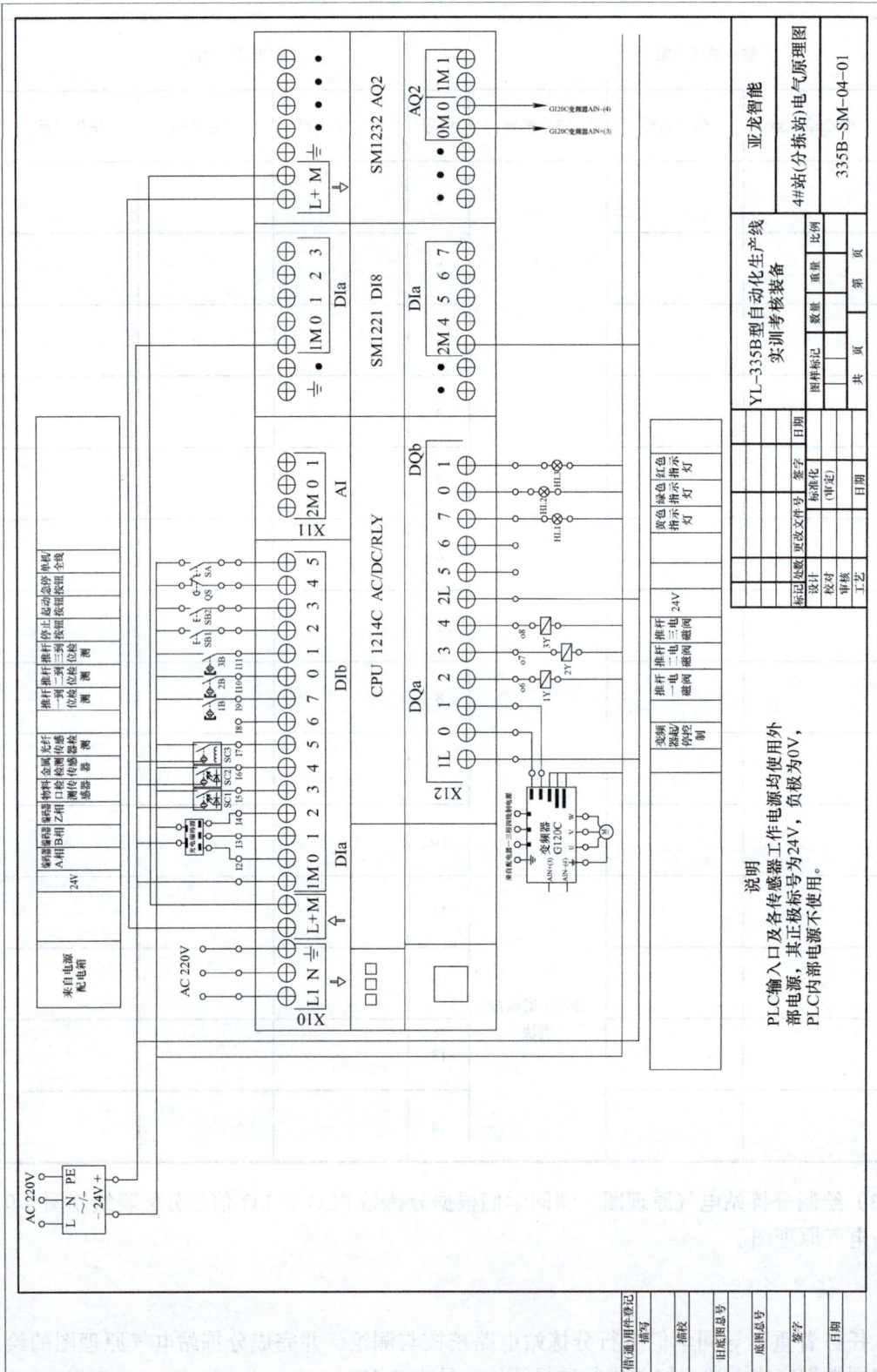

图 5-9　分拣站电气原理图

任务 5.6　分拣站 PLC 的编程及调试运行

工作任务清单

任务情境描述	在机械结构、气动系统、检测器件和电气接线均已安装完成的基础上，按照任务要求，对某校新购置的 YL-335B 型自动化生产线的分拣站进行 PLC 程序的编写，并对分拣站进行调试运行

素质目标	知识目标	能力目标
1）培养查阅相关资料的能力 2）养成多角度思考、不断创新、主动探究新事物的习惯 3）培养团队协作和沟通能力，具有安全意识	1）掌握 S7-1200 系列 PLC 高速计数器指令的编程方法 2）掌握 S7-1200 系列 PLC 模拟量输出的编程方法 3）掌握分拣站 PLC 编程与调试的方法	能在规定时间内完成分拣站的安装和调整，进行顺控程序设计和调试，并能解决调试运行过程中出现的常见问题

建议学时	2 学时

具体工作步骤及要求

序号	工作步骤	要求	时间安排	备注
1	识读任务书	能快速明确任务要求并清晰表达，在教师要求时间内完成		
2	任务准备	准备好实训设备、PC、数据线，并进行工作场所安排及小组分工		
3	任务实施	能够制订实施计划，并按照分拣站的任务要求编写程序，能够对分拣站进行运行调试		
4	任务总结	能够清晰地描述任务认知与理解等，思路清晰，语言流畅		

一、任务准备

分拣站的任务分析见表 5-34，请根据任务描述进行信息梳理并填入表中。

二、任务实施

1. 工作计划

制订工作计划，并填入表 5-35 中。

表 5-34　分拣站的任务分析

任务描述	任务梳理
本任务只考虑分拣站作为独立设备运行时的情况，工作站的主令信号和工作状态显示信号来自 PLC 旁边的按钮/指示灯模块，并且按钮/指示灯模块上的工作方式选择开关 SA 应置于"单站方式"位置。具体的控制要求如下： 1）设备的工作目标是完成对金属壳工件、白色芯或金属芯塑料壳工件和黑色芯的金属或塑料壳工件的分拣。为了在分拣时准确推出工件，要求使用旋转编码器进行定位检测，并且工件材料和芯体颜色属性应在推料气缸前的适当位置被检测出来 2）设备上电和气源接通后，若 3 个推料气缸均处于缩回位置，则"正常工作"指示灯 HL1 常亮，表示设备已准备好。否则，该指示灯以 0.5Hz 的频率闪烁 3）若设备已准备好，按下起动按钮，系统起动，"设备运行"指示灯 HL2 常亮。当传送带入料口人工放下已装配的工件时，变频器立即起动，驱动传动电动机以固定频率为 30Hz 的速度，把工件带往分拣区。如果工件为金属壳工件，则该工件到达 1 号滑槽中间时，传送带停止，工件被推到 1 号槽中；如果工件为白色芯或金属芯的塑料壳工件，则该工件到达 2 号滑槽中间时，传送带停止，工件被推到 2 号槽中；如果工件为黑色芯，无论外壳是什么颜色或材质，则该工件到达 3 号滑槽中间时，传送带停止，工件被推到 3 号槽中。工件被推入滑槽后，分拣站的一个工作周期结束。仅当工件被推入滑槽后，才能再次向传送带下料 4）如果在运行期间按下停止按钮，则分拣站在本工作周期结束后停止运行	1）工作方式：只考虑单站运行模式。工作方式选择开关 SA 置于_____（左/右）位 2）初态检测：若分拣站准备就绪，则推料气缸 1 处于_____位置；推料气缸 2 处于_____位置；推料气缸 3 处于_____位置；指示灯 HL1_____，否则指示灯 HL1_____ 3）起动控制：分拣站准备就绪，起动按钮才有效。按下起动按钮，分拣站进入运行状态，指示灯 HL2_____，但分拣站是否有动作，还要取决于_____，否则分拣站处于等待状态，等待_____ 4）分拣工艺流程： ①检测分拣站入口处是否有工件，驱动传送带起动运行 ②检测_____（壳/芯）件的_____（材质/颜色）属性 ③检测_____（壳/芯）件的_____（材质/颜色）属性 ④根据两次检测结果，分配工件推送位置： 一号槽被推入的是_____工件 二号槽被推入的是_____工件 三号槽被推入的是_____工件 5）停止控制：正常停止时的操作步骤为_____ _____， 指示灯状态为_____ _____

表 5-35　工作计划表

步骤	内容	计划时间 /min	实际时间 /min	完成情况
1	分析工作任务			
2	绘制 PLC 流程图和顺序控制功能图			
3	编写程序			
4	调试运行并填写调试运行记录表			
5	对教师发现和提出的问题进行回答			
6	成绩评估			

2. 绘制 PLC 流程图和顺序控制功能图

（1）分拣站单站控制的编程思路　分拣站的主要工作过程是分拣控制，可编写一个子程序供主程序调用，工作状态显示的要求比较简单，可直接在主程序中编写，也可写一个子程序供主程序调用。

（2）系统起 / 停主流程控制　主程序的流程与前面所述的供料站、加工站等是类似的，主要完成系统起停、准备就绪检查、状态显示及分拣控制子程序的调用等功能。请同学们结合供料站和加工站的控制流程图，根据分拣站的工作任务及编程思路，在表 5-36 中画出分拣站的系统起动 / 停止主流程控制流程图。

表 5-36　分拣站起动 / 停止主流程控制流程图

分拣站系统起动 / 停止主流程控制流程图

（3）步进顺序控制过程　分拣控制子程序也是一个步进顺序控制程序，按工艺要求，不同属性的工件分别在 3 个出料槽被推出，因此工艺过程的步进程序具有 3 个选择分支。

编制分拣控制子程序前应编写和运行一个测试程序，现场测试传送带上各特定位置（包括各推料气缸中心位置、检测区出口位置）的脉冲数，获得各特定点对以进料口中心点为基准原点的坐标值。在进一步编制控制程序时，将测试获得的坐标值数据作为已知数据使用。测试方法有多种，例如：在进料口中心位置放下一个工件，按下按钮使高速计数器清零，然后用点动或手动的方式驱动传送带运动，当工件中心点到达某一希望的位置时立即停止，从博途软件的监控界面上读取高速计数器的当前值并记录，此值即为该点对以进料口中心点为基准原点的坐标值。

根据任务描述，在表 5-37 中绘制顺序功能图。

表 5-37　分拣控制子程序任务梳理

任务描述	顺序功能图
1）当检测到待分拣工件下料到进料口后，调用 CTRL_HSC，以固定频率起动变频器驱动电动机运转 2）当工件经过传感器支架上的光纤探头和电感式传感器时，根据 2 个传感器动作与否来判别工件的材质和颜色属性，并决定程序的流向。HSC1 当前值与传感器位置值的比较可采用触头比较指令实现 3）根据工件属性和分拣任务要求，在相应的推料气缸位置把工件推出。推料气缸返回后，步进顺控子程序返回初始步	

3. 程序编写

根据表 5-38 中提供的梯形图，在右侧写出程序注释。

表 5-38　程序编写思路

	梯形图	程序注释
主程序	%M3.0 "运行状态"　%M3.4 "联机方式"　MUL Int　EN ENO 553 — IN1　OUT — %MW10 "变频器频率" %IW301 "触摸屏写入变频器频率" — IN2※ %M3.4 "联机方式"　MUL Int　EN ENO 553 — IN1　OUT — %MW10 "变频器频率" 30 — IN2※ %I0.3 "入料检测"　%I0.7 "推杆一到位"　%I1.0 "推杆二到位"　%I1.1 "推杆三到位"　%M5.0 "初态检查"　%M3.0 "运行状态"　%M2.0 "准备就绪"　%M2.0 "准备就绪" (S) %M3.0 "运行状态"　%M2.0 "准备就绪"　%M2.0 "准备就绪" (R) — NOT —	变频器控制：_____ _____ _____ _____ 初态检测：_____ _____
分拣控制子程序	%M20.0 "初始步"　%DB2 "CTRL_HSC_0_DB"　CTRL_HSC EN ENO 257 — HSC　BUSY — False False — DIR　STATUS — 16#0 1 — CV 1 — RV False — PERIOD 0 — NEW_DIR 0 — NEW_CV 0 — NEW_RV 0 — NEW_PERIOD %I0.3 "入料检测"　%M3.4 "联机方式"　%I300.4 "请求分拣"　%M3.0 "运行状态"　%M3.1 "停止指令"　"定时器用数据块".Static_1　TON Time %M3.4 "联机方式"　IN Q — %M20.1 "Tag_1" (S) T#1s — PT　ET — T#0ms　%M20.0 "初始步" (R) %M20.1 "Tag_1"　%M3.0 "运行状态"　%Q0.0 "电动机正转" (S) %M3.4 "联机方式"　MOVE EN ENO %MW10 "变频器频率" — IN ※OUT1 — %QW2 "模拟量输出" %M3.4 "联机方式"　MOVE EN ENO %MW10 "变频器频率" — IN ※OUT1 — %QW2 "模拟量输出" %M20.2 "Tag_2" (S) %M20.1 "Tag_1" (R)	初始步：_____ _____ _____ _____ 电动机驱动步：_____ _____ _____

（续）

梯形图	程序注释

分拣控制子程序

第一段梯形图：
- %M20.2 "Tag_2"
- %ID1000 "高数计数器 当前值" >= DInt 330
- %ID1000 "高数计数器 当前值" <= DInt 370
- %I0.5 "白料检测"
- %M4.1 "白芯标志"（S）
- %I0.4 "金属检测"
- %M4.0 "金属保持"（S）
- %ID1000 "高数计数器 当前值" >= DInt 500
- %M20.3 "Tag_4"（S）
- %M20.2 "Tag_2"（R）

程序注释：检测步：_____

第二段梯形图：
- %M20.3 "Tag_4"
- %M4.1 "白芯标志"
- %M4.0 "金属保持"（/）
- %M20.4 "Tag_5"（S）
- %M20.3 "Tag_4"（R）
- %M4.0 "金属保持"
- %M20.5 "Tag_6"（S）
- %M20.3 "Tag_4"（R）
- %M4.1 "白芯标志"（/）
- %M20.6 "Tag_7"（S）
- %M20.3 "Tag_4"（R）

程序注释：跳转步：_____

第三段梯形图：
- %M20.5 "Tag_6"
- %ID1000 "高数计数器 当前值" >= DInt 600
- %M4.0 "金属保持"（R）
- %Q0.0 "电动机正转"（R）
- %Q0.0 "电动机正转"（N）%M9.0 "Tag_8"
- %Q0.2 "槽一驱动"（S）
- %I0.7 "推杆一到位"（P）%M9.1 "Tag_9"
- %M20.7 "Tag_10"（S）
- %M20.5 "Tag_6"（R）
- %Q0.2 "槽一驱动"（R）

程序注释：推料步1：_____

151

（续）

梯形图	程序注释
（分拣控制子程序） %M20.4 "Tag_5" — %ID1000 "高数计数器当前值" >= DInt 970 — %M4.1 "白芯标志" (R) — %Q0.0 "电动机正转" (R) %Q0.0 "电动机正转" |N| %M9.2 "Tag_11" — %Q0.3 "槽二驱动" (S) %I1.0 "推杆二到位" |P| %M9.3 "Tag_12" — %M20.7 "Tag_10" (S) — %M20.4 "Tag_5" (R) — %Q0.3 "槽二驱动" (R)	推料步2：_____ _____ _____
%M20.6 "Tag_7" — %ID1000 "高数计数器当前值" >= DInt 1350 — %Q0.0 "电动机正转" (R) %Q0.0 "电动机正转" |N| %M9.4 "Tag_13" — %Q0.4 "槽三驱动" (S) %I1.1 "推杆三到位" |P| %M9.5 "Tag_14" — %M20.7 "Tag_10" (S) — %M20.6 "Tag_7" (R) — %Q0.4 "槽三驱动" (R)	推料步3：_____ _____ _____
%M20.7 "Tag_10" — %Q300.4 "分拣完成" ( ) "定时器用数据块".Static_2 TON Time IN Q, T#1s—PT ET—T#0ms — %M20.0 "初始步" (S) — %M20.7 "Tag_10" (R)	复位步：_____ _____ _____

左侧栏：分拣控制子程序

4. 调试运行

请同学们结合前面所学的供料、加工、装配站调试运行的方法和步骤，根据分拣站的具体工作要求，自己设计分拣站的调试运行方案，调试步骤要全面，要综合考虑正常操作和非正常情况下分拣站的运行情况，并填写调试运行记录表。

1）步骤1：

①现象描述：动作状况为_____

指示灯状况为＿＿＿＿＿＿＿＿＿＿＿＿＿＿＿＿＿＿＿＿＿＿＿＿＿

② 与工作任务是否相符：＿＿＿＿＿＿＿＿＿＿＿＿＿＿＿＿＿＿＿＿

③ 如果不相符，分析故障原因：

＿＿＿＿＿＿＿＿＿＿＿＿＿＿＿＿＿＿＿＿＿＿＿＿＿＿＿＿＿＿＿＿

＿＿＿＿＿＿＿＿＿＿＿＿＿＿＿＿＿＿＿＿＿＿＿＿＿＿＿＿＿＿＿＿

④ 故障解决方案：

＿＿＿＿＿＿＿＿＿＿＿＿＿＿＿＿＿＿＿＿＿＿＿＿＿＿＿＿＿＿＿＿

＿＿＿＿＿＿＿＿＿＿＿＿＿＿＿＿＿＿＿＿＿＿＿＿＿＿＿＿＿＿＿＿

2）步骤 2：

① 现象描述：动作状况为＿＿＿＿＿＿＿＿＿＿＿＿＿＿＿＿＿＿＿＿

指示灯状况为＿＿＿＿＿＿＿＿＿＿＿＿＿＿＿＿＿＿＿＿＿＿＿＿＿

② 与工作任务是否相符：＿＿＿＿＿＿＿＿＿＿＿＿＿＿＿＿＿＿＿＿

③ 如果不相符，分析故障原因：

＿＿＿＿＿＿＿＿＿＿＿＿＿＿＿＿＿＿＿＿＿＿＿＿＿＿＿＿＿＿＿＿

＿＿＿＿＿＿＿＿＿＿＿＿＿＿＿＿＿＿＿＿＿＿＿＿＿＿＿＿＿＿＿＿

④ 故障解决方案：

＿＿＿＿＿＿＿＿＿＿＿＿＿＿＿＿＿＿＿＿＿＿＿＿＿＿＿＿＿＿＿＿

＿＿＿＿＿＿＿＿＿＿＿＿＿＿＿＿＿＿＿＿＿＿＿＿＿＿＿＿＿＿＿＿

3）步骤 3：

① 现象描述：动作状况为＿＿＿＿＿＿＿＿＿＿＿＿＿＿＿＿＿＿＿＿

指示灯状况为＿＿＿＿＿＿＿＿＿＿＿＿＿＿＿＿＿＿＿＿＿＿＿＿＿

② 与工作任务是否相符：＿＿＿＿＿＿＿＿＿＿＿＿＿＿＿＿＿＿＿＿

③ 如果不相符，分析故障原因：

＿＿＿＿＿＿＿＿＿＿＿＿＿＿＿＿＿＿＿＿＿＿＿＿＿＿＿＿＿＿＿＿

＿＿＿＿＿＿＿＿＿＿＿＿＿＿＿＿＿＿＿＿＿＿＿＿＿＿＿＿＿＿＿＿

④ 故障解决方案：

＿＿＿＿＿＿＿＿＿＿＿＿＿＿＿＿＿＿＿＿＿＿＿＿＿＿＿＿＿＿＿＿

＿＿＿＿＿＿＿＿＿＿＿＿＿＿＿＿＿＿＿＿＿＿＿＿＿＿＿＿＿＿＿＿

4）步骤 4：

① 现象描述：动作状况为＿＿＿＿＿＿＿＿＿＿＿＿＿＿＿＿＿＿＿＿

指示灯状况为＿＿＿＿＿＿＿＿＿＿＿＿＿＿＿＿＿＿＿＿＿＿＿＿＿

② 与工作任务是否相符：＿＿＿＿＿＿＿＿＿＿＿＿＿＿＿＿＿＿＿＿

③ 如果不相符，分析故障原因：

＿＿＿＿＿＿＿＿＿＿＿＿＿＿＿＿＿＿＿＿＿＿＿＿＿＿＿＿＿＿＿＿

＿＿＿＿＿＿＿＿＿＿＿＿＿＿＿＿＿＿＿＿＿＿＿＿＿＿＿＿＿＿＿＿

④ 故障解决方案：

＿＿＿＿＿＿＿＿＿＿＿＿＿＿＿＿＿＿＿＿＿＿＿＿＿＿＿＿＿＿＿＿

＿＿＿＿＿＿＿＿＿＿＿＿＿＿＿＿＿＿＿＿＿＿＿＿＿＿＿＿＿＿＿＿

5）步骤 5：

① 现象描述：动作状况为_____

指示灯状况为_____

② 与工作任务是否相符：_____

③ 如果不相符，分析故障原因：

_____

_____

④ 故障解决方案：

_____

_____

各小组可根据自己设计的调试步骤自行加页。

5. 程序调试运行中的注意事项

分拣站的工作要求并不复杂，但需要准确判别工件属性，在目标料槽气缸中心位置平稳地推出工件，并进行细致调试。

1）传感器灵敏度的调整是判别工件属性的关键，应仔细反复调整。

2）任务要求中未规定减速时间的下限值，为简化程序、突出重点，可设定减速时间为 0.2s，但仍须考虑不同速度时工件停止位置对中心位置的偏移，所以在调试运行时要反复调整变频器减速时间。

3）平稳地推出工件的关键是推料气缸伸出速度的调整，应反复调整推料气缸上的节流阀，确保推出动作无冲击、无卡滞。

三、任务总结

本任务通过工作过程梳理，引导同学们根据顺序功能图对源程序进行识读及整理，并在指导教师监督下进行调试，注意调试过程中出现的故障要及时给予解决。请同学们完成上述表格并进行项目评价，见表 5-41。

四、知识链接

1. 高速计数器的应用

（1）高速计数器概述　S7-1200 V4.0 CPU 提供了最多 6 个高速计数器，其独立于 CPU 的扫描周期进行计数。1217C 可测量的脉冲频率最高为 1MHz，其他型号的 S7-1200 V4.0 CPU 可测量到的单相脉冲频率最高为 100kHz，A/B 相最高为 80kHz。如果使用信号板，还可以测量单相脉冲频率高达 200kHz 的信号，A/B 相最高为 160Hz。S7-1200 V4.0 CPU 和信号板具有可组态的硬件输入地址，因此可测量到的高速计数器频率与高速计数器号无关，而与所使用的 CPU 和信号板的硬件输入地址有关。

S7-1200 V4.0 CPU 高速计数器定义了如下 4 种工作模式：

1）单相计数器，外部方向控制。

2）单相计数器，内部方向控制。

3）双相增/减计数器，双脉冲输入。

4）A/B 相正交脉冲输入。

每种高速计数器有以下两种工作状态：

1）外部复位，无起动输入。

2）内部复位，无起动输入。

CPU 将每个高速计数器的测量值，存储在输入过程映像区内，数据类型为 32 位双整型有符号数，用户可以在设备组态中修改这些存储地址，在程序中可直接访问这些地址。由于过程映像区受扫描周期影响，用户读取到的值并不是当前时刻的实际值，在一个扫描周期内，此数值不会发生变化，但计数器中的实际值有可能会在一个周期内变化，而用户无法读到此变化。用户可通过读取外设地址的方式，读取到当前时刻的实际值。以 ID1000 为例，其外设地址为"ID1000：P"。高速计数器寻址列表见表 5-39。

表 5-39 　高速计数器寻址列表

高速计数器号	数据类型	默认地址
HSC1	DINT	ID1000
HSC2	DINT	ID1004
HSC3	DINT	ID1008
HSC4	DINT	ID1012
HSC5	DINT	ID1016
HSC6	DINT	ID1020

高速计数器需要使用指定背景数据块用于存储参数，如图 5-10 所示。

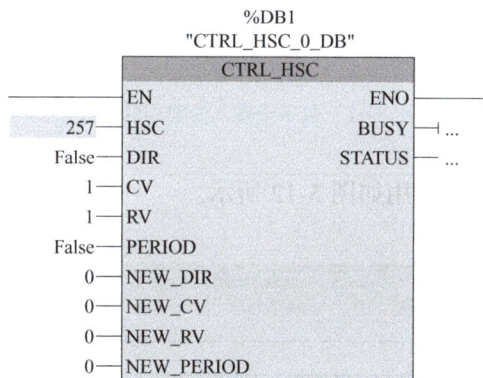

图 5-10 　高速计数器指令块

高速计数器参数说明见表 5-40。

表 5-40 　高速计数器参数说明

高速计数器参数	说明
HSC（HW_HSC）	高速计数器硬件识别号
DIR（BOOL）TRUE	使能新方向
CV（BOOL）TRUE	使能新起始值
RV（BOOL）TRUE	使能新参考值

（续）

高速计数器参数	说明
PERIOD（BOOL）TRUE	使能新频率测量周期
NEW_DIR（INT）	方向选择：1 表示正向，−1 表示反向
NEW_CV（DINT）	新起始值
NEW_RV（DINT）	新参考值
NEW_PERIODE（INT）	新频率测量周期

（2）高速计数器编程

1）数字量输入滤波器的更改如图 5-11 所示。

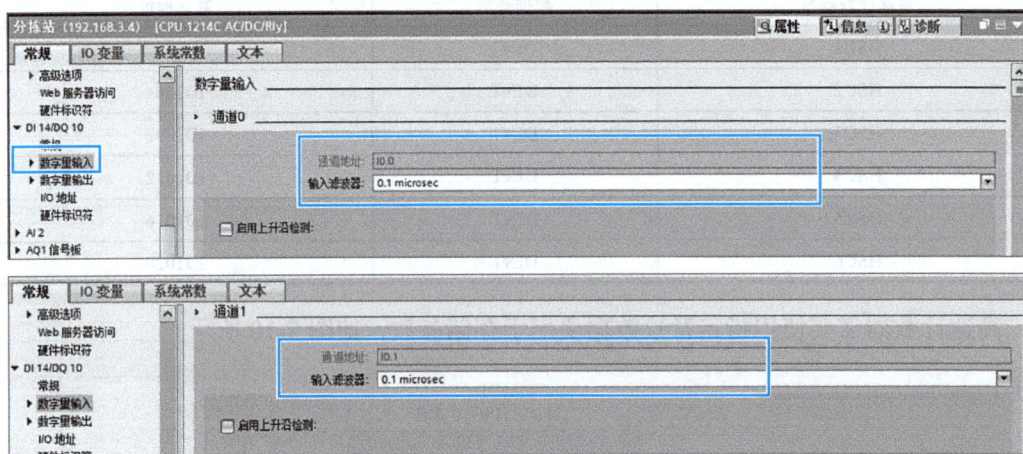

图 5-11　数字量输入滤波器的更改

2）高速计数器 HSC1 的启用如图 5-12 所示。

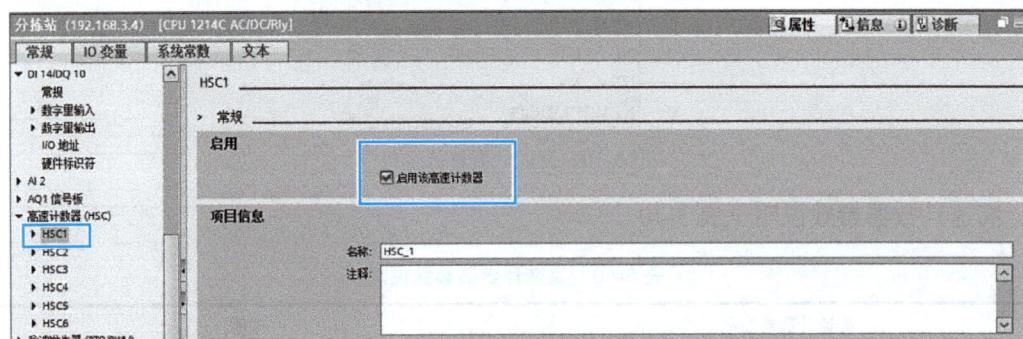

图 5-12　高速计数器 HSC1 的启用

3）高速计数器的功能设置如图 5-13 所示。

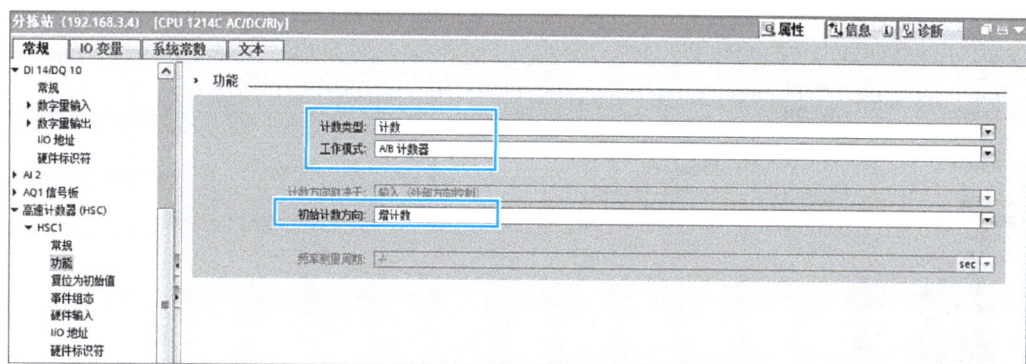

图 5-13　高速计数器的功能设置

4）复位为初始值设置如图 5-14 所示。

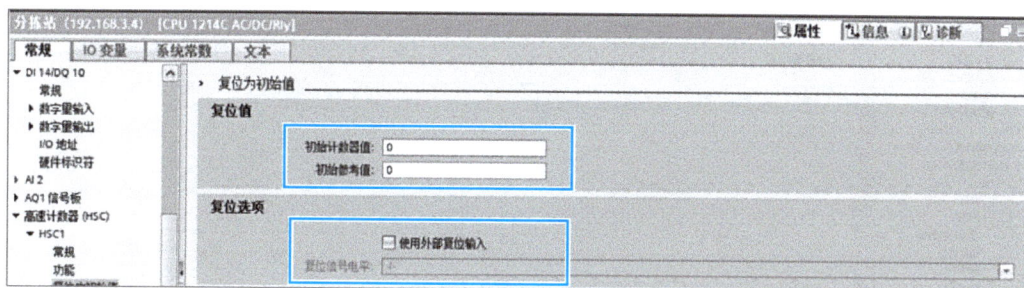

图 5-14　复位为初始值设置

5）硬件输入设置如图 5-15 所示。

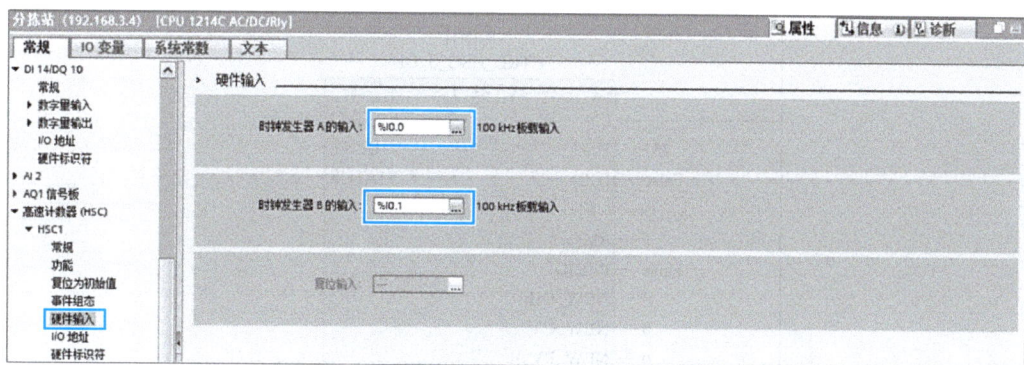

图 5-15　硬件输入设置

6）I/O 地址设置如图 5-16 所示。

7）硬件标识符设置（硬件标识符为 257，应将指令输入的 HSC 值从 1 改为 257）如图 5-17 所示。

8）指令块参数的更改如图 5-18 所示。

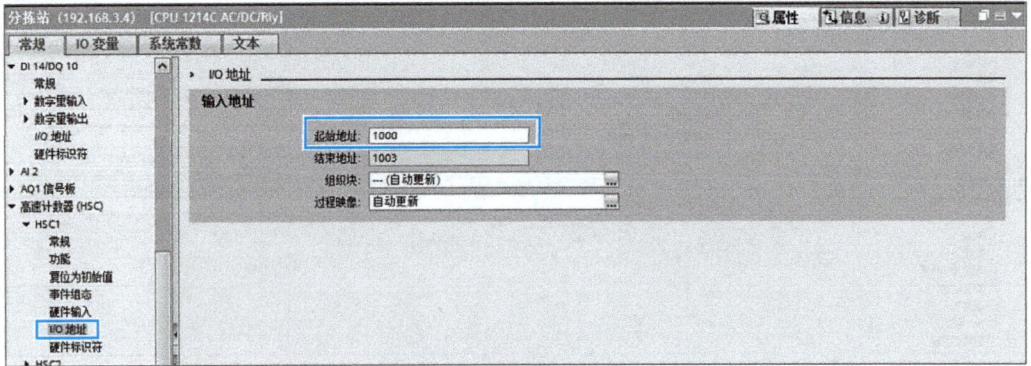

图 5-16　I/O 地址设置

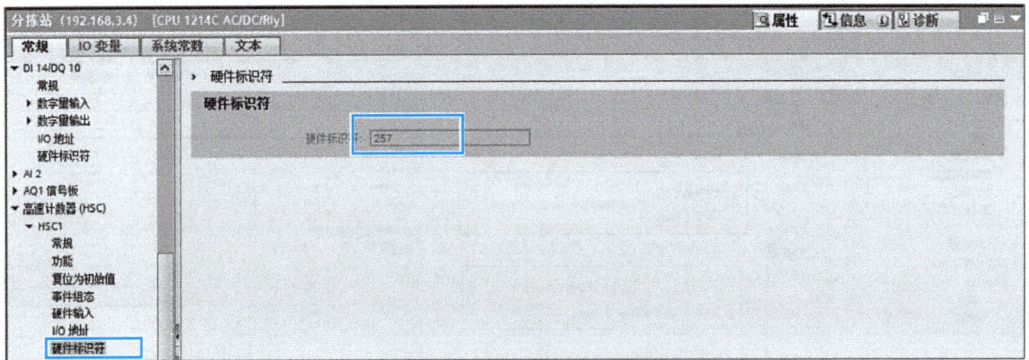

图 5-17　硬件标识符设置

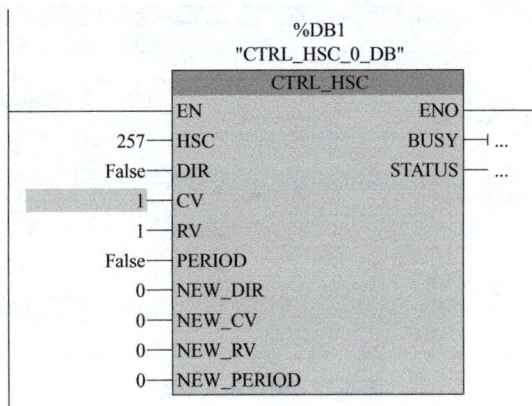

图 5-18　指令块参数的更改

2. 变频器模拟量控制

变频器的速度由 PLC 模拟量输出来调节（0～10V），起停由外部端子来控制。SM1232

模拟量模块有两路模拟量输出，信号格式有电压和电流两种。电压信号范围是 $0 \sim 10V$，电流信号范围是 $0 \sim 20mA$，在 PLC 中对应的数字量都是 $0 \sim 27648$。这里采用电压信号，如图 5-9 所示，那么如何把触摸屏给定的频率转化为模拟量输出呢？变频器频率和 PLC 模拟量输出电压成正比关系，模拟量输出是数字量通过 D/A 转换器转换而来，模拟量和数字量成正比关系，因此频率和数字量也成正比关系，如图 5-19 所示。由图 5-19 可知，只要把触摸屏给定的频率 $\times 27648 \div 50$ 作为模拟量输出即可。该部分参考程序如图 5-20 所示。

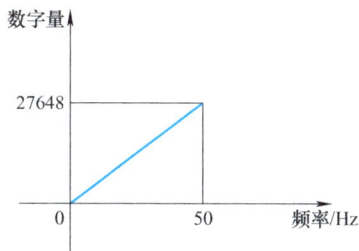

图 5-19　频率和数字量的关系

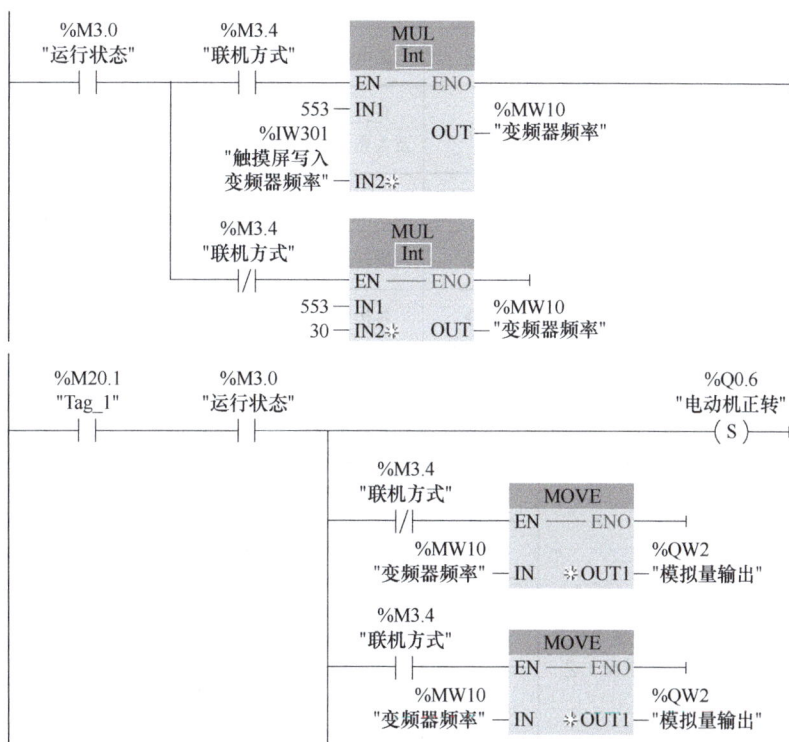

图 5-20　模拟量处理的参考程序

⚠**注意：** 模拟量的地址可以在设备组态中的常规属性里进行自定义分配。

表 5-41　分拣站的安装与调试项目评价表

学习领域	自动化生产线安装与调试		总学时：72 学时			
项　　目	分拣站的安装与调试		学　时：12 学时			
班　　级						
团队负责人		团队成员				

评价项目		成绩评定				
资讯	技术资料收集能力	□收集的技术资料翔实丰富（3分）	□能收集基本的技术资料（2分）		□收集的技术资料有欠缺（1分）	
决策	系统方案制订、决策能力	□方案技术合理、性价比高（3分）	□方案基本可行（2分）		□方案技术性、经济性较差（1分）	
计划	工作计划制订能力	□计划合理、可操作性强（3分）	□计划具有可操作性（2分）		□计划不合理、可操作性差（1分）	

实施	对方案实施并优化的能力	评分内容	配分	重点检查内容	扣分	得分	备注
		检测元件安装与调试	2分	磁性开关在气缸上的位置精度			
			2分	光电传感器的安装位置调整			
			3分	光纤传感器的安装位置调整及入光量调整			
			3分	金属传感器的安装及调试			
			3分	旋转编码器的正确安装			
			3分	各传感器的工作电平调整			
			2分	各传感器接线是否正确			
			3分	布线是否合理、美观			
		机械安装及装配工艺	2分	传送机构组件安装			
			2分	驱动电动机组件安装			
			2分	气缸支架、气缸、传感器支架、出料槽、支架的安装			
			2分	传感器、电磁阀组件等的安装			
			2分	接线端子排、PLC、开关电源、按钮／指示灯模块的安装			

（续）

评价项目		成绩评定					
		评分内容	配分	重点检查内容	扣分	得分	备注
实施	对方案实施并优化的能力	气路设计及安装调试	2分	绘制加工站气路图			
			3分	气动控制回路的装配：①正确连接气路；②气路连接无漏气现象			
			2分	按质量要求检查整个气路，气路连接无漏气现象			
			2分	各气动元件的测试是否正确			
			2分	整个装置的功能调试是否正确			
			2分	故障排除情况			
		传送带电动机变频调速	2分	是否按要求完成电路接线			
			3分	电动机运转能否实现要求的转速			
			3分	能够对运行、停止状态进行指示			
		电路测绘与校核	2分	能正确填写I/O分配表			
			3分	能正确填写装置侧接线端口端子信息分配表			
			3分	能正确绘制电气原理图			
			3分	能对PLC控制电路进行校核，并排除不正常线路的故障			
		PLC编程与调试运行	3分	是否按要求实现工件分拣			
			3分	传送带传输的定位是否准确			
			3分	能够对运行、停止状态进行指示			
		职业素养与安全意识	10分	1）现场操作安全保护是否符合安全操作规程 2）工具摆放、包装物品、导线线头等的处理是否符合职业岗位的要求 3）是否既有分工又有合作，配合紧密 4）遵守工作现场纪律，爱惜设备和器材，保持工位的整洁			

（续）

评价项目		成绩评定		
完整性检查	根据工作站各部件的完好程度来确定	□优（3分）	□中（2分）	□差（1分）
评价	工作成果展示能力	□能完全反映工作成果（3分）	□能反映大部分工作成果（2分）	□不能反映工作成果（1分）
	对工作过程和成果评价能力	□评价全面、合理（3分）	□评价不够全面、合理（2分）	□评价不合理（1分）
总分				
评价教师		日期		

项目 6

输送站的安装与调试

【项目所需工具】

表6-1 工具清单

项目	序号	名称	规格型号	数量	单位	备注
所用设备	1	自动化生产线供料站	YL-335B	1	台	
	2	PC		1	台	
所用仪表	1	万用表		1	块	
所需工具	1	内六角扳手		1	套	
	2	活扳手		1	把	
	3	剥线钳	6in	1	把	
	4	斜口钳	6in	1	把	
	5	尖嘴钳	6in	1	把	
	6	一字槽螺钉旋具	6in、8in	各1	把	
	7	十字槽螺钉旋具	6in、8in	各1	把	
	8	钟表螺钉旋具		1	套	
	9	零件盘	标准	2	个	
	10	扎带		若干	根	
成员签字：				教师签字：		

【场地准备】

表6-2 场地准备

序号	场地准备	规格	数量	单位	备注
1	自动化生产线实训室	标准实训室	1	间	
2	实训台	2.4m×1.6m	20	个	
3	操作工位	每个实训台配2个工位	40	个	
4	调试工具	整套	40	套	
5	PC	满足博途软件运行环境	40	台	

【人员准备】

表 6-3　小组分工

人员准备
全班共分为（　　　）组，每组（　　　）人操作
按照生产企业工作岗位进行小组分工：
生产组长＿＿＿＿＿＿、机械装配员＿＿＿＿＿＿、电气装配员＿＿＿＿＿＿、程序调试员＿＿＿＿＿＿、质检员＿＿＿＿＿＿

防护要求	6S 管理
1）穿工作服符合"三紧原则"，即袖口紧、领口紧、下摆紧 2）正确佩戴安全帽 3）必要情况下穿绝缘鞋 4）确保在断电情况下进行操作	1）工作台面干净整洁 2）各拆装器件有序摆放 3）工具使用完毕归位 4）整洁、齐全、有序 5）卫生清理

任务 6.1　输送站的认知

工作任务清单		
任务情境描述	本任务要求从若干传感器中找到能够实现输送功能的相关传感器，并进行测试，以便后期加装到机械本体上	
素质目标	知识目标	能力目标
1）具有团队协作和沟通能力 2）具有安全意识 3）具有刻苦钻研、积极进取的精神	1）掌握输送站的功能及结构组成 2）掌握磁性开关、原点接近开关的结构及工作原理 3）掌握传感器的调试方法	1）能根据任务要求正确选择传感器 2）能利用仪器仪表进行传感器的检测
建议学时	2 学时	

具体工作步骤及要求				
序号	工作步骤	要求	时间安排	备注
1	识读任务书	能快速明确任务要求并清晰表达，在教师要求时间内完成		
2	任务准备	能够选择完成任务需要的工具，并进行工作场所安排及小组分工		
3	任务实施	能够制订实施计划，并能够选择出完成输送功能的传感器		
4	检测与调试	完成各类传感器的检测与调试		
5	任务总结	能够清晰地描述任务认知与理解等，思路清晰，语言流畅		

一、任务准备

1. 相关知识

输送站是自动化生产线中最为重要同时也是承担任务最为繁重的工作站。该站的主要任务是驱动其抓取机械手装置精确定位到指定站的物料台，在物料台上抓取工件，把抓取

到的工件输送到指定地点并将其放下。YL-335B 设备出厂配置时，输送站在网络系统中担任着主站的角色，它接收来自触摸屏的系统主令信号，读取网络上各从站的状态信息，加以综合后，向各从站发送控制要求，协调整个系统的工作。

　　输送站由抓取机械手装置、直线运动传动组件、拖链装置、PLC 模块和接线端口以及按钮 / 指示灯模块等部件组成，如图 6-1 所示。

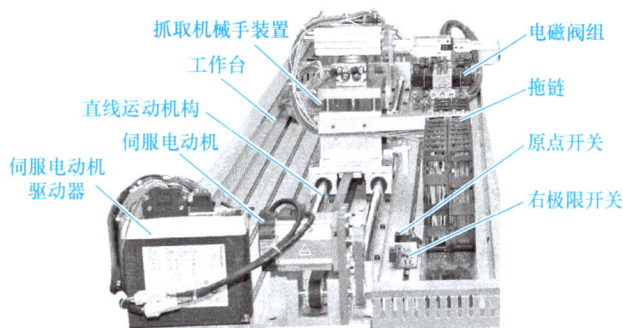

图 6-1　输送站的结构组成

　　（1）抓取机械手装置　抓取机械手装置是一个能实现三自由度运动（即升降、伸缩、气动手指夹紧 / 松开和沿垂直轴旋转的四维运动）的工作单元，其外形结构如图 6-2 所示。该装置整体安装在直线运动传动组件的滑动溜板上，在传动组件的带动下整体做直线往复运动，并定位到其他各工作单元的物料台，然后完成抓取和放下工件的功能。

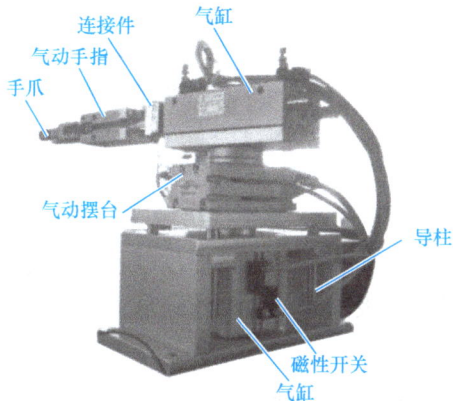

图 6-2　抓取机械手装置的外形结构

　　具体构成如下：

　　① 气动手指：用于在各个工作站物料台上抓取 / 放下工件，由一个二位五通双向电控阀控制。

　　② 伸缩气缸：用于驱动手臂伸出 / 缩回，由一个二位五通单向电控阀控制。

　　③ 回转气缸：用于驱动手臂正反向 90° 旋转，由一个二位五通单向电控阀控制。

　　④ 提升气缸：用于驱动整个机械手提升 / 下降，由一个二位五通单向电控阀控制。

　　在抓取机械手上面能找到传感器吗？分别在什么位置？

（2）直线运动传动组件　直线运动传动组件用以拖动抓取机械手装置做直线往复运动，并实现精确定位的功能，具体结构如图 6-3 所示。

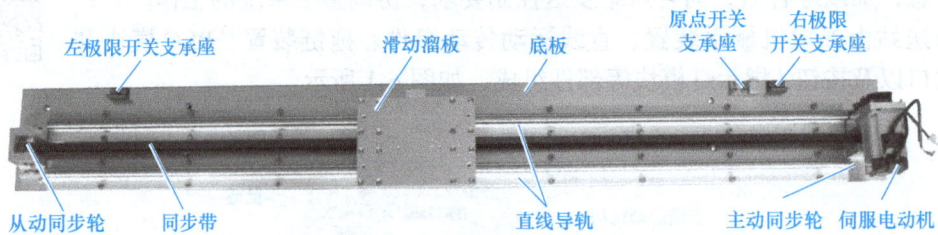

图 6-3　直线运动传动组件的结构

直线运动传动组件由直线导轨底板、伺服电动机及伺服放大器、同步轮、同步带、直线导轨、滑动溜板、拖链、原点接近开关、左 / 右极限开关组成。

伺服电动机由伺服电动机放大器驱动，通过同步轮和同步带带动滑动溜板沿直线导轨做直线往复运动，从而带动固定在滑动溜板上的抓取机械手装置做直线往复运动。同步轮齿距为 5mm，共 12 个齿，即旋转一周抓取机械手位移 60mm。

抓取机械手装置上所有气管和导线沿拖链敷设，进入线槽后分别连接到电磁阀组和接线端口上。

原点接近开关和左、右极限开关安装在直线导轨底板上，如图 6-4 所示。

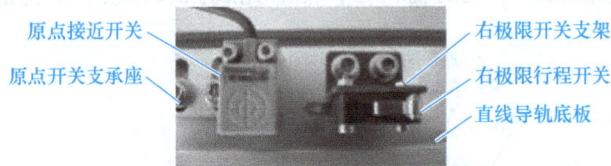

图 6-4　原点接近开关和右极限开关

原点接近开关是一个无触头的电感式接近传感器，用来提供直线运动的起始点信号。左、右极限开关均是有触头的微动开关，用来提供越程故障时的保护信号。当滑动溜板在运动中越过左或右极限位置时，极限开关会动作，从而向系统发出越程故障信号。

2. 信息整理

将获取的相关信息进行总结整理，并填入表 6-4 中。

表 6-4　信息整理

器件		原理介绍	问题
电感式接近开关			1）数量是多少？ _____ 2）位置在哪？ _____ 3）功能如何？ _____ 4）如何接线？ _____ 5）注意事项： _____

二、任务实施

1. 工作计划

制订工作计划，并填入表 6-5 中。

表 6-5 工作计划表

步骤	内容	计划时间 /min	实际时间 /min	完成情况
1	制订工作计划			
2	选择传感器及信息整理			
3	根据材料清单领料			
4	传感器的调试			
5	填写调试运行记录表			
6	对教师发现和提出的问题进行回答			
7	成绩评估			

2. 选择传感器

根据输送站的功能分析，需要：（要求写清楚数量、功能、传感器类型等信息。例如 1 个检测气动手指夹紧 / 放松的磁性开关）：

_____

_____

_____

从商家发来的传感器中找出需要的传感器，并填入表 6-6 中。

表 6-6 传感器清单

序号	名称	数量	单位	规格型号	该器件功能	备注
1	磁性开关 1	2	个			
2	磁性开关 2	5	个			
3	电感式接近开关	1	个			

三、检测与调试

1. 调试所需器材

找出调试所需器材，器材清单见表 6-7。

表 6-7 器材清单

序号	器材名称	型号与规格	数量	单位
1	磁性开关 1	D−Z73	2	个
2	磁性开关 2	D−A93	5	个
3	电感式接近开关		1	个
4	PLC	S7−1200	1	台
5	开关电源	输入 AC 220V，DC 24V	1	块

（续）

序号	器材名称	型号与规格	数量	单位
6	螺钉旋具	通用	1	套
7	万用表	通用	1	块
8	指示灯	220V	1	组

2. 传感器的检测与调试

（1）磁性开关的检测与调试

1）磁性开关的检测方法同供料站中的检测方法。用万用表检测各磁性开关是否正常，并将检测结果填入表6-8中（注意排序）。

表6-8　磁性开关的检测与调试

检测器件	磁铁靠近时正常阻值	测量结果	磁铁远离时正常阻值	测量结果
磁性开关1	→0		→∞	
磁性开关2	→0		→∞	
磁性开关3	→0		→∞	
磁性开关4	→0		→∞	
磁性开关5	→0		→∞	
磁性开关6	→0		→∞	
磁性开关7	→0		→∞	

2）将磁性开关安装在气缸上，并进行调试，将各磁性开关的运行状态填入表6-9中。（注意给磁性开关排序）。

表6-9　调试运行记录表

气缸状态	磁性开关1	磁性开关2	磁性开关3	磁性开关4	磁性开关5	磁性开关6	磁性开关7
气动手指夹紧							
气动手指放松							
伸缩气缸伸出							
伸缩气缸缩回							
气动摆台顺时针旋转90°							
气动摆台逆时针旋转90°							
提升气缸提升到位							
提升气缸下降到位							

3）磁性开关调试过程中的注意事项如下：

① 调试时，不得让磁性开关受到过大的冲击力。

② 不能让磁性开关在水或冷却液中使用。

③ 绝对不要用于有爆炸性、可燃性气体的环境中。

④ 磁性开关周围不要有切屑、焊渣等铁粉存在，若堆积在开关上，则会使开关的磁

力减弱，甚至失效。

　　⑤ 磁性开关的配线不能直接接到电源上，必须串接负载。

　　⑥ 磁性开关有动作范围，若气缸行程太小则会出现开关不能断开的现象。

　　（2）电感式接近开关的检测与调试　电感式接近开关的检测方法与前面介绍的金属传感器的检测方法相同，此处不再赘述。请将调试运行结果填入表 6-10 中。

表 6-10　调试运行记录

电感式接近开关的调试运行记录		
通过检测，YL-335B 设备的输送站中用到的金属传感器为_____类型的。调试运行结果如下：		
检测器件	检测到输送站底座上的挡块	当输送站挡铁远离原点接近开关时
电感式接近开关		

四、任务总结

　　本任务介绍了输送站的功能、结构及动作过程，重点指导学生进行相关传感器的检测与调试，请同学们完成上述表格并进行项目评价，见表 6-36。

任务 6.2　输送站机械结构的安装

工作任务清单		
任务情境描述	输送站是自动化生产线中最为重要同时也是承担任务最为繁重的工作站。该站的主要任务是驱动其抓取机械手装置精确定位到指定站的物料台，在物料台上抓取工件，把抓取到的工件输送到指定地点并将其放下。因此在安装时必须确保各零件、组合件、部件安装的牢固性和准确性，并保证各工作机构协调、可靠地工作	
素质目标	知识目标	能力目标
1）具有较强的安全生产、环境保护、职业道德和团队合作意识 2）严格执行机电一体化技术文件及工作单，并养成工具三清点的习惯 3）具有良好的心理素质，树立机电产品质量第一的意识	1）掌握输送站的基本结构组成部分 2）掌握输送站装配的基本步骤与流程 3）掌握输送站结构图的识读方法	1）能根据任务要求正确安装输送站 2）能正确识读装配工艺图样 3）能正确使用工具进行操作
建议学时	2 学时	
具体工作步骤及要求		

序号	工作步骤	要求	时间安排	备注
1	识读任务书	能快速明确任务要求并清晰表达，在教师要求时间内完成		
2	任务准备	能够选择完成任务需要的工具，并进行工作场所安排及小组分工		
3	任务实施	能够制订实施计划，并能够根据技术图样要求规范装配，每装配完一步都要进行可靠性检查		
4	任务总结	能够清晰地描述任务认知与理解等，思路清晰，语言流畅		

一、任务准备

1. 材料清单

输送站机械结构安装的具体材料清单见附录中的附表5。

2. 识读图样

识读图样，明确各部件的位置。输送站工程图如图 6-5 所示。

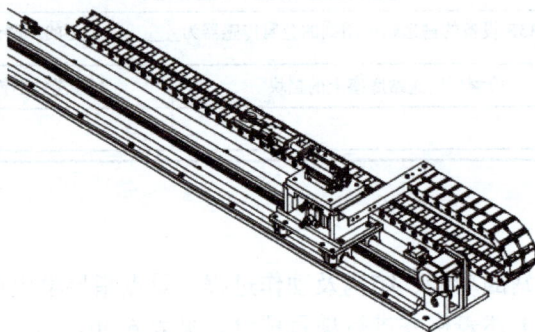

图 6-5　输送站工程图

二、任务实施

1. 工作计划

制订工作计划，并填入表 6-11 中。

表 6-11　工作计划表

步骤	内容	计划时间 /min	实际时间 /min	完成情况
1	制订工作计划			
2	制订安装计划			
3	写材料清单和领料			
4	机械部分安装、调试			
5	传感器、气缸等部件的安装			
6	接线端子排、阀组、PLC 等的安装			
7	按钮 / 指示灯模块安装			
8	开关电源的安装			
9	按质量要求要点检查整个设备			
10	对教师发现和提出的问题进行回答			
11	成绩评估			

2. 器件选型

选择本任务所需要的器件，并填入表 6-12 中。

表 6-12　器件清单

序号	名称	规格	数量	单位	备注
1	磁性开关			个	
2	原点开关			个	
3	左、右限位开关			个	
4	提升气缸			个	
5	气动摆台			个	
6	伸缩气缸			个	
7	气动手指			个	
8	电磁阀组			组	
9	开关电源			块	
10	PLC、按钮 / 指示灯模块			块	
11	装置侧、PLC 侧接线端子			组	
12	伺服驱动器			个	
13	伺服电动机			台	
14	走线槽			根	

3. 梳理安装步骤

输送站的安装步骤见表 6-13。

表 6-13　输送站的安装步骤

部件		相关信息及注意事项
在底板上安装直线导轨	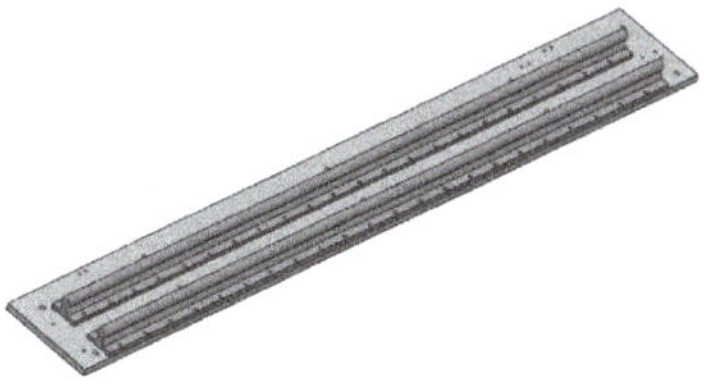	直线导轨是精密机械运动部件，其安装、调整都要遵循一定的方法和步骤，而且该站中使用的导轨的长度较长，要快速准确地调整好两导轨的相互位置，使其运动平稳、受力均匀、运动噪声小
装配滑块和大溜板	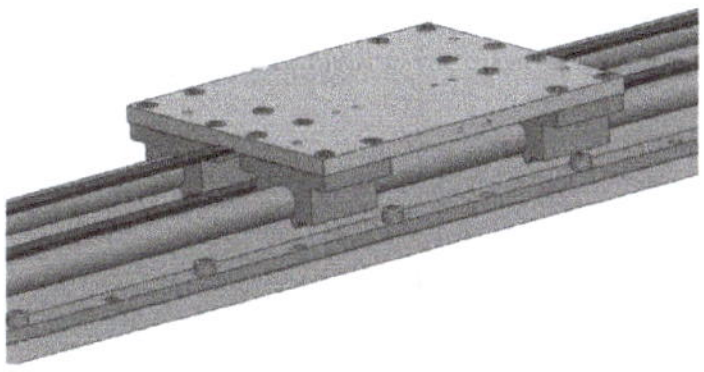	1）调整好相互位置后，拧紧所有连接螺栓。在拧紧固定螺栓的时候，应一边推动大溜板左右运动，一边拧紧螺栓，直到滑动顺畅为止 2）将装配滑块的大溜板取出 3）套入同步带并固定其两端 4）把滑块套回直线导轨上

（续）

部件	相关信息及注意事项
固定不可调整端的同步轮固定座	应注意电动机侧同步轮安装支架组件的安装方向、两组件的相对位置，并将同步带两端分别固定在各自的同步带固定座内，同时也要注意保持安装好后的同步带平顺一致
固定可调整端的同步轮安装座	
伺服电动机的安装	1）固定电动机安装板 2）用螺栓螺母连接电动机（勿固定） 3）套入同步带、同步轮 4）调整相互间的位置 5）调整同步带的张紧度 6）拧紧固定连接螺栓
直线运动传动组件	在以上各构成零件中，轴承以及轴承座均为精密机械零部件，拆卸以及组装需要较熟练的技能和专用工具，因此，不可轻易对其进行拆卸或修配
装配机械手的支撑板部分	保证支撑板牢固可靠

（续）

部件	相关信息及注意事项
安装提升机构	保证提升机构能够动作顺畅、不卡滞
安装提升部分的动力和组件安装板	安装提升气缸
安装旋转机构	把气动摆台固定在组装好的提升机构上，然后在气动摆台上固定导杆气缸安装板，安装时注意要先找好导杆气缸安装板与气动摆台连接的原始位置，以便有足够的回转角度
气动手指和导杆气缸的安装	把导杆气缸固定到导杆气缸安装板上，完成抓取机械手装置的装配
组装机械手与直线运动传动组件	检查摆台上的导杆气缸、气动手指组件的回转位置是否满足在其余各工作站上抓取和放下工件的要求，并进行适当的调整

三、任务总结

本任务重点介绍输送站的安装步骤，请同学们根据所学内容绘制输送站机械安装思维导图，并进行项目评价，见表 6-36。

任务 6.3　输送站气路的设计及安装调试

<table>
<tr><td colspan="4" align="center">工作任务清单</td></tr>
<tr>
<td>任务情境描述</td>
<td colspan="3">输送站的功能是驱动其抓取机械手装置精确定位到指定站的物料台，在物料台上抓取工件，把抓到的工件输送到指定地点并将其放下。当抓取机械手装置做往复运动时，连接到机械手装置上的气管和电气连接线也随之运动。确保这些气管和电气连接线运动顺畅，不至于在移动过程中拉伤或脱落是气路连接和电气配线敷设过程中最重要的一环</td>
</tr>
<tr>
<td align="center">素质目标</td>
<td align="center">知识目标</td>
<td align="center">能力目标</td>
</tr>
<tr>
<td>1）培养学生积极查阅资料的能力
2）养成多角度思考、不断创新、主动探究新事物的习惯
3）培养团队协作和沟通能力，具有安全意识</td>
<td>1）掌握气源处理装置的组成结构
2）掌握双电控电磁阀的工作原理
3）掌握气动原理图的设计方法</td>
<td>1）能正确安装气源装置
2）能根据输送站气动原理图进行气路连接及调试</td>
</tr>
<tr>
<td>建议学时</td>
<td colspan="3" align="center">2 学时</td>
</tr>
</table>

<table>
<tr><td colspan="5" align="center">具体工作步骤及要求</td></tr>
<tr>
<th>序号</th>
<th>工作步骤</th>
<th>要求</th>
<th>时间安排</th>
<th>备注</th>
</tr>
<tr>
<td>1</td>
<td>识读任务书</td>
<td>能快速明确任务要求并清晰表达，在教师要求时间内完成</td>
<td></td>
<td></td>
</tr>
<tr>
<td>2</td>
<td>任务准备</td>
<td>能够选择完成任务需要的工具，并进行工作场所安排及小组分工</td>
<td></td>
<td></td>
</tr>
<tr>
<td>3</td>
<td>任务实施</td>
<td>能够制订实施计划，并能够根据技术图样要求进行气路连接，气路调试过程中注意设备和人身安全</td>
<td></td>
<td></td>
</tr>
<tr>
<td>4</td>
<td>任务总结</td>
<td>能够清晰地描述任务认知与理解等，思路清晰，语言流畅</td>
<td></td>
<td></td>
</tr>
</table>

一、任务准备

1. 器件清单

选择本任务所需要的器件，并填入表 6-14 中。

表 6-14　器件清单

<table>
<tr>
<th>序号</th>
<th>名称</th>
<th>数量</th>
<th>单位</th>
<th>规格型号</th>
<th>该器件功能</th>
<th>备注</th>
</tr>
<tr><td>1</td><td>气泵</td><td></td><td>个</td><td></td><td></td><td></td></tr>
<tr><td>2</td><td>过滤减压阀</td><td></td><td>个</td><td></td><td></td><td></td></tr>
<tr><td>3</td><td>双电控电磁换向阀及汇流板</td><td></td><td>套</td><td></td><td></td><td></td></tr>
<tr><td>4</td><td>单电控电磁换向阀</td><td></td><td>个</td><td></td><td></td><td></td></tr>
<tr><td>5</td><td>伸缩气缸</td><td></td><td>个</td><td></td><td></td><td></td></tr>
<tr><td>6</td><td>回转气缸</td><td></td><td>个</td><td></td><td></td><td></td></tr>
<tr><td>7</td><td>气动手指</td><td></td><td>个</td><td></td><td></td><td></td></tr>
<tr><td>8</td><td>提升气缸</td><td></td><td>个</td><td></td><td></td><td></td></tr>
</table>

（续）

序号	名称	数量	单位	规格型号	该器件功能	备注
9	单向节流阀		个			
10	气管		根			
11	消声器		个			

2. 信息整理

将获取的相关信息进行总结整理，并填入表6-15中。

表6-15 信息整理

器件	工作原理	信息整理
双电控电磁阀	手控开关 气管接口 驱动线圈2 驱动线圈1	 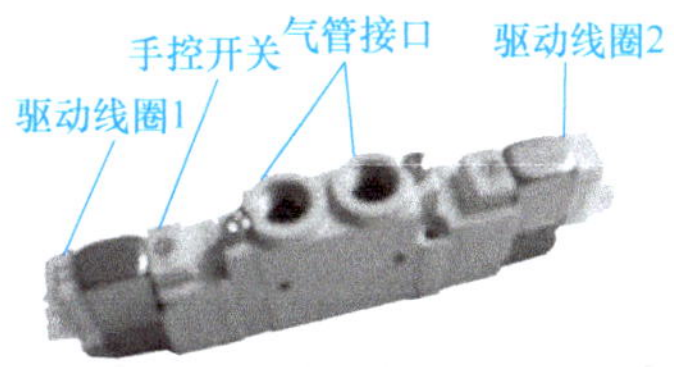 1）能否说出双电控电磁阀与单电控电磁阀的区别？ 2）所用的输送站中双电控电磁阀的型号是_____ 3）电磁阀的主要作用是_____
输送站气动控制回路	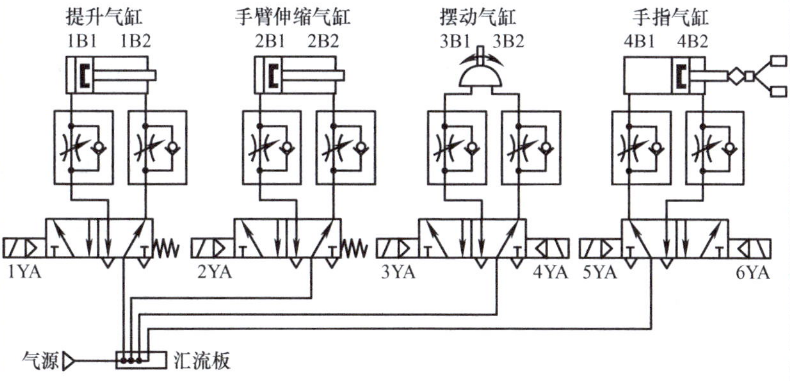	1）能否写出4个气缸的初始状态？ 2）指出回路中哪个是双电控电磁阀，哪个是单电控电磁阀？ 3）阐述输送站气动控制回路的原理。

二、任务实施

1. 工作计划

制订工作计划，并填入表6-16中。

表 6-16　工作计划表

步骤	内容	计划时间 /min	实际时间 /min	完成情况
1	制订工作计划			
2	根据材料清单领料			
3	气源装置的安装与调整			
4	气动元件的安装			
5	气动控制回路的连接			
6	电磁换向阀调试及气缸调整			
7	常见故障及解决办法			
8	填写调试运行记录表			
9	对教师发现和提出的问题进行回答			
10	成绩评估			

2. 输送站的气路安装与调试

输送站的气路安装与调试见表 6-17。

表 6-17　输送站的气路安装与调试

输送站气路的连接		
主气路连接		连接步骤： 1）先仔细阅读总气路图 2）气泵的管路出口用专用气管与油水分离器的入口连接 3）油水分离器的出口与快速六通接头的入口连接 4）快速六通接头的出口与输送站汇流板的入口连接
输送站气动控制回路连接		注意：连接到机械手装置上的管线首先绑扎在拖链安装支架上，然后沿拖链敷设，进入管线线槽中。绑扎管线时要注意管线引出端到绑扎处保持足够长度，以免机构运动时被拉紧造成脱落。沿拖链敷设时注意管线间不要相互交叉

176

（续）

输送站气路的连接	
注意事项	1）气路连接要完全按照自动化生产线气路图进行 2）气路连接时，气管一定要在快速六通接头中插紧，不能有漏气现象 3）气路中的气缸节流阀调整要适当，以活塞进出迅速、无冲击、无卡滞现象为宜，以不推倒工件为准。若有气缸动作相反，则将气管两端进气管位置颠倒即可 4）气路气管在连接走向时，应该按序排布，均匀美观，不能交叉打折、顺序凌乱 5）所有外露气管必须用扎带进行绑扎，松紧程度以不使气管变形为宜，外形美观 6）电磁阀组与气体汇流板的连接必须压在橡胶密封垫上固定，要求密封良好，无泄漏

电磁换向阀使用注意事项
1）配管内部应使用不会产生水滴的干燥压缩空气 2）不要用于有腐蚀性气体、化学药品、海水、水、水蒸气的环境或带有上述物质的场所 3）电磁阀不得用于有爆炸性气体的场所，要注意防爆 4）周围有热源的场所，应遮断辐射热 5）不要用于强磁场环境中，有可能造成无法动作或误动作 6）双线圈电磁阀不可两端同时通电，故在设计电气回路时建议互锁电路

电磁阀常见故障与应对措施

故障问题	原因	解决办法
电磁阀无法切换	无切换信号	检查控制回路，改正控制装置的故障、错误配线及断线
	无额定信号	检查使用电压是否过低并将其调整到使用范围内
	线圈烧毁	更换线圈，消除烧损原因
	阀体滑动部位卡进了污物	更换或清洗阀体
	阀体中混进了油的老化物	更换或清洗阀体，设置油雾分离器
	阀体橡胶膨胀或润滑油不合适	检查润滑油，换上合适的润滑油
	弹簧折损、生锈、已到使用寿命	更换弹簧，去除冷凝水
	压力低	调高到最低使用压力以上
	压力高	更换为有效截面积大的电磁阀
	阀体冻结	去除冷凝水，设置干燥机
线圈烧毁	环境温度过高	调整到正常范围
	电流过载	1）当为直动电磁阀的交流线圈时，线圈没有吸附。检查线圈、阀并调整到正常 2）电压过高为双线圈时，检查两侧的线圈是否通相同的电，并调整到正常
动作不良	无额定信号	检查使用电压是否太低并将其调整到额定范围内
	阀体橡胶膨胀或润滑油不合适	检查润滑油，换上合适的润滑油
	混入了油的老化物	调查阀体中混入的油老化物，设置油雾分离器
	压力低	调高到最低使用压力以上
	背压高，排气不畅	使用可进行排气节流的电磁阀
	振动	将振动调整到容许范围内，使振动方向与阀的切换方向成直角
	控制回路的漏电流比复位电流值大	采取应对漏电的措施

（续）

故障问题	原因	解决办法
漏气	阀部位卡进了污物切屑、密封材料	拆卸、清扫
	密封圈破损	拆卸、清扫、更换密封圈
	高温导致密封圈变形	调整到容许范围内，更换橡胶材质
	密封不严	规范密封
	阀体切换压力不足	调整到规定范围内
蜂鸣音、振动	线圈破损、脱落	更换线圈
	线圈的吸附面卡进了污物	去除污物
	吸引力不足、电压低、线圈短路	调整到规定范围内，更换线圈

三、任务总结

本任务重点介绍了输送站的气路组成结构及各部件的功能原理，指导学生进行气路连接及调试，请同学们完成上述表格并进行项目评价，见表6-36。

任务6.4　输送站控制电路的测绘与校核

工作任务清单	
任务情境描述	请同学们选择合适的仪表、设备和工具对 YL-335B 型自动化生产线的输送站进行电气测绘，画出电气原理图，结合输送站的工作任务填写 I/O 分配表和输送站装置侧接线端子分配表，并对控制电路的接线进行校核

素质目标	知识目标	能力目标
1) 培养积极查阅相关资料的能力 2) 养成多角度思考、不断创新、主动探究新事物的习惯 3) 培养团队协作和沟通能力，具有安全意识	1) 掌握输送站电气接线的原理及测绘方法 2) 掌握伺服系统的接线方法	1) 能够完成输送站电气控制线路的测绘 2) 能够正确使用博途软件对电气接线进行校核

建议学时	2 学时

具体工作步骤及要求				
序号	工作步骤	要求	时间安排	备注
1	识读任务书	能快速明确任务要求并清晰表达，在教师要求时间内完成		
2	任务准备	准备好测绘用的仪器仪表、绘图工具、校核用的 PC、数据线，并进行工作场所安排及小组分工		
3	任务实施	能够制订实施计划，对输送站控制电路进行测绘，能够对输送站控制电路进行校核		
4	任务总结	能够清晰地描述任务认知与理解等，思路清晰，语言流畅		

一、任务准备

输送站单站运行的目标是测试设备传送工件的功能，驱动设备为伺服电动机。测试时要求其他各工作站已经就位，并且在供料站的出料台上放置了工件。

输送站的测试步骤如下：

1）设备上电，气源接通，若输送站各气缸均处于初始状态，原点位置已确认，且机械手装置位于原点位置上，则系统准备就绪，这时指示灯 HL1 常亮，否则 HL1 以 0.5Hz 的频率闪烁。气缸初始状态为：提升气缸在下限位，摆动气缸在右限位，伸缩气缸在缩回状态，气动手指在松开状态。

2）若系统不在初始状态，应断开伺服电源，手动移动机械手装置到直线导轨约中间位置，重新接通伺服电源，按下复位按钮 SB1，执行复位操作，使抓取机械手装置回到原点位置，各个气缸满足初始状态的要求。在复位过程中，"正常工作"指示灯 HL1 以 0.5Hz 的频率闪烁，复位完成后，"正常工作"指示灯 HL1 常亮。

3）按下起动按钮 SB2，设备起动，"设备运行"指示灯 HL2 常亮，开始功能测试过程。

4）正常功能测试步骤如下：

① 抓取机械手装置从供料站出料台抓取工件，抓取的顺序为：手臂伸出→手爪夹紧抓取工件→提升台上升→手臂缩回。

② 抓取动作完成后，伺服电动机驱动机械手装置向加工站移动，移动速度不小于 300mm/s。

③ 机械手装置移动到加工站物料台的正前方后，把工件放到加工站物料台上。抓取机械手装置在加工站放下工件的顺序为：手臂伸出→提升台下降→手爪松开放下工件→手臂缩回。

④ 放下工件动作完成 2s 后，抓取机械手装置执行抓取加工站工件的操作。抓取的顺序与供料站抓取工件的顺序相同。

⑤ 抓取动作完成后，伺服电动机驱动机械手装置移动到装配站物料台的正前方，然后把工件放到装配站物料台上，其动作顺序与加工站放下工件的顺序相同。

⑥ 放下工件动作完成 2s 后，抓取机械手装置执行抓取装配站工件的操作。抓取的顺序与供料站抓取工件的顺序相同。

⑦ 机械手手臂缩回后，摆台逆时针旋转 90°，伺服电动机驱动机械手装置从装配站向分拣站运送工件，到达分拣站传送带上方入料口后把工件放下，动作顺序与加工站放下工件的顺序相同。

⑧ 放下工件动作完成后，机械手手臂缩回，然后执行返回原点的操作。伺服电动机驱动机械手装置以 400mm/s 的速度返回，返回 900mm 后，摆台顺时针旋转 90°，然后以 100mm/s 的速度低速返回原点后停止。

⑨ 当抓取机械手装置返回原点后，一个测试周期结束。再按一次起动按钮 SB2，开始新一轮的测试。

5）急停功能测试。若在工作过程中按下急停按钮，则系统立即停止运行。在急停复位后，应从急停前的断点开始继续运行。但是若急停按钮按下时，输送站机械手装置正在向某一目标点移动，则急停复位后输送站机械手装置应首先返回原点位置，然后再向原目标点运动。在急停状态，指示灯 HL2 以 0.5Hz 的频率闪烁，直到急停复位后恢复正常运行时，HL2 恢复常亮。

二、任务实施

1. 工作计划

制订工作计划，并填入表 6-18 中。

表 6-18　工作计划表

步骤	内容	计划时间 /min	实际时间 /min	完成情况
1	分析工作任务			
2	进行电路测绘，填写 I/O 分配表和装置侧信号端子分配表			
3	绘制输送站电气原理图			
4	电路校核			
5	对教师发现和提出的问题进行回答			
6	成绩评估			

2. 输送站控制电路测绘

请同学们根据前面所学各工作站控制电路测绘的步骤，完成输送站 PLC 控制电路的测绘任务。

（1）PLC 及其扩展模块的选型　请同学们查看输送站 PLC 的相关信息，并将其记录在表 6-19 中。

表 6-19　输送站 PLC 信息整理

输送站 PLC 信息	
PLC 型号	
DI 数量	
DQ 数量	
有无扩展模块	
扩展模块型号和功能	

（2）I/O 分配表和装置侧信号端子分配表　请各小组成员彼此配合，使用万用表对输送站的控制电路的连接关系进行测量，并将测量结果填入表 6-20 和表 6-21 中，测量前务必断开电源。

表 6-20　输送站装置侧接线端口的信号端子分配

输入端口中间层			输出端口中间层		
端子号	设备符号	信号线	端子号	设备符号	信号线
2			2		
3			3		
4			4		
5			5		
6			6		
7			7		
8			8		
9			9		
10					
11					
12					
13# ～ 17# 端子没有连接			10# ～ 14# 端子没有连接		

表 6-21　输送站 PLC 的 I/O 信号分配

输入端口分配				输出端口分配			
序号	PLC 输入点	信号名称	信号来源	序号	PLC 输出点	信号名称	输出目标
1				1			
2				2			
3				3			
4				4			装置侧
5				5			
6			装置侧	6			
7				7			
8				8			
9				9			
10				10			按钮 / 指示灯模块
11				11			
12							
13			按钮 / 指示灯模块				
14							
15							

（3）绘制输送站电气原理图　根据输送站 PLC 的 I/O 信号分配表绘制图 6-6 所示的电气原理图。

181

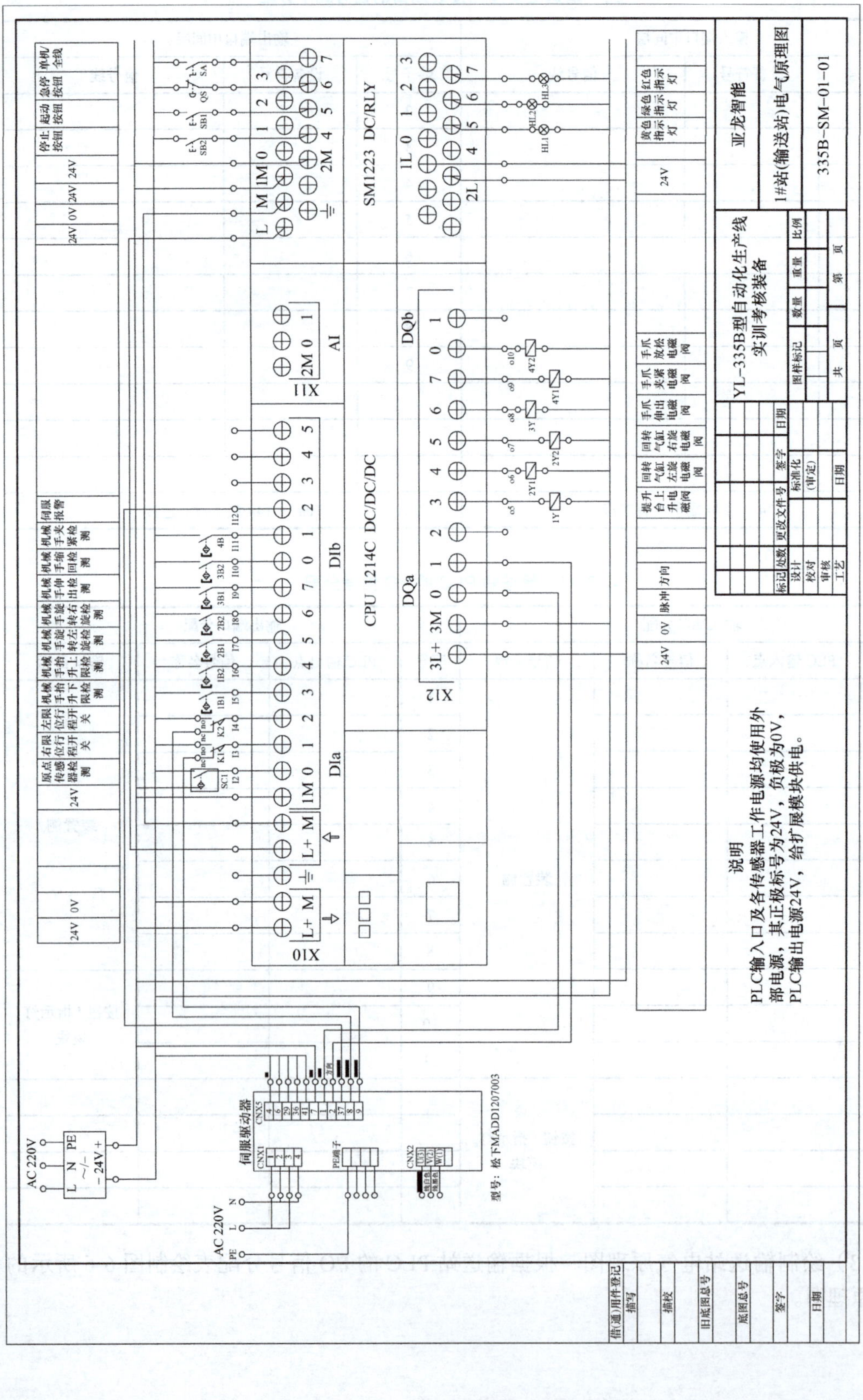

图 6-6　输送站电气原理图

3. 电路校核

请同学们按照供料站电路校核的方法，对输送站的 PLC 控制电路接线进行校核，并把校核结果填入表 6-22 中。

表 6-22　输送站 PLC 控制电路的校核结果

输入端口				
序号	PLC 输入点	信号名称	校核结果	故障排除描述（结果不正常填写）
1				
2				
3				
4				
5				
6				
7				
8				
9				
10				
11				
12				
13				
14				
15				
16				
17				
18				
19				
20				
21				

（续）

输出端口

序号	PLC输出点	信号名称	校核结果	故障排除描述（结果不正常填写）
1				
2				
3				
4				
5				
6				
7				
8				
9				
10				
11				
12				
13				

三、任务总结

本任务引导同学们进行输送站电路校核及电气原理图的绘制，请同学们根据所学内容完成上述表格并进行项目评价，见表6-36。

任务6.5　输送站的运动控制

工作任务清单			
任务情境描述	在机械结构、气动系统、检测器件和电气接线均已安装完成的基础上，按照任务要求，对某校新购置的YL-335B型自动化生产线的输送站进行控制以实现产品的定位输送。本任务研究直线运动传动组件，用于拖动抓取机械手装置做直线往复运动并实现精确定位		
素质目标	知识目标	能力目标	
1）培养查阅相关资料的能力 2）养成多角度思考、主动探究新事物的习惯，培养精益求精、节约成本的工程思维 3）培养团队协作沟通能力和表达能力	1）掌握伺服驱动器的基本原理 2）掌握伺服驱动器的接线端子作用 3）熟练掌握运动控制轴的组态方式、流程及控制指令使用方法 4）掌握伺服驱动器位置控制参数设置方式及参数含义	1）能正确地进行参数设置 2）进行运动控制轴组态，并使用相应指令控制伺服电动机动作 3）能在规定时间内完成伺服运动控制系统的调试，并能解决调试运行过程中出现的常见问题	
建议学时	2学时		

(续)

<table>
<tr><td colspan="5" align="center">具体工作步骤及要求</td></tr>
<tr><td>序号</td><td>工作步骤</td><td>要求</td><td>时间安排</td><td>备注</td></tr>
<tr><td>1</td><td>识读任务书</td><td>能快速明确任务要求并清晰表达，在教师要求时间内完成</td><td></td><td></td></tr>
<tr><td>2</td><td>任务准备</td><td>准备好实训设备、PC、伺服驱动器、伺服电动机、数据线，并进行工作场所安排及小组分工</td><td></td><td></td></tr>
<tr><td>3</td><td>任务实施</td><td>能够制订实施计划，并按照输送站运动控制的要求完成安装、组态；对伺服驱动器进行正确的参数设置，并根据控制要求编写程序；能够对分拣站进行调试运行</td><td></td><td></td></tr>
<tr><td>4</td><td>任务总结</td><td>能够清晰地描述任务认知与理解等，思路清晰，语言流畅</td><td></td><td></td></tr>
</table>

一、任务准备

1. A6 伺服驱动系统型号介绍

在 YL-335B 设备的输送站中，采用了松下 MHMF022L1U2M 永磁同步交流伺服电动机及 MADLN15SG 全数字交流永磁同步伺服驱动装置作为运输机械手的运动控制装置，其外形结构如图 6-7 所示。

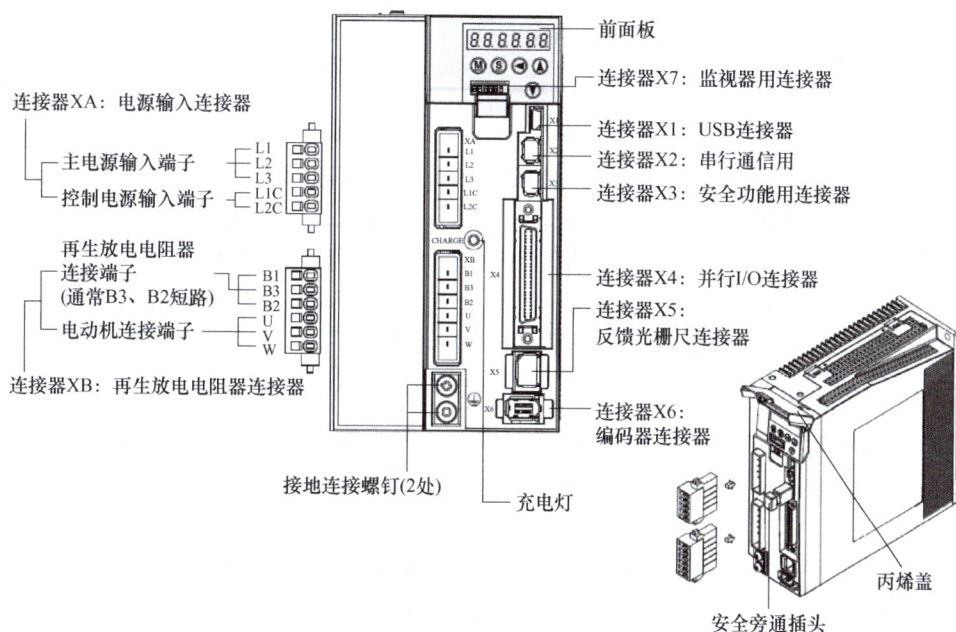

图 6-7　驱动器的外形结构

2.伺服驱动器的参数设置与调整

松下的伺服驱动器有七种控制运行方式，即位置控制、速度控制、转矩控制、位置 /速度控制、位置 / 转矩控制、速度 / 转矩控制、全闭环控制。位置控制方式就是输入脉冲串来使电动机定位运行，电动机转速与脉冲串频率相关，电动机转动的角度与脉冲个数相关；速度控制方式有两种，一是通过输入直流 $-10 \sim 10V$ 指令电压来调速，二是通过选用驱动器内设置的内部速度来调速；转矩控制方式是通过输入直流 $-10 \sim 10V$ 指令电压来调节电动机的输出转矩，在这种方式下运行必须进行速度限制，有如下两种方法：①设置驱动器内的参数来限速；②输入模拟量电压来限速。

3.参数设置方式操作说明

伺服驱动器面板按钮说明见表 6-23。

表 6-23　伺服驱动器面板按钮说明

按键	激活条件	功能
MODE	在模式显示时有效	在以下 5 种模式之间切换： 1）监视器模式 2）参数设定模式 3）EEPROM（电擦除可编程只读存储器）写入模式 4）自动调整模式 5）辅助功能模式
SET	一直有效	用来在模式显示和执行显示之间切换
▲　▼	仅对小数点闪烁的那一位数据位有效	改变模式里的显示内容、更改参数、选择参数或执行选中的操作
◀		把移动的小数点移动到更高位数

伺服驱动器面板按钮操作说明如下：

1）参数设置：先按"SET"键，再按"MODE"键选择"Pr00"后，按向上、向下或向左的方向键选择通用参数的项目，按"SET"键进入。然后按向上、向下或向左的方向键调整参数，调整完后，长按"SET"键返回，选择其他项再调整。

2）参数保存：按"MODE"键选择"EE-SET"后按"SET"键确认，出现"EEP-"，然后按向上键 3s，出现"FINISH"，然后重新上电即保存。

4.部分参数说明

在 YL-335B 设备上，伺服驱动装置工作于位置控制模式，控制要求较为简单，伺服驱动器可采用自动增益调整模式。根据上述要求，伺服驱动器参数设置见表 6-24。

表 6-24　伺服驱动器参数设置

| 序号 | 参数 | | 设置数值 | 功能和含义 |
	参数编号	参数名称		
1	Pr5.28	LED 初始状态	1	显示电动机转速
2	Pr0.01	控制模式	0	位置控制

（续）

序号	参数		设置数值	功能和含义
	参数编号	参数名称		
3	Pr5.04	驱动禁止输入设定	2	当左或右（POT 或 NOT）限位动作，则会发生 Err38 行程限位禁止输入信号出错报警。设置此参数值必须在控制电源断电重启之后才能修改、写入成功
4	Pr0.04	惯量比	250	
5	Pr0.02	实时自动增益设置	1	实时自动调整为标准模式，运行时负载惯量的变化很小
6	Pr0.03	实时自动增益的机械刚性选择	13	此参数值设得越大，响应越快
7	Pr0.06	指令脉冲旋转方向设置	0	
8	Pr0.07	指令脉冲输入方式	3	
9	Pr0.08	电动机每旋转一转的脉冲数	6000	

其他参数的说明及设置请参见松下 Ninas A6 系列伺服电动机、驱动器的使用说明书。

5. S7-1200 PLC 的运动控制功能

S7-1200 PLC 有两个内置 PTO/PWM 发生器，用以建立高速脉冲串（PTO）或脉宽调节（PWM）信号波形。一个发生器指定给数字输出点 Q0.0，另一个发生器指定给数字输出点 Q0.1。

当组态一个输出为 PTO 操作时，生成一个 50% 占空比脉冲串用于步进电动机或伺服电动机的速度和位置的开环控制。内置 PTO 功能提供了脉冲串输出，脉冲周期和数量可由用户控制，但应用程序必须通过 PLC 内置 I/O 或扩展模块提供方向和限位控制。

6. 使用运动控制工艺对象

下面给出一个简单工作任务的例子，阐述使用工艺对象编程的方法和步骤。表 6-25 给出了这个例子中实现伺服电动机运行所需的位移。

表 6-25　伺服电动机运动位移量

运动包络	站点	位移 /mm	移动方向
1	供料站→加工站	290	
2	供料站→装配站	775	
3	供料站→分拣站	1050	
4	分拣站→供料站	0	

使用工艺对象编程的步骤如下：

1）单击"插入新对象"，在弹出的"新增对象"对话框中选择"运动控制"，将名称改为"机械手运动控制工艺配置"，单击"确定"按钮，如图 6-8 所示。

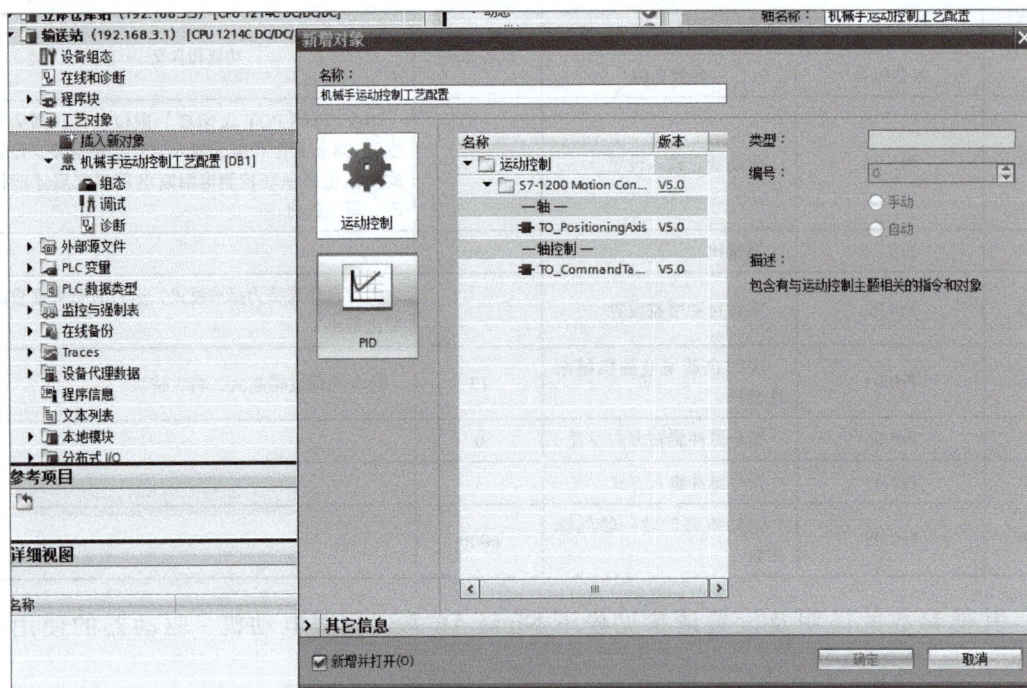

图 6-8 "新增对象"对话框

2）"测量单位"选择"mm"，如图 6-9 所示。

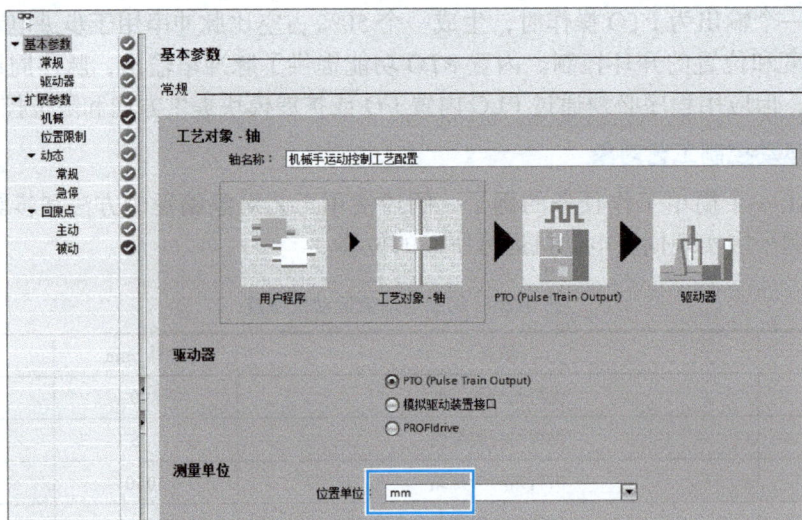

图 6-9 测量单位的设置

3）选择硬件接口，如图 6-10 所示。

4）"扩展参数"下的"机械"设置如图 6-11 所示。

5）设置硬件限位开关，如图 6-12 所示。

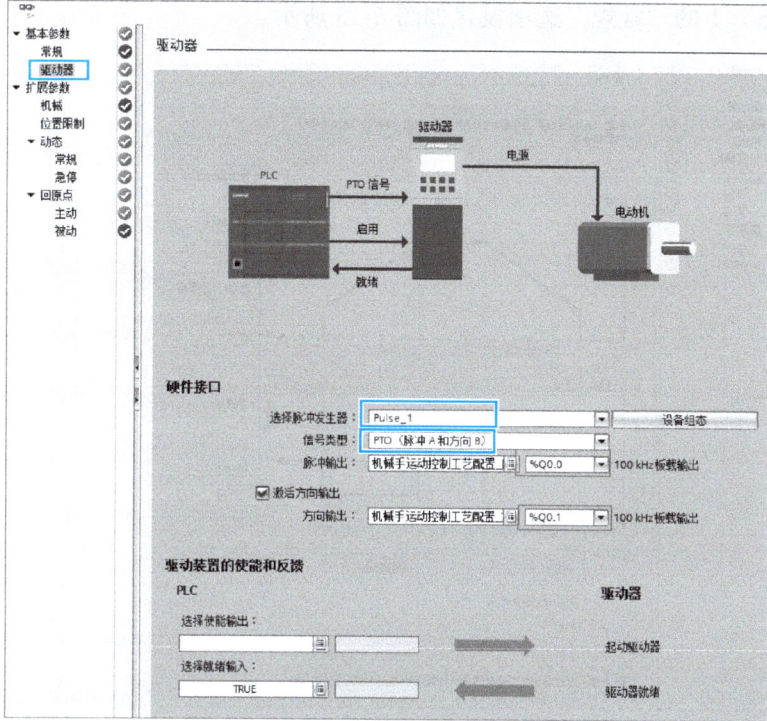

图 6-10　硬件接口的设置

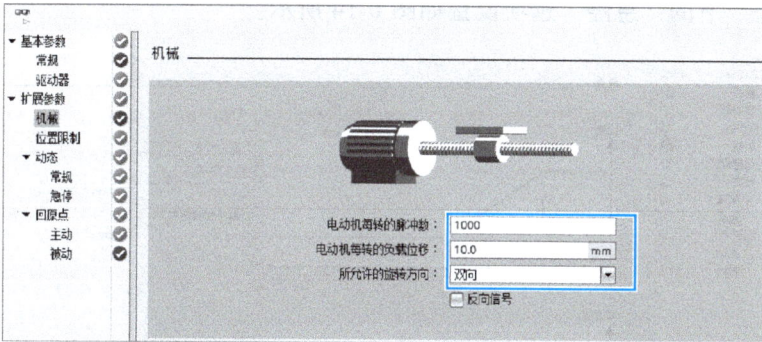

图 6-11　"机械"设置

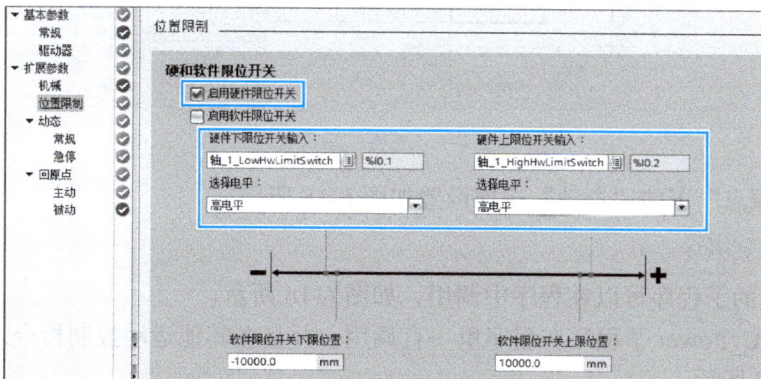

图 6-12　位置限制参数设置

6）"动态"下的"常规"选项设置如图 6-13 所示。

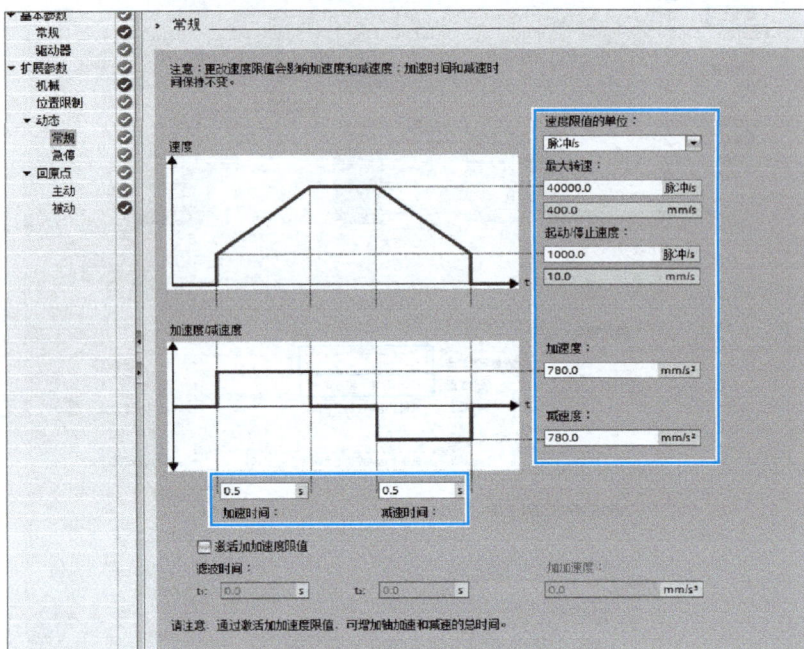

图 6-13 "常规"选项设置

7）"动态"下的"急停"选项设置如图 6-14 所示。

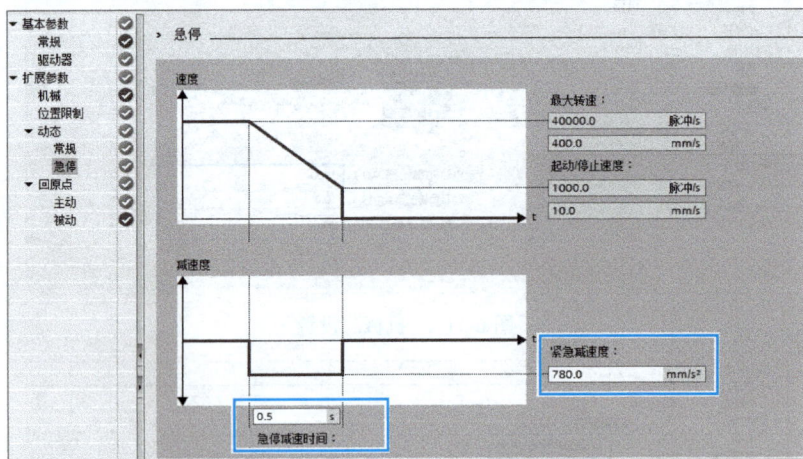

图 6-14 "急停"选项设置

8）"回原点"下的"主动"选项设置如图 6-15 所示。

7. 运动控制指令

运动控制的子程序可以在程序中调用，如图 6-16 所示。

其中，MC_Power 子程序在程序里一直调用，并且在其他运动控制指令之前调用并使能，如图 6-17 所示。

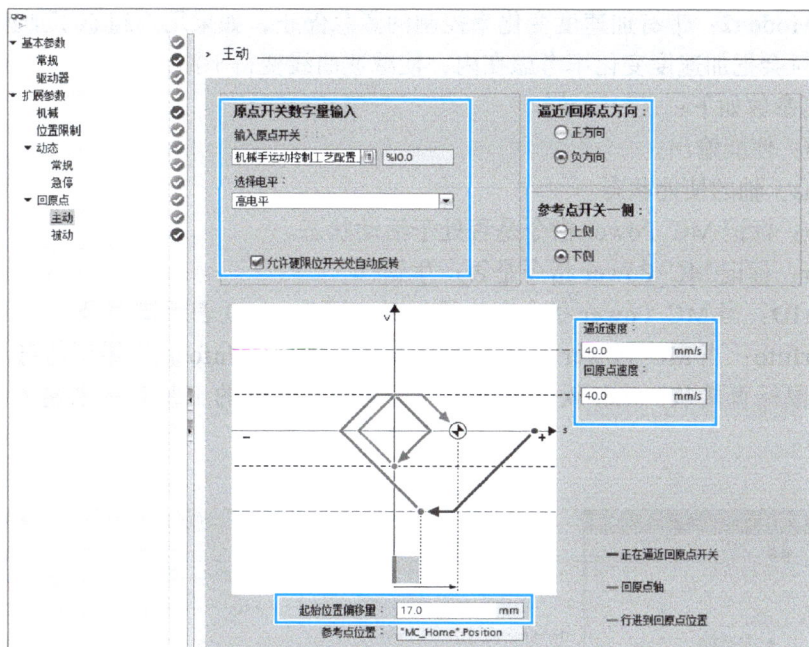

图 6-15　"主动"选项设置

图 6-16　运动控制指令

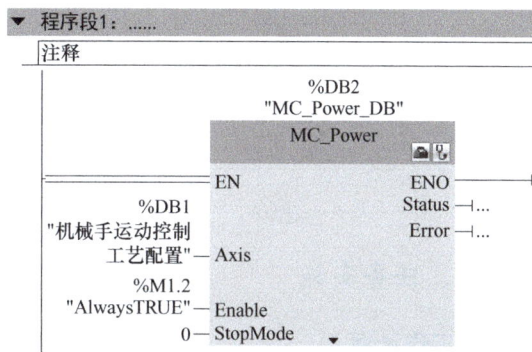

图 6-17　MC_Power 指令

1）输入参数如下：

① EN：MC_Power 指令的使能端，不是轴的使能端。MC_Power 指令必须在程序里一直调用，并保证 MC_Power 指令在其他运动控制指令的前面调用。

② Axis：轴名称。

③ Enable：轴使能端。

a. Enable=0：根据 StopMode 设置的模式来停止当前轴的运行。

b. Enable=1：如果组态了轴的驱动信号，则 Enable=1 时将接通驱动器的电源。

④ StopMode：轴停止模式。

a. StopMode=0：紧急停止，按照轴工艺对象参数中的急停速度或时间来停止轴。

b. StopMode=1：立即停止，PLC 立即停止发脉冲。

191

c. StopMode=2：带有加速度变化率控制的紧急停止，如果用户组态了加速度变化率，则轴在减速时会把加速度变化率考虑在内，使减速曲线变得平滑。

2）输出参数如下：

① ENO：使能输出。

② Status：轴的使能状态。

③ Busy：标记 MC_Power 指令是否处于活动状态。

④ Error：标记 MC_Power 指令是否产生错误。

⑤ ErrorID：当 MC_Power 指令产生错误时，用 ErrorID 表示错误号。

⑥ ErrorInfo：当 MC_Power 指令产生错误时，用 ErrorInfo 表示错误信息。

可以用鼠标直接从 Portal 软件左侧的项目树中拖拽轴的工艺对象来输入轴名称，如图 6-18 所示。

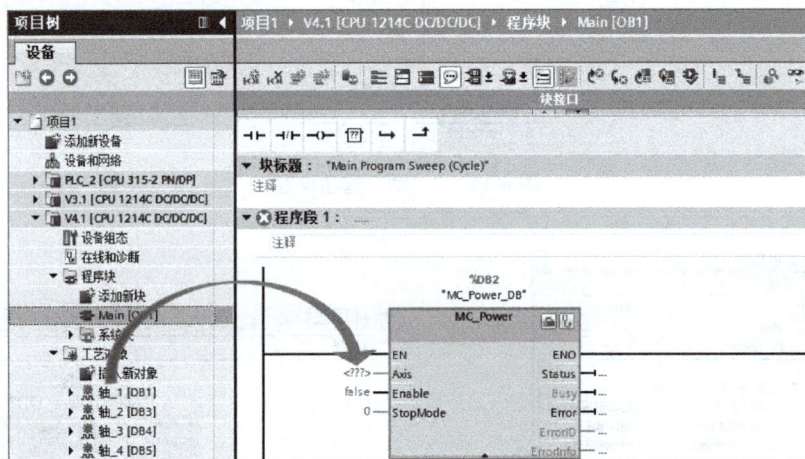

图 6-18　轴名称的输入

二、任务实施

1. 工作计划

制订工作计划，并填入表 6-26 中。

表 6-26　工作计划表

步骤	内容	计划时间 /min	实际时间 /min	完成情况
1	分析工作任务			
2	伺服驱动器参数设置			
3	在博途软件中组态、编程			
4	调试运行并填写调试运行记录表			
5	对教师发现和提出的问题进行回答			
6	成绩评估			

2. 输送站运动控制任务要求

当按下 SB2 按钮时，设备起动，伺服电动机驱动机械手向加工站移动，移动速度为 400mm/s，当到达行程开关位置 1（分拣站传送带上方入料口）时，电动机执行回原点动作，任意时刻按下停止按钮，系统可停止运行。

3. PLC 的 I/O 信号分配

请分析 PLC 与伺服驱动器、伺服电动机的电路接线图，确定输入 / 输出点，并填入表 6-27 中。

表 6-27　PLC 的 I/O 信号分配

序号	PLC 输入点	PLC 输出点	信号名称	伺服驱动器的输入点	伺服驱动器的输出点
1					
2					
3					
4					
5					
6					

4. 松下 A6 系列 MADLN15SG 伺服驱动器的参数设置

确定本任务中伺服运动控制系统的控制模式（速度控制、位置控制、转矩控制三种控制方式中的一种）：

请查看伺服电动机铭牌上的设备参数，确定运动轴是直线轴还是旋转轴。

请根据本次任务要求，结合松下 A6 系列 MADLN15SG 伺服驱动器使用手册及设备情况，填写表 6-28 中伺服驱动器的参数设置。

表 6-28　伺服驱动器的参数设置

参数编号	参数名称	设置数值	功能和含义
	LED 初始状态		显示电动机转速
	控制模式		位置控制
	驱动禁止输入设定		当左或右（POT 或 NOT）限位动作，则会发生 Err38 行程限位禁止输入信号出错报警。设置此参数值必须在控制电源断电重启之后才能修改、写入成功
	惯量比		
	实时自动增益设置		
	实时自动增益的机械刚性选择		
	指令脉冲旋转方向设置		
	指令脉冲输入方式		
	电动机每旋转一转的脉冲数		

5. 运动轴组态

请写明在博途软件中伺服运动控制系统中轴的组态流程及注意事项，并填入表 6-29 中。

表 6-29　运动轴的组态流程及注意事项

运动轴的组态流程及注意事项

6. PLC 程序编写

请根据伺服控制系统的运动过程编写 PLC 程序，并填入表 6-30 中。

表 6-30　伺服控制系统运动过程程序的编写

7. 调试运行

请根据本次任务输送站运动控制系统的具体工作要求进行调试，使调试过程符合任务要求，调试步骤要全面，要综合考虑正常操作和非正常情况下变频调速系统的运行情况，并填写调试运行记录表。

三、任务总结

本任务重点介绍伺服驱动器的参数设置及在博途软件中组态、编程的方法，请同学们根据所学内容完成上述表格并进行项目评价，见表 6-36。

任务 6.6　输送站 PLC 的编程及调试运行

	工作任务清单
任务情境描述	在机械结构、气动系统、检测器件和电气接线均已安装完成的基础上，按照任务要求，对某校新购置的 YL-335B 型自动化生产线的输送站进行 PLC 程序的编写，并对输送站进行调试运行

（续）

素质目标	知识目标	能力目标
1）具有团队协作和沟通能力 2）具有安全意识 3）具有刻苦钻研、积极进取的精神	1）掌握S7-1200系列PLC定位控制指令的编程方法 2）掌握输送站PLC编程与调试的方法	能在规定时间内完成输送站的安装和调整，进行顺控程序设计和调试，并能解决调试运行过程中出现的常见问题
建议学时	2学时	

具体工作步骤及要求

序号	工作步骤	要求	时间安排	备注
1	识读任务书	能快速明确任务要求并清晰表达，在教师要求时间内完成		
2	任务准备	准备好实训设备、PC、数据线，并进行工作场所安排及小组分工		
3	任务实施	能够制订实施计划，并按照输送站的任务要求编写程序，能够对输送站进行运行调试		
4	任务总结	能够清晰地描述任务认知与理解等，思路清晰，语言流畅		

一、任务准备

输送站的任务分析见表6-31，请根据任务描述进行信息梳理并填入表中。

表6-31 输送站的任务分析

任务描述	任务梳理
输送站单站运行的目标是测试设备传送工件的功能，驱动设备为伺服电动机。测试时要求其他各工作站已经就位，并且在供料站的出料台上放置了工件。测试步骤如下： 1）设备上电，气源接通，若输送站各气缸均处于初始状态、原点位置已确认，且机械手装置位于原点位置上，则系统准备就绪，这时指示灯HL1常亮，否则HL1以0.5Hz的频率闪烁（气缸初始状态为：提升气缸在下限位，摆动气缸在右限位，伸缩气缸在缩回状态，气动手指在松开状态） 2）若系统不在初始状态，应断开伺服电源，手动移动机械手装置到直线导轨约中间位置，重新接通伺服电源，按下复位按钮SB1，执行复位操作，使抓取机械手装置回到原点位置，各个气缸满足初始状态的要求。在复位过程中，"正常工作"指示灯HL1以0.5Hz的频率闪烁，复位完成后，"正常工作"指示灯HL1常亮 3）按下起动按钮SB2，设备起动，"设备运行"指示灯HL2常亮，开始功能测试过程 4）正常功能测试步骤如下： ①抓取机械手装置从供料站出料台抓取工件，抓取的顺序为：手臂伸出→手爪夹紧抓取工件→提升台上升→手臂缩回	1）工作方式：只考虑单站运行模式，工作方式选择开关SA置于_____（左/右）位 2）初态检测：若输送站准备就绪，则提升气缸处于_____位置；摆动气缸处于_____位置；伸缩气缸处于_____位置；气动手指处于_____状态；机械手装置位于_____位置；指示灯HL1_____，否则，指示灯HL1_____ 若系统不在初始状态，首先手动移动机械手装置离开_____位置，然后按下_____按钮，执行复位操作，复位过程中，指示灯HL1_____，复位完成后，指示灯HL1_____ 3）起动控制：输送站准备就绪，起动按钮才有效。按下起动按钮，输送站进入运行状态，指示灯HL2_____，开始功能测试 4）输送工艺流程：输送站的功能测试过程由抓取、放件、移动、等待、摆动5个动作组成，按工艺流程顺序如下： ①抓取（从_____站抓取工件） ②移动（从_____站以_____速度移动到_____站）

任务描述	任务梳理
② 抓取动作完成后，伺服电动机驱动机械手装置向加工站移动，移动速度不小于 300mm/s ③ 机械手装置移动到加工站物料台的正前方后，把工件放到加工站物料台上。抓取机械手装置在加工站放下工件的顺序为：手臂伸出→提升台下降→手爪松开放下工件→手臂缩回 ④ 放下工件动作完成 2s 后，抓取机械手装置执行抓取加工站工件的操作。抓取的顺序与供料站抓取工件的顺序相同 ⑤ 抓取动作完成后，伺服电动机驱动机械手装置移动到装配站物料台的正前方，然后把工件放到装配站物料台上，其动作顺序与加工站放下工件的顺序相同 ⑥ 放下工件动作完成 2s 后，抓取机械手装置执行抓取装配站工件的操作。抓取的顺序与供料站抓取工件的顺序相同 ⑦ 机械手手臂缩回后，摆台逆时针旋转 90°，伺服电动机驱动机械手装置从装配站向分拣站运送工件，到达分拣站传送带上方入料口后把工件放下，动作顺序与加工站放下工件的顺序相同 ⑧ 放下工件动作完成后，机械手手臂缩回，然后执行返回原点的操作。伺服电动机驱动机械手装置以 400mm/s 的速度返回，返回 900mm 后，摆台顺时针旋转 90°，然后以 100mm/s 的速度低速返回原点后停止 ⑨ 当抓取机械手装置返回原点后，一个测试周期结束。再按一次起动按钮 SB2，开始新一轮的测试 5）急停功能测试：若在工作过程中按下急停按钮，则系统立即停止运行。在急停复位后，应从急停前的断点开始继续运行。但是若急停按钮按下时，输送站机械手装置正在向某一目标点移动，则急停复位后输送站机械手装置应首先返回原点位置，然后再向原目标点运动。在急停状态，指示灯 HL2 以 0.5Hz 的频率闪烁，直到急停复位后恢复正常运行时，HL2 恢复常亮	③ 放件（把工件放到站的_____工作台上） ④ 等待（等待_____s） ⑤ 抓取（从_____站抓取工件） ⑥ 移动（从_____站以_____速度移动到_____站） ⑦ 放件（把工件放到_____站的工作台上） ⑧ 等待（等待_____s） ⑨ 抓取（从_____站抓取工件） ⑩ 摆动（摆台_____时针旋转 90°） ⑪ 移动（从_____站以_____速度移动到_____站） ⑫ 放件（把工件放到_____站的工作台上） ⑬ 移动（以_____速度移动_____距离） ⑭ 摆动（摆台_____时针旋转 90°） ⑮ 移动（以_____速度移动到_____） 一个周期结束，其中抓取和放件过程 4 个气缸的动作顺序如下： ① 抓取：手臂伸出→手爪夹紧抓取工件→提升台上升→手臂缩回 ② 放件：手臂伸出→提升台下降→手爪松开放下工件→手臂缩回 5）急停功能测试： 按下急停按钮时的操作步骤为_____ _____， 指示灯状态为_____ 急停复位后的工作状态为_____ _____， 指示灯状态为_____ _____

二、任务实施

1. 工作计划

制订工作计划，并填入表 6-32 中。

表 6-32　工作计划表

步骤	内容	计划时间 /min	实际时间 /min	完成情况
1	分析工作任务			
2	绘制 PLC 流程图和顺序控制功能图			
3	编写程序			
4	调试运行并填写调试运行记录表			
5	对教师发现和提出的问题进行回答			
6	成绩评估			

2. 编写输送站 PLC 程序

（1）输送站单站控制的编程思路　输送站单站控制程序的主体结构是一个主程序 main 调用两个一级子程序，即初态检查复位和运行控制子程序。其中，初态检查复位子程序调用二级子程序回原点；运行控制子程序调用二级子程序抓取工件与放下工件。主程序中还有两个子程序报错重启和通信，这两个子程序只用于自动化生产线联机调试，故在本任务中不做讨论。

主程序 main 主要完成系统起停等主流程控制；初态检查复位与回原点子程序主要完成系统的复位；运行控制、抓取工件与放下工件子程序主要完成输送顺序控制过程。

（2）系统主流程控制　系统主流程控制过程主要包括上电初始化、急停和越程故障检测、抓取机械手装置及直线运动机构复位、系统是否准备就绪检测以及准备就绪后系统起停等操作。其中部分控制功能只在联机调试时使用，此处不做讨论。请同学们根据表 6-33 中提供的梯形图，在右侧写出程序注释。

表 6-33　系统主流程控制程序梳理

梯形图	程序注释
%DB2 "MC_Power_DB" MC_Power　EN　ENO　Status—false　Error—false　%DB1 "机械手运动控制工艺配置"—Axis　%M1.2 "AlwaysTRUE"—Enable　0—StopMode	运动轴的启用和初始化：
%I0.1 "机械手运动控制工艺配置_LowHwLimitSwitch"　%I0.2 "机械手运动控制工艺配置_HighHwLimitSwitch"　%M3.7 "越程故障"（ ）　%M3.7 "越程故障"　%M3.0 "运行状态"（R）	越程故障处理：
%M3.5 "全线联机"　%M5.3 "系统就绪"　%M6.0 "HMI复位"　%M3.0 "运行状态"　%M5.0 "初态检查"（S）　%M3.4 "联机方式"　%M5.2 "主站就绪"　%I2.4 "单站复位"　%M20.0 "归零完成"（R）　%M3.4 "联机方式"　%M5.0 "初态检查"　%FC2 EN　ENO　%M3.5 "全线联机"	初态检查调用：

（续）

梯形图	程序注释

主站就绪检查：

```
%M6.1        %I2.6        %M20.0       %M5.1        %M5.2
"HMI停止"    "急停按钮"   "归零完成"   "初始位置"   "主站就绪"
 ┤/├──────────┤├──────────┤├──────────┤├──────────( S )

                                        %M3.0        %M5.2        %M5.2
                                        "运行状态"   "主站就绪"   "主站就绪"
                         ┤NOT├──────────┤/├──────────┤├──────────( R )
```

起动控制：

```
%M6.2        %M5.3        %M3.5        %M3.0        %M3.0
"HMI启动"    "系统就绪"   "全线联机"   "运行状态"   "运行状态"
 ┤├──────────┤├──────────┤├──────────┤/├──────────( S )

%I2.5        %M5.2        %M3.4                     %M30.0
"起动按钮"   "主站就绪"   "联机方式"                "初始步"
 ┤├──────────┤├──────────┤/├─────────────────────( S )

                                                    %M5.1
                                                    "初始位置"
                                                   ( R )

%M3.0         %FC3
"运行状态"    ┌──────────┐
 ┤├──────────┤EN     ENO├─────────────────────────
              └──────────┘
```

停止控制：

```
%M3.1        %M3.0                                  %M3.1
"停止指令"   "运行状态"                             "停止指令"
 ┤├──────────┤├─────────────────────────────────( R )

%M3.6                                               %M3.6
"测试完成"                                          "测试完成"
 ┤├─────────────────────────────────────────────( R )

                                                    %M30.0
                                                    "初始步"
                                                   (RESET_BF)
                                                     15

                                                    %Q0.3
                                                    "提升电磁阀"
                                                   (RESET_BF)
                                                     6

                                                    %M3.0
                                                    "运行状态"
                                                   ( R )
```

状态指示：

```
%M0.7         %M5.2        %M3.4                     %Q2.5
"Clock_0.5Hz" "主站就绪"   "联机方式"                "HL1_Y"
 ┤├──────────┤├──────────┤/├─────────────────────( )

%M5.2
"主站就绪"
 ┤├──────────

%M3.0        %M3.4                                  %Q2.6
"运行状态"   "联机方式"                             "HL2_G"
 ┤├──────────┤/├─────────────────────────────────( )
```

（续）

梯形图	程序注释
%DB3 "MC_ ReadParam_DB" MC_ReadParam Real EN ENO %M1.2 "AlwaysTRUE" — Enable Valid ⊣ false Error ⊣ false "机械手运动控制 工艺配置". ActualPosition — Parameter %MD100 "机械手当前位置" — Value	读取工艺对象控制：
%DB4 "MC_Halt_DB" MC_Halt EN ENO %DB1 Done ⊣ false "机械手运动控制 Error ⊣ false 工艺配置" — Axis %I2.6 "急停按钮" ⊣N⊢ Execute %M7.3 "Tag_1" %M6.1 "HMI停止" ⊣P⊢ %M8.5 "Tag_26"	急停控制：

（3）初态检查复位子程序和回原点子程序　系统上电且按下复位按钮后，就调用初态检查复位子程序，进入初始状态检查和复位操作阶段，目标是确定系统是否准备就绪，若未准备就绪，则系统不能起动进入运行状态。该子程序的内容是检查各气动执行元件是否处在初始状态，抓取机械手装置是否在原点位置，否则进行相应的复位操作，直至准备就绪。子程序中，除调用回原点子程序外，主要是完成简单的逻辑运算。带形式参数的子程序是西门子系列 PLC 的优异功能之一，输送站程序中好几个子程序均使用了这种编程方法。

机械手装置的复位操作只考虑由双电控电磁阀驱动的气动手指和摆动气缸，由单电控电磁阀驱动的提升气缸和伸缩气缸不需要考虑。必须注意的是，进行原点搜索时机械手装置应在原点开关前端的位置（例如置丁直线运动机构中间）。原点回归过程完成后，"归零完成"标志被置位，直线运动的参考点也得以确立。在接下来的系统运行中，不需要再调用回原点子程序（除非发生参考点丢失的故障）。请同学们根据表 6-34 中提供的初态检查复位和回原点子程序梯形图，在其右侧写出程序注释。

表 6-34　初态检查复位及回原点子程序梳理

梯形图	程序注释

初态检查复位子程序

气动手指复位控制：

```
%M1.2          %I1.1          %Q0.7                    %Q1.0
"AlwaysTRUE"   "夹紧检测"      "夹紧电磁阀"              "放松电磁阀"
  ┤├            ┤├             ┤/├                      ─( S )─

               %Q0.7                                    %Q0.7
               "夹紧电磁阀"                              "夹紧电磁阀"
                ┤├                                       ─( R )─

               %I1.1                                    %Q1.0
               "夹紧检测"                                "放松电磁阀"
                ┤/├                                      ─( R )─
```

摆动气缸复位控制：

```
%M1.2          %I0.5          %Q0.4                    %Q0.5
"AlwaysTRUE"   "左旋到位"      "左旋电磁阀"              "右旋电磁阀"
  ┤├            ┤├             ┤/├                      ─( S )─

               %Q0.4                                    %Q0.4
               "左旋电磁阀"                              "左旋电磁阀"
                ┤├                                       ─( R )─

               %I0.6                                    %Q0.5
               "右旋到位"                                "右旋电磁阀"
                ┤├                                       ─( R )─
```

气缸初始位检测：

```
%I1.0          %I0.6          %I0.3          %I1.1          %M5.1
"缩回到位"      "右旋到位"      "提升下限"      "夹紧检测"      "初始位置"
  ┤├            ┤├             ┤├             ┤/├            ─(  )─
```

调用回原点子程序：

```
%M5.1          %FC4
"初始位置"
  ┤├         EN      ENO
             
%M20.0
"归零完成"─ Done
```

回原点子程序

检测步：

```
%M1.2          %M3.4          %M6.0                  "定时器数据块".
"AlwaysTRUE"   "联机方式"      "HMI复位"               归零定时器
  ┤├            ┤├             ┤├            #Done        TON               %M7.4
                                            ─┤├─        Time               "home指令触发"
               %M3.4          %I2.4                    IN      Q          ─(  )─
               "联机方式"      "单站复位"      T#0.5s ─ PT     ET ─ T#0ms
                ┤/├            ┤├
```

回原点控制：

```
                              %DB6
                           "MC_Home_DB"
                            MC_Home
                         EN           ENO

          %DB1                        Done ─ %M7.6
     "机械手运动控制                           "寻零完成"
       工艺配置" ─ Axis             Busy ─ false
                              CommandAbort
     %M7.6                         ed ─ false
     "home指令触发"              Error ─ false
       ─┤P├─          Execute  ErrorID ─ 16#0
     %M7.5                   ErrorInfo ─ 16#0
     "Tag_2"       0.0 ─ Position
                     3 ─ Mode
```

（续）

梯形图	程序注释
回原点子程序	推料步1： ＿＿＿＿＿＿＿＿ ＿＿＿＿＿＿＿＿ ＿＿＿＿＿＿＿＿ ＿＿＿＿＿＿＿＿

回原点子程序梯形图：

```
     %M7.6
    "寻零完成"                              #Done
    ———| |———————————————————————————————————( S )———
```

（4）输送站的运动控制　工件输送是输送站最主要的工作任务，其工作过程是一个单序列的步进顺序控制过程，共 15 个工步，采用顺控编程方法，单独编写一个运动控制子程序。主程序中，若运行状态标志 M3.0 为 ON，则调用该子程序。步进控制流程图如图 6-19 所示。

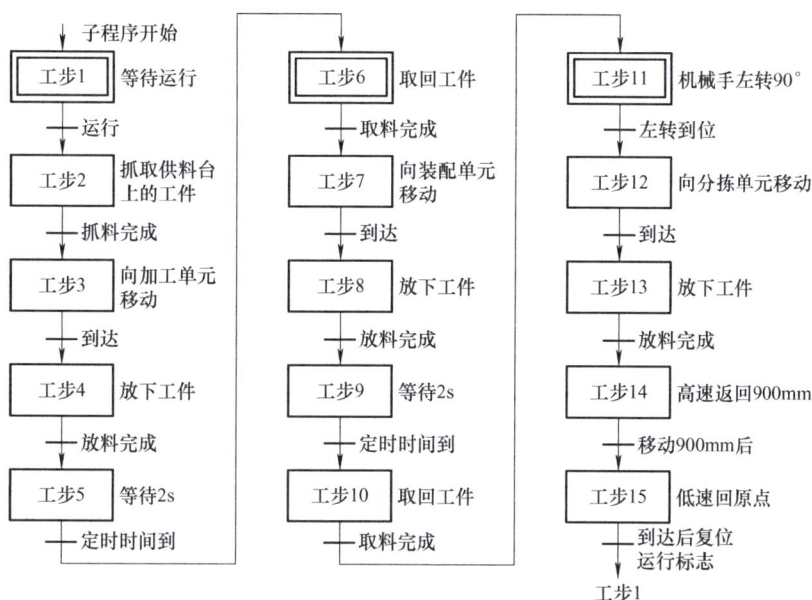

图 6-19　步进控制流程图

下面以机械手在加工台放下工件开始到机械手移动到装配站为止这 3 步过程为例说明编程思路。在机械手执行放下工件的工作步中，调用放下工件子程序，在执行取回工件的工作步中，调用抓取工件子程序。这两个子程序都带有 BOOL 输出参数，当抓取或放下工作完成时，输出参数为 ON，传递给相应的放料完成标志 M4.1 或抓取完成标志 M4.0，作为顺序控制程序中步转移的条件。机械手在不同的阶段抓取工件或放下工件的动作顺序是相同的，抓取工件的动作顺序为：手臂伸出→手爪夹紧→提升台上升→手臂缩回；放下工件的动作顺序为：手臂伸出→提升台下降→手爪松开→手臂缩回，采用子程序调用的方法来实现抓取和放下工件的动作控制使程序编写得以简化。请同学们根据表 6-35 中提供的运动控制、抓取工件和放下工件子程序梯形图，在其右侧写出程序注释。

表 6-35　运动控制程序梳理

梯形图	程序注释
	初始步：
	抓取供料台工件步：
	向加工站移动步：

左侧合并列标注：运动控制子程序

（续）

梯形图	程序注释

运动控制子程序

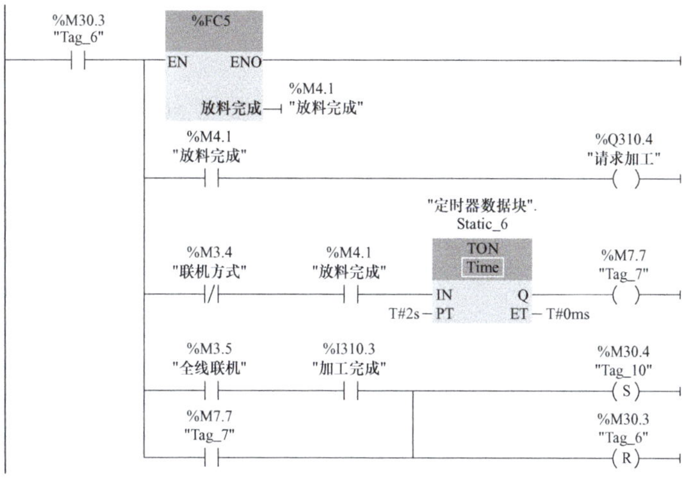

梯形图第一段注释：**向加工台放件及等待步：**

梯形图第二段注释：**从加工台取回工件步：**

梯形图第三段注释：**向装配站移动步：**

图中标注文字：

%M30.3 "Tag_6"　%FC5　EN ENO　放料完成　%M4.1 "放料完成"

%M4.1 "放料完成"　%Q310.4 "请求加工"（ ）

"定时器数据块".Static_6

%M3.4 "联机方式"　%M4.1 "放料完成"　TON Time　IN Q　T#2s—PT ET—T#0ms　%M7.7 "Tag_7"（ ）

%M3.5 "全线联机"　%I310.3 "加工完成"　%M30.4 "Tag_10"（S）

%M7.7 "Tag_7"　%M30.3 "Tag_6"（R）

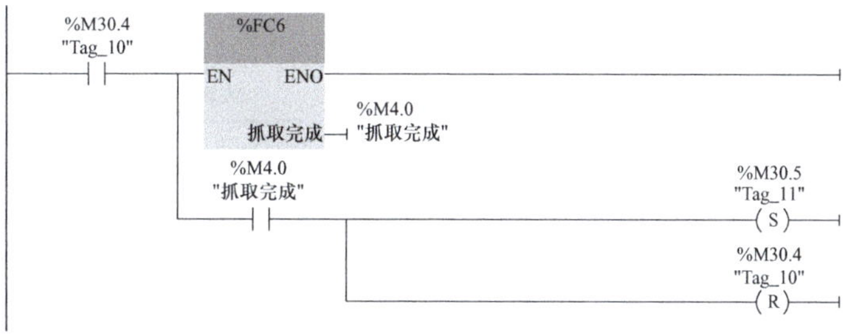

%M30.4 "Tag_10"　%FC6　EN ENO　抓取完成　%M4.0 "抓取完成"

%M4.0 "抓取完成"　%M30.5 "Tag_11"（S）　%M30.4 "Tag_10"（R）

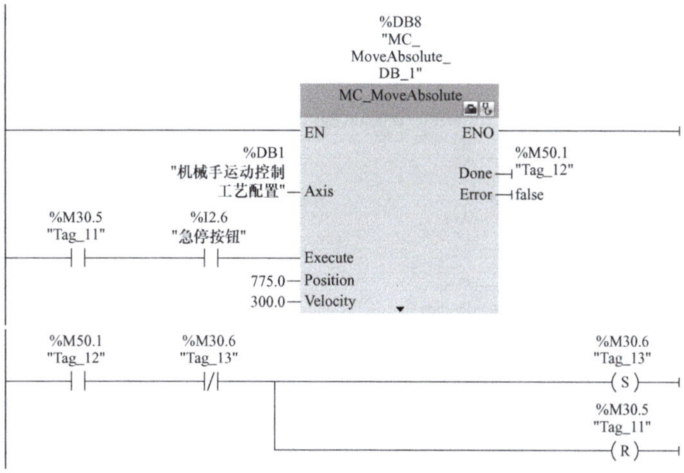

%DB8 "MC_MoveAbsolute_DB_1"　MC_MoveAbsolute　EN ENO　%M50.1 "Tag_12" Done　Error—false

%DB1 "机械手运动控制工艺配置"—Axis

%M30.5 "Tag_11"　%I2.6 "急停按钮"—Execute

775.0—Position　300.0—Velocity

%M50.1 "Tag_12"　%M30.6 "Tag_13"　%M30.6 "Tag_13"（S）　%M30.5 "Tag_11"（R）

（续）

梯形图	程序注释

运动控制子程序

%M30.6 "Tag_13" ┤├ — %FC5 (EN ENO) 放料完成 — %M4.1 "放料完成"

%M4.1 "放料完成" ┤├ — %Q320.4 "请求装配" ( )

"定时器数据块".Static_7
%M3.4 "联机方式" ┤/├ — %M4.1 "放料完成" ┤├ — TON Time — IN Q — T#2s — PT — ET — T#0ms — %M8.0 "Tag_14" ( )

%M3.5 "全线联机" ┤├ — %I320.5 "装配完成" ┤├ — %M30.7 "Tag_15" (S)

%M8.0 "Tag_14" ┤├ — %M30.6 "Tag_13" (R)

程序注释：向装配台放件及等待步：

%M30.7 "Tag_15" ┤├ — %FC6 (EN ENO) 抓取完成 — %M4.0 "抓取完成"

%M4.0 "抓取完成" ┤P├ — %Q0.4 "左旋电磁阀" (S)

%M8.1 "Tag_16"
%I0.5 "左旋到位" ┤├ — %Q0.4 "左旋电磁阀" (R)

%M31.0 "Tag_17" (S)

%M30.7 "Tag_15" (R)

程序注释：从装配台取回工件/左旋步：

%DB9 "MC_MoveAbsolute_DB_2"

MC_MoveAbsolute
EN ENO
%DB1 "机械手运动控制工艺配置" — Axis — Done — %M50.2 "Tag_22"
Error — false
%M31.0 "Tag_17" ┤├ — %I2.6 "急停按钮" — Execute
1050.0 — Position
300.0 — Velocity

%M50.2 "Tag_22" ┤├ — %M31.1 "Tag_19" ┤/├ — %M31.1 "Tag_19" (S)

%M31.0 "Tag_17" (R)

程序注释：向分拣站移动步：

204

（续）

梯形图	程序注释

运动控制子程序

%M31.1 "Tag_19"
%FC5
EN　　ENO
放料完成—%M4.1 "放料完成"

%M4.1 "放料完成" —— %Q330.4 "请求分拣" ( )

"定时器数据块".Static_20
TON Time
%M3.4 "联机方式" —／— %M4.1 "放料完成" —— IN Q —— %M8.2 "Tag_20" ( )
T#2s — PT　　ET — T#0ms

%M3.5 "全线联机" —— %I330.4 "分拣完成" —— %M31.2 "Tag_21" (S)
%M8.2 "Tag_20" —— %M31.1 "Tag_19" (R)

向分拣入口放件及等待步：
_____
_____
_____
_____
_____

%DB10 "MC_MoveAbsolute_DB_3"
MC_MoveAbsolute
EN　　　　ENO
%DB1 "机械手运动控制工艺配置" — Axis　Done — %M50.3 "Tag_18"
%M31.2 "Tag_21" —— %I2.6 "急停按钮" —— Execute　Error — false
100.0 — Position
400.0 — Velocity

高速返回步：
_____
_____
_____
_____
_____

%M50.3 "Tag_18" —— %M31.3 "Tag_23" —／— %I0.5 "左旋到位" —— %Q0.5 "右旋电磁阀" (S)
%I0.6 "右旋到位" —— %Q0.5 "右旋电磁阀" (R)
%M31.3 "Tag_23" (S)
%M31.2 "Tag_21" (R)

摆动气缸右旋步：
_____
_____
_____
_____

（续）

梯形图	程序注释

运动控制
子程序

低速回原点步：
_____
_____
_____
_____

测试完成步：
_____
_____
_____
_____

（续）

梯形图	程序注释
抓取工件子程序 %M1.2 "AlwaysTRUE"　%I2.6 "急停按钮"　　　　　　　　%Q0.6 "伸出电磁阀"（S） %I0.7 "伸出到位"　"定时器数据块".Static_2　TON Time　IN　Q　%Q0.7 "夹紧电磁阀"（S）　T#0.3s—PT　ET—T#0ms %I1.1 "夹紧检测"　"定时器数据块".Static_3　TON Time　IN　Q　%Q0.3 "提升电磁阀"（S）　T#0.3s—PT　ET—T#0ms %I0.4 "提升上限"　　　　　　%Q0.6 "伸出电磁阀"（R） %Q0.7 "夹紧电磁阀"（R） %I1.0 "缩回到位"　　　　　　#抓料完成（ ）	抓取工件： _____ _____ _____ _____
放下工件子程序 %M1.2 "AlwaysTRUE"　%I2.6 "急停按钮"　　　　　　　　%Q0.6 "伸出电磁阀"（S） %I0.7 "伸出到位"　"定时器数据块".Static_4　TON Time　IN　Q　%Q0.3 "提升电磁阀"（R）　T#0.3s—PT　ET—T#0ms %I0.3 "提升下限"　"定时器数据块".Static_5　TON Time　IN　Q　%Q1.0 "放松电磁阀"（S）　T#0.3s—PT　ET—T#0ms %I1.1 "夹紧检测"　　　　　%Q0.6 "伸出电磁阀"（R） %Q1.0 "放松电磁阀"（R） %I1.0 "缩回到位"　　　　　#放料完成（ ）	放下工件： _____ _____ _____ _____ _____

3. 调试运行

请同学们结合前面所学的供料、加工、装配和分拣站调试运行的方法和步骤，根据输送站的具体工作要求，自己设计输送站的调试运行方案，调试步骤要全面，要综合考虑正常操作和非正常情况下输送站的运行情况，并填写调试运行记录表。

1）步骤 1：

① 现象描述：动作状况为_____

指示灯状况为_____

② 与工作任务是否相符：_____

③ 如果不相符，分析故障原因：

_____

_____

④ 故障解决方案：

_____

_____

2）步骤 2：

① 现象描述：动作状况为_____

指示灯状况为_____

② 与工作任务是否相符：_____

③ 如果不相符，分析故障原因：

_____

_____

④ 故障解决方案：

_____

_____

3）步骤 3：

① 现象描述：动作状况为_____

指示灯状况为_____

② 与工作任务是否相符：_____

③ 如果不相符，分析故障原因：

_____

_____

④ 故障解决方案：

_____

_____

4）步骤 4：

① 现象描述：动作状况为_____

指示灯状况为_____

② 与工作任务是否相符：_____

③ 如果不相符，分析故障原因：

_____

_____

④ 故障解决方案：

_____

_____

5）步骤 5：

① 现象描述：动作状况为_____

指示灯状况为_____

② 与工作任务是否相符：_____

③ 如果不相符，分析故障原因：

_____

_____

④ 故障解决方案：

_____

_____

各小组可根据自己设计的调试步骤自行加页。

4. 程序调试运行中的注意事项

1）抓取机械手装置的控制基本上是顺序控制，相对容易实现。而输送站的主要任务是在各站之间输送工件，因此伺服的精确定位控制是关键点。

2）若在系统工作过程中按下急停按钮，则立即停止动作；在急停复位后应从急停前的断点开始继续运行。为实现这一要求，可将运动控制子程序部分放在主控程序段里面。

3）如果按下急停按钮，输送站机械手装置正在向某一目标移动，则急停复位后输送站应首先返回原点位置，然后再向目标点运动，因此程序中需要对此做出判断并对运动位移加以修正。

三、任务总结

本任务通过工作过程梳理，引导同学们根据顺序功能图对源程序进行识读及整理，并在指导教师监督下进行调试，注意调试过程中出现的故障要及时给予解决。请同学们完成上述表格并进行项目评价，见表 6-36。

四、知识链接

运动控制子程序的调用和 MC_Power 子程序前文已讲述，此处不再赘述，这里主要讲述其他几个运动控制子程序的使用。

1. MC_Home 子程序

MC_Home 子程序用于使轴归位，设置参考点，并将轴坐标与实际的物理驱动器位置进行匹配，如图 6-20 所示。

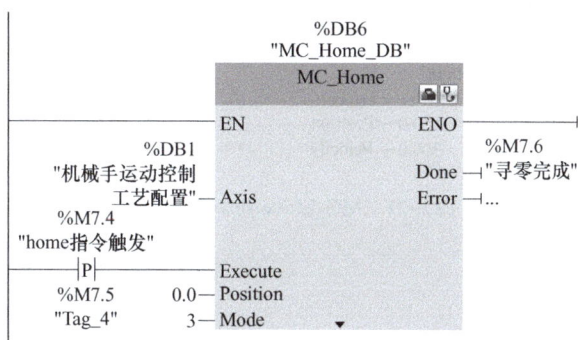

图 6-20　MC_Home 指令

（1）输入参数

1）EN：指令的使能端。

2）Axis：轴名称。

3）Execute：指令的启动位，用上升沿触发。

4）Position：位置值。

① Mode = 1：对当前轴位置的修正值。

② Mode = 0，2，3：轴的绝对位置值。

5）Mode：回原点模式值。

① Mode = 0：绝对式直接回原点，轴的位置值为参数"Position"的值。

② Mode = 1：相对式直接回原点，轴的位置值等于当前轴位置加上参数"Position"的值。

③ Mode = 2：被动回原点，轴的位置值为参数"Position"的值。

④ Mode = 3：主动回原点，轴的位置值为参数"Position"的值。

（2）输出参数

1）ENO：使能输出。

2）Done：标记任务是否完成，上升沿有效。

3）Busy：标记指令是否处于活动状态。

4）Error：标记指令是否产生错误。

5）ErrorID：表示错误号。

6）ErrorInfo：表示错误信息。

2. MC_MoveAbsolute 指令

MC_MoveAbsolute 指令使轴以某一速度进行绝对位置定位，在使能绝对位置指令之前，轴必须回原点，因此 MC_MoveAbsolute 指令之前必须有 MC_Home 指令，如图 6-21 所示。

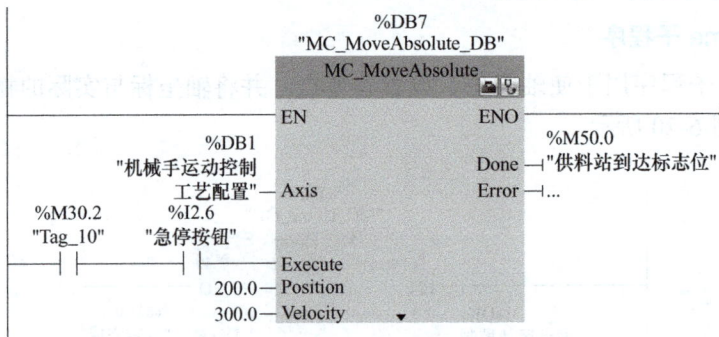

图 6-21　MC_MoveAbsolute 指令

（1）输入参数

1）EN：指令的使能端。

2）Axis：轴名称。

3）Execute：指令的启动位，用上升沿触发。

4）Position：绝对目标位置值。

5）Velocity：绝对运动的速度。

（2）输出参数

1）ENO：使能输出。

2）Done：标记任务是否完成上升沿有效。

3）Busy：标记指令是否处于活动状态。

4）Error：标记指令是否产生错误。

5）ErrorID：表示错误号。

6）ErrorInfo：表示错误信息。

3. MC_ReadParam 指令

MC_ReadParam 指令可在用户程序中读取轴工艺对象和命令表对象中的变量，如图 6-22 所示。

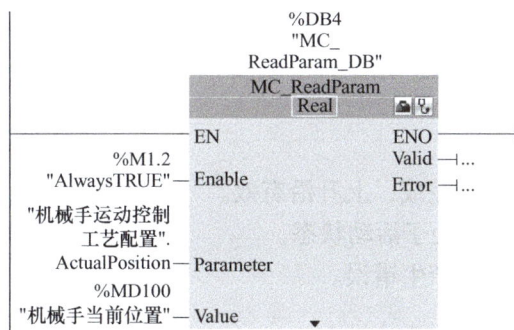

图 6-22　MC_ReadParam 指令

（1）输入参数

1）EN：指令的使能端。

2）Enable：读取参数使能。

3）Parameter：需要读取的参数。

4）Value：读取参数保存的位置。

（2）输出参数

1）ENO：使能输出。

2）Done：标记任务是否完成，上升沿有效。

3）Busy：标记指令是否处于活动状态。

4）Error：标记指令是否产生错误。

5）ErrorID：表示错误号。

6）ErrorInfo：表示错误信息。

4. MC_Halt 指令

MC_Halt 指令用于停止所有运动并以组态的减速度停止轴，如图 6-23 所示。

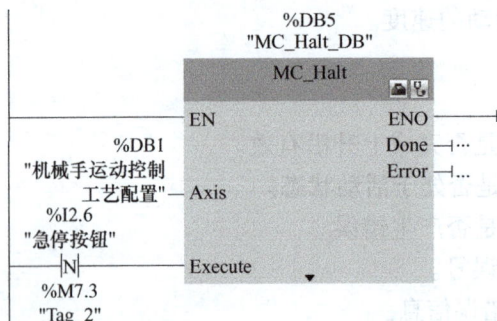

图 6-23 MC_Halt 指令

（1）输入参数

1）EN：指令的使能端。

2）Axis：轴名称。

3）Execute：指令的启动位，用上升沿触发。

（2）输出参数

1）ENO：使能输出。

2）Done：标记任务是否完成，上升沿有效。

3）Busy：标记指令是否处于活动状态。

4）Error：标记指令是否产生错误。

5）ErrorID：表示错误号。

6）ErrorInfo：表示错误信息。

表 6-36 输送站的安装与调试项目评价表

学习领域		自动化生产线安装与调试		总学时：72 学时	
项　　目		输送站的安装与调试		学　时：12 学时	
班　　级					
团队负责人		团队成员			
评价项目		成绩评定			
资讯	技术资料收集能力	□收集的技术资料翔实丰富（3分）		□能收集基本的技术资料（2分）	□收集的技术资料有欠缺（1分）
决策	系统方案制订、决策能力	□方案技术合理、性价比高（3分）		□方案基本可行（2分）	□方案技术性、经济性较差（1分）
计划	工作计划制订能力	□计划合理、可操作性强（3分）		□计划具有可操作性（2分）	□计划不合理、可操作性差（1分）

（续）

评价项目		成绩评定					
		评分内容	配分	重点检查内容	扣分	得分	备注
实施	对方案实施并优化的能力	检测元件安装与调试	2分	磁性开关在气缸上的位置精度			
			2分	电感式接近开关的安装位置调整			
			3分	各传感器的工作电平调整			
			3分	各传感器接线是否正确			
			3分	布线是否合理、美观			
		机械安装及装配工艺	2分	直线运动组件安装			
			2分	抓取机械手的安装			
			2分	输送站机械结构的整装			
			2分	传感器、电磁阀组、拖链等的安装			
			2分	接线端子排、PLC、开关电源、按钮/指示灯模块、伺服驱动器的安装			
		气路设计及安装调试	2分	绘制加工站气路图			
			3分	气动控制回路的装配：①正确连接气路；②气路连接无漏气现象			
			3分	按质量要求检查整个气路，气路连接无漏气现象			
			3分	各气动元件的测试是否正确			
			3分	整个装置的功能调试是否正确			
			3分	故障排除情况			
		电路测绘与校核	3分	能正确填写 I/O 分配表			
			3分	能正确填写装置侧接线端口端了信息分配表			
			3分	能正确绘制电气原理图			
			3分	能对 PLC 控制电路进行校核，并排除不正常线路的故障			

（续）

评价项目		成绩评定					
实施	对方案实施并优化的能力	评分内容	配分	重点检查内容	扣分	得分	备注
		输送站运动控制	3 分	是否按要求实现定位			
			3 分	传送带传输的定位是否准确			
			3 分	能够对运行、停止状态进行指示			
		PLC 编程与调试运行	3 分	输送站实现基本动作要求			
			3 分	伺服定位精确、运动速度适中			
			3 分	能对运行、通信等状态进行指示			
			2 分	能实现急停控制功能			
		职业素养与安全意识	10 分	1）现场操作安全保护是否符合安全操作规程 2）工具摆放、包装物品、导线线头等的处理是否符合职业岗位的要求 3）是否既有分工又有合作，配合紧密 4）遵守工作现场纪律，爱惜设备和器材，保持工位的整洁			
完整性检查	根据工作站各部件的完好程度来确定	□优（3 分）		□中（2 分）		□差（1 分）	
评价	工作成果展示能力	□能完全反映工作成果（3 分）		□能反映大部分工作成果（2 分）		□不能反映工作成果（1 分）	
	对工作过程和成果评价能力	□评价全面、合理（3 分）		□评价不够全面、合理（2 分）		□评价不合理（1 分）	
	总分						
	评价教师		日期				

项目 7

人机界面的组态与调试

【项目所需工具】

表 7-1　工具清单

项目	序号	名称	规格型号	数量	单位	备注
所用设备	1	自动化生产线供料站	YL-335B	1	台	
所用仪表	1	触摸屏	昆仑通态 TPC7062Ti	1	台	
所需工具	1	一字槽螺钉旋具	6in，8in	各 1	把	
	2	网线		若干	根	
成员签字：				教师签字：		

【场地准备】

表 7-2　场地准备

序号	场地准备	规格	数量	单位	备注
1	自动化生产线实训室	标准实训室	1	间	
2	实训台	2.4m×1.6m	20	个	
3	操作工位	每个实训台配 2 个工位	40	个	
4	调试工具	整套	40	套	

【人员准备】

表 7-3　小组分工

人员准备
全班共分为（　　）组，每组（　　）人操作
按照生产企业工作岗位进行小组分工：
生产组长_____、机械装配员_____、电气装配员_____、程序调试员_____、质检员_____

(续)

防护要求	6S 管理
1）穿工作服符合"三紧原则"，即袖口紧、领口紧、下摆紧 2）正确佩戴安全帽 3）必要情况下穿绝缘鞋 4）确保在断电情况下进行操作	1）工作台面干净整洁 2）各拆装器件有序摆放 3）工具使用完毕归位 4）整洁、齐全、有序 5）卫生清理

任务 7.1 触摸屏组态设计

工作任务清单			
任务情境描述	通过昆仑通态（MCGS）组态软件，建立 YL-335B 设备整机组态界面。由 MCGSTPC 触摸屏人机界面提供系统主令工作信号，完成对自动化生产线各个单站运行状态的监控，能实现单机全线切换、联机运行的起动、停止、复位、频率设定、伺服定位距离显示等功能		
素质目标	知识目标		能力目标
1）具有团队协作和沟通能力 2）具有安全意识 3）具有刻苦钻研、积极进取的精神	1）掌握 MCGS 嵌入版组态软件的基本组态方法和常用控件的建立及设置 2）掌握 MCGS 嵌入版组态软件与 S7-1200 PLC 通信设置及设备通道的添加方法 3）掌握基于 PLC 控制的 MCGS 监控工程组态调试方法		1）能根据任务要求正确组态基于 PLC 控制的 MCGS 工程 2）能进行基于 PLC 控制的 MCGS 监控工程的故障排除
建议学时	4 学时		

具体工作步骤及要求				
序号	工作步骤	要求	时间安排	备注
1	识读任务书	能快速明确任务要求并清晰表达，在教师要求时间内完成		
2	任务准备	能够选择完成任务需要的工具，并进行工作场所安排及小组分工		
3	任务实施	能够制订实施计划，能够使用 MCGS 嵌入版组态软件完成自动化生产线整机运行的监控工作，完成 MCGS 嵌入版组态软件对自动化生产线的整体联调及故障排除		
4	任务总结	能够清晰地描述任务认知与理解等，思路清晰，语言流畅		

一、任务准备

1. 认识 TPC7062Ti 人机界面

（1）人机界面介绍 YL-335B 使用的是昆仑通态的基于 MCGS 嵌入版组态软件的触

摸屏 TPC7062Ti，这是一套基于 Windows 平台的用于快速构造和生成上位机监控系统的组态软件系统，能实现现场数据的采集与监测、前端数据的处理与控制等功能。

（2）TPC7062Ti 人机界面的硬件连接　TPC7062Ti 人机界面的电源进线、各种通信接口均在其背面，如图 7-1 所示。其中 USB1 口用来连接鼠标和 U 盘等，USB2 口用来下载工程项目，COM（串口，RS232）、以太网口（LAN）用来连接 PLC。下载通信线如图 7-2 所示。

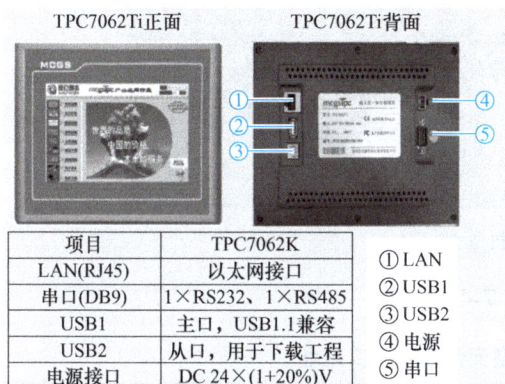

项目	TPC7062K
LAN(RJ45)	以太网接口
串口(DB9)	1×RS232、1×RS485
USB1	主口，USB1.1兼容
USB2	从口，用于下载工程
电源接口	DC 24×(1+20%)V

①LAN
②USB1
③USB2
④电源
⑤串口

图 7-1　TPC7062Ti 接口

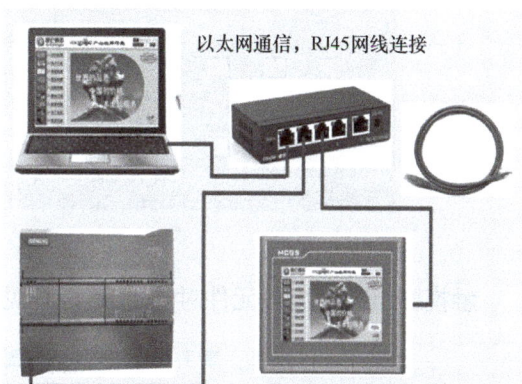

以太网通信，RJ45网线连接

图 7-2　TPC7062Ti 组网及下载通信线

2. 工程分析和创建

人机画面效果图如图 7-3 和图 7-4 所示。

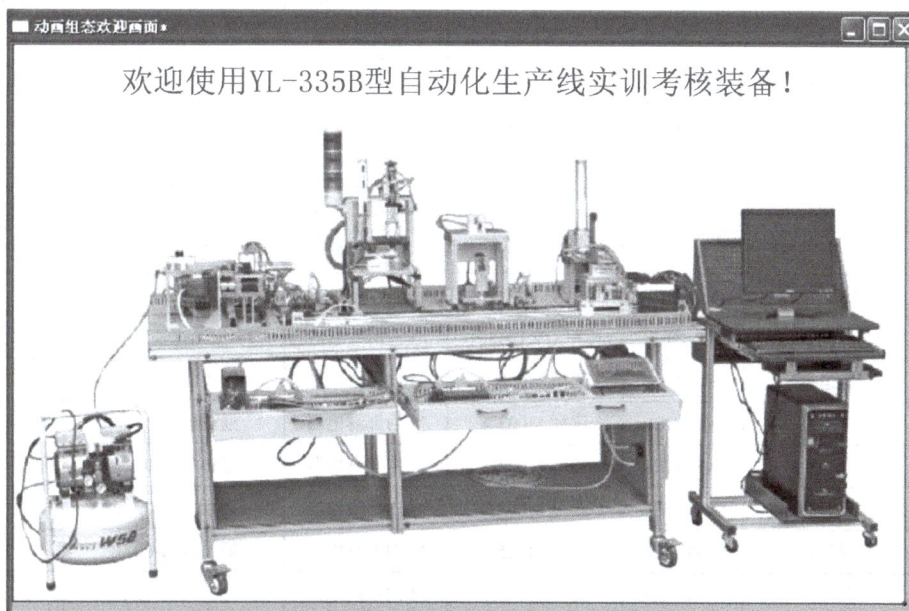

图 7-3　"动画组态欢迎画面"界面

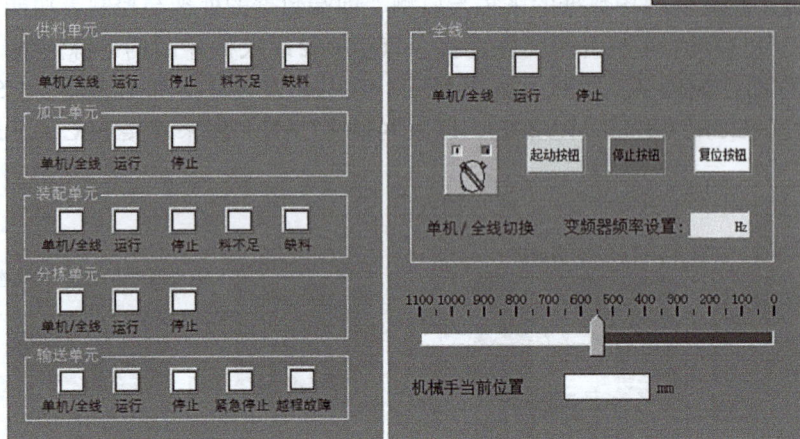

图 7-4　人机画面

触摸屏组态画面各元件对应 PLC 地址见表 7-4。

表 7-4　触摸屏组态画面各元件对应 PLC 地址

序号	变量名	变量类型	通道名称	寄存器名称	数据类型	寄存器地址
1	供料站全线模式	INTEGER	只读 I300.0	I 输入继电器	通道的第 00 位	300
2	供料站运行	INTEGER	只读 I300.2	I 输入继电器	通道的第 02 位	300
3	供料不足	INTEGER	只读 I300.3	I 输入继电器	通道的第 03 位	300
4	供料没有	INTEGER	只读 I300.4	I 输入继电器	通道的第 04 位	300
5	加工站全线模式	INTEGER	只读 I310.0	I 输入继电器	通道的第 00 位	310
6	加工站运行	INTEGER	只读 I310.2	I 输入继电器	通道的第 02 位	310
7	装配站全线模式	INTEGER	只读 I320.0	I 输入继电器	通道的第 00 位	320
8	装配站运行	INTEGER	只读 I320.2	I 输入继电器	通道的第 02 位	320
9	芯件不足	INTEGER	只读 I320.3	I 输入继电器	通道的第 03 位	320
10	芯件没有	INTEGER	只读 I320.4	I 输入继电器	通道的第 04 位	320
11	分拣站全线模式	INTEGER	只读 I330.0	I 输入继电器	通道的第 00 位	330
12	分拣站运行	INTEGER	只读 I330.2	I 输入继电器	通道的第 02 位	330
13	写入变频器频率	SINGLE	读写 QWUB331	Q 输出继电器	16 位无符号二进制	331
14	输送运行	INTEGER	读写 M003.0	M 内部继电器	通道的第 00 位	3
15	输送全线模式	INTEGER	读写 M003.4	M 内部继电器	通道的第 04 位	3
16	单机/全线	INTEGER	读写 M003.5	M 内部继电器	通道的第 05 位	3
17	输送站越程故障	INTEGER	读写 M003.7	M 内部继电器	通道的第 07 位	3
18	全线运行	INTEGER	读写 M005.4	M 内部继电器	通道的第 04 位	5
19	急停	INTEGER	读写 M005.5	M 内部继电器	通道的第 05 位	5
20	HMI 复位按钮	INTEGER	读写 M006.0	M 内部继电器	通道的第 00 位	6
21	HMI 停止按钮	INTEGER	读写 M006.1	M 内部继电器	通道的第 01 位	6

（续）

序号	变量名	变量类型	通道名称	寄存器名称	数据类型	寄存器地址
22	HMI 起动按钮	INTEGER	读写 M006.2	M 内部继电器	通道的第 02 位	6
23	HMI 联机转换	INTEGER	读写 M006.3	M 内部继电器	通道的第 03 位	6
24	机械手当前位置	SINGLE	读写 MDF100	M 内部继电器	32 位浮点数	100

二、任务实施

1. 工作计划

制订工作计划，并填入表 7-5 中。

表 7-5　工作计划表

步骤	内容	计划时间 /min	实际时间 /min	完成情况
1	制订工作计划			
2	明确输入 / 输出信号分配			
3	明确 MCGS 嵌入版组态软件的组态步骤			
4	仔细观看教师示范操作，对接 "1+X" 证书标准重点记录工艺规范要求			
5	各小组实际操作			
6	填写调试运行记录表			
7	对教师发现和提出的问题进行回答			
8	成绩评估			

2. YL-335B 设备整机组态界面功能分析

在 TPC7062Ti 人机界面上的组态画面要求为："用户窗口"包括"运行画面"和"欢迎画面"两个界面，其中，"欢迎画面"是启动界面，触摸屏上电后运行，屏幕上方的标题文字向右循环移动。

当触摸"欢迎画面"上的任意部位时，都将切换到运行画面。运行画面组态应具有下列功能：

1）提供系统工作方式（单站 / 全线）选择信号和系统复位、起动和停止信号。

2）在人机界面上设定分拣站变频器的输入运行频率（40 ～ 50Hz）。

3）在人机界面上动态显示输送站机械手装置的当前位置（以原点位置为参考点，度量单位为 mm）。

4）指示各工作站的运行、故障状态。其中故障状态如下：

① 供料站的供料不足状态和缺料状态。

② 装配站的供料不足状态和缺料状态。

③ 输送站机械手装置越程故障（左或右极限开关动作）。

5）指示全线运行时系统的紧急停止状态。

触摸屏通过交换机连接到系统中，与主站（输送站）进行数据传输通信，完成触摸屏与各个站的数据通信。

3. 创建工程及定义数据对象

（1）创建工程　首先在 TPC "类型" 中找到 "TPC7062Ti"，并将工程名称修改为 "335B"。然后在 "用户窗口" 中，新建两个窗口，分别为 "欢迎画面" 和 "运行画面"。

（2）定义数据对象　根据前面给出的表 7-4，定义数据对象。

（3）设备连接

1）在 "设备窗口" 中双击 "设备窗口" 图标进入 "设备组态：设备窗口"。

2）单击工具条中的 "工具箱" 图标，打开 "设备工具箱"。

3）在可选设备列表中，双击 "Siemens_1200"。

4）设置本地 IP 地址：192.168.3.6，远端 IP 地址：192.168.3.1。

5）进入 "设备编辑窗口" 界面，如图 7-5 所示。界面的右半部分默认自动生成通道名称 I000.0 ～ I000.7，可以单击 "删除全部通道" 按钮予以删除。

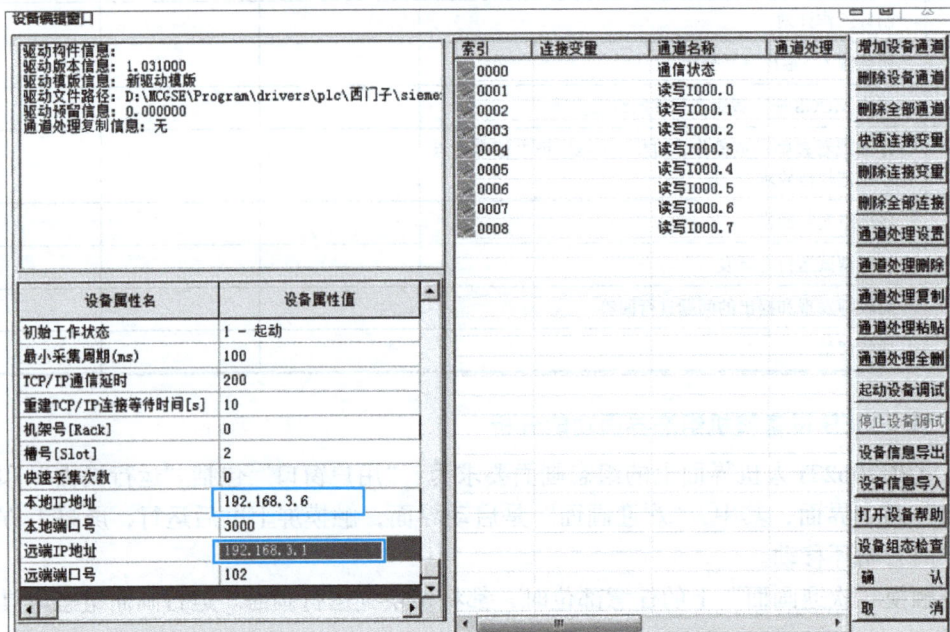

图 7-5　"设备编辑窗口" 界面

6）接下来进行变量的连接，这里以 "HMI 复位按钮" 变量的连接为例进行说明。

① 单击 "添加设备通道" 按钮，出现图 7-6 所示对话框。

参数设置如下：

a. 通道类型：M 内部继电器。

b. 数据类型：通道的第 00 位。

c. 通道地址：6。

d. 通道个数：1。

e. 读写方式：读写。

② 单击 "确认" 按钮，完成基本属性设置。

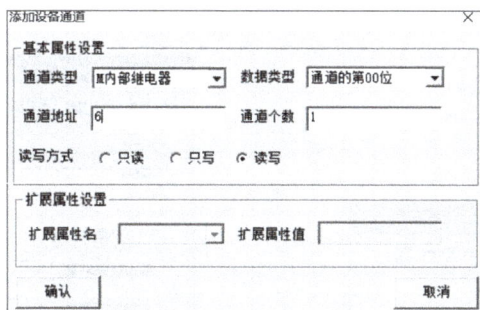

图 7-6　"添加设备通道"对话框

③ 双击"读写 M6.0"通道对应的连接变量，从数据中心选择变量"HMI 复位按钮"。用同样的方法，增加其他通道，连接变量，如图 7-7 所示，完成后单击"确认"按钮。

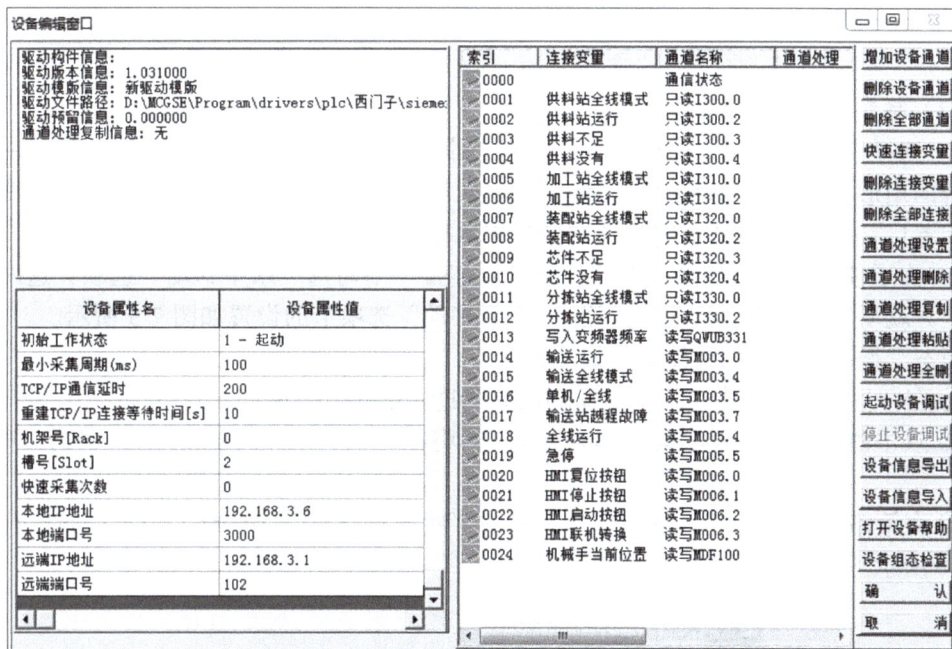

图 7-7　添加连接数据库变量设备通道

4. "欢迎画面"的组态

（1）创建"欢迎画面"　在"用户窗口"中，选中"欢迎画面"并右击，选择下拉菜单中的"设置为启动窗口"选项，将该窗口设置为运行时自动加载的窗口。

（2）"欢迎画面"组态　选中"欢迎画面"窗口图标，单击"动画组态"，进入动画组态窗口开始编辑画面。

选择"工具箱"内的"位图"按钮，鼠标的光标呈"十"字形，在窗口左上角位置拖拽鼠标，拉出一个矩形，使其填充整个窗口。在位图上右击，选择"装载位图"，找到要装载的位图，单击选择该位图，如图 7-8 所示，然后单击"打开"按钮，则该位图装载到了窗口。

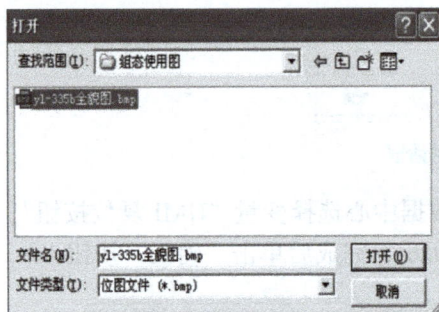

<table>
<tr><td>图 7-8　装载自动化生产线全貌图</td><td>图 7-9　设置"水平移动"选项卡</td></tr>
</table>

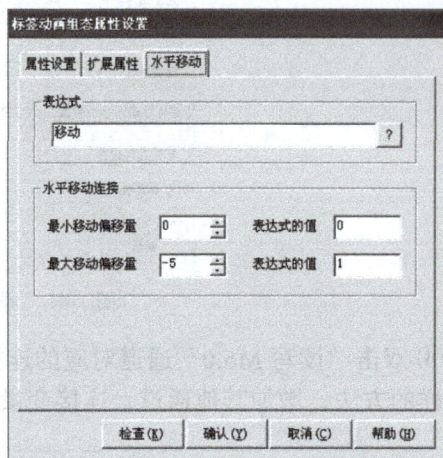

（3）制作循环移动的文字框图

1）选择"工具箱"内的Ａ图标，并拖拽到窗口上方中心位置，根据需要拉出一个大小适合的矩形。在鼠标光标闪烁位置输入文字"欢迎使用 YL-335B 型自动化生产线实训考核装备！"，按回车键或在窗口任意位置用鼠标单击一下，完成文字输入。

2）为了使文字循环移动，在"位置动画连接"中勾选"水平移动"选项，这时在对话框上方就增添了"水平移动"标签。"水平移动"选项卡的设置如图 7-9 所示。

组态"循环策略"的具体操作如下：

① 在"运行策略"中，双击"循环策略"进入策略组态窗口。

② 双击 图标进入"策略属性设置"，将循环时间设为 100ms 后，单击"确认"按钮。

③ 在策略组态窗口中，单击工具条中的"新增策略行"图标，增加一策略行，如图 7-10 所示。

图 7-10　新增策略行

④ 单击"策略工具箱"中的"脚本程序"，将鼠标指针移到图标上，单击鼠标左键，添加脚本程序构件，如图 7-11 所示。

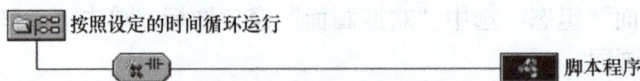

图 7-11　添加脚本程序构件

⑤ 双击 进入策略条件设置，表达式中输入 1，即始终满足条件。

⑥ 双击 进入脚本程序编辑环境，输入下面的程序：

```
if 移动 <=140 then
    移动 = 移动 +1
else
    移动 =-140
endif
```

⑦ 单击"确认"按钮，脚本程序编写完毕。

（4）制作按钮　单击"工具箱"中的 ⌐ 图标，在窗口中拖出一个触摸屏大小的按钮，双击按钮，出现"标准按钮构件属性设置"对话框，删去文本，"背景色"选择"没有填充"，"边线色"选择"没有边线"。在"操作属性"选项卡中单击"按下功能"，勾选"打开用户窗口"并选择"运行画面"。制作一个大的透明的按钮，选中按钮右击，在弹出的命令中选择"排列"→"最前面"，如图 7-12 所示。这样，触摸屏处于运行状态时，单击一下"欢迎画面"的屏幕，就会自动跳转到"运行画面"。

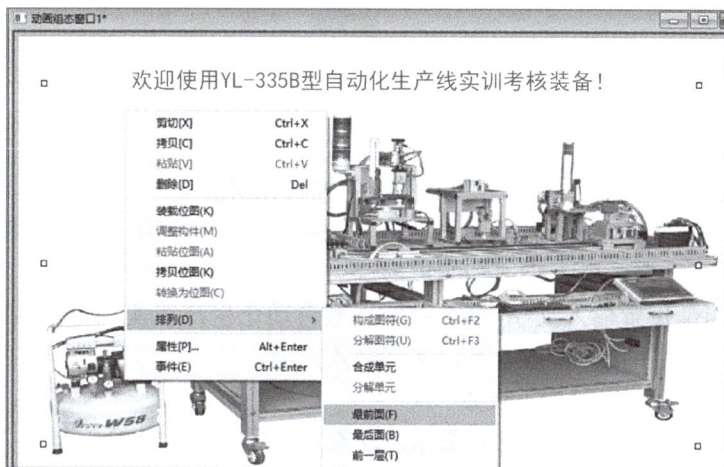

图 7-12　透明按钮置于最前面

5. "运行画面"的组态

（1）创建"运行画面"和变频器频率输入提醒界面　在"用户窗口"中，新建窗口并将名称改为"运行画面"。再次新建窗口并将名称改为"请输入变频器的运行频率频率设置范围（0 ～ 50Hz）"，如图 7-13 所示。

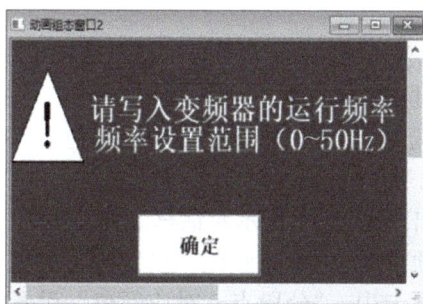

图 7-13　变频器频率输入提醒界面

（2）画面和器件制作

1）新建画面以及属性设置。在"用户窗口"中双击"运行画面"，打开"运行画面"后，双击画面，弹出"用户窗口属性设置"对话框。单击"窗口背景"，在"其他颜色"中选择所需的颜色，如图7-14所示。

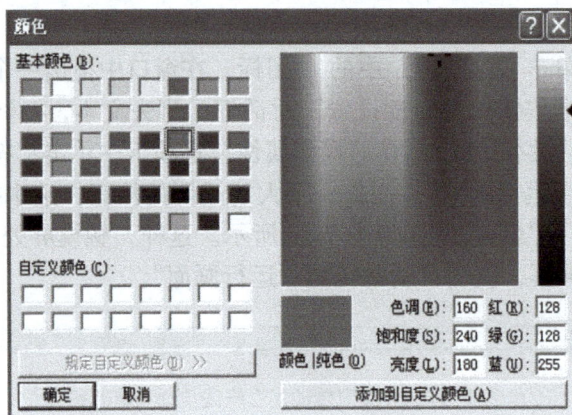

图7-14 "颜色"对话框

2）制作文字框图：以标题文字的制作为例进行说明。

① 选择"工具箱"内的 A 图标，鼠标的光标呈"十"字形，在窗口顶端中心位置拖拽鼠标，根据需要拉出一个大小适合的矩形。

② 在光标闪烁位置输入文字"YL-335B型自动化生产线实训考核装备！"，按回车键或在窗口任意位置用鼠标单击一下，文字输入完毕。

③ 选中文字框，并进行如下设置：

a. 单击工具条上的 ▧（填充色）图标，设置文字框的"背景颜色"为"白色"。

b. 单击工具条上的 ▧（线色）图标，设置文字框的"边线颜色"为"没有边线"。

c. 单击工具条上的 A³（字符字体）图标，设置"文字字体"为"华文细黑"；"字形"为"粗体"；"大小"为"二号"。

d. 单击工具条上的 ▧（字符颜色）图标，将"文字颜色"设为"藏青色"。

（3）制作状态指示灯 以"单机/全线"指示灯为例进行说明。

1）单击"工具箱"中的"插入元件"图标，弹出"对象元件库管理"对话框，选择"指示灯6"，单击"确定"按钮，如图7-15a所示。双击指示灯，弹出的对话框如图7-15b所示。

2）在"单元属性设置"对话框中的"数据对象"选项卡中，单击右边的"？"按钮，从数据中心选择"单机全线切换"变量。

3）在"动画连接"选项卡中，单击"填充颜色"，右边出现"▷"按钮，如图7-16所示。

4）单击"▷"按钮，出现图7-17所示对话框。

5）在"属性设置"选项卡中，"填充颜色"设置为"白色"。

6）在"填充颜色"选项卡中，"分段点0对应颜色"设置为"白色"，"分段点1对应颜色"设置为"浅绿色"，如图7-18所示，单击"确认"按钮完成设置。

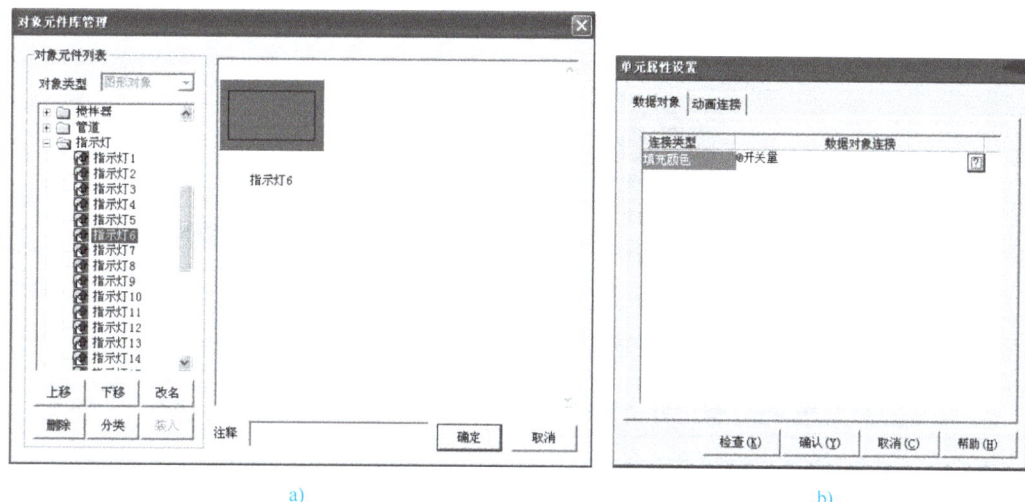

a)　　　　　　　　　　　　　　　　　b)

图 7-15　"对象元件库管理"及"单元属性设置"对话框

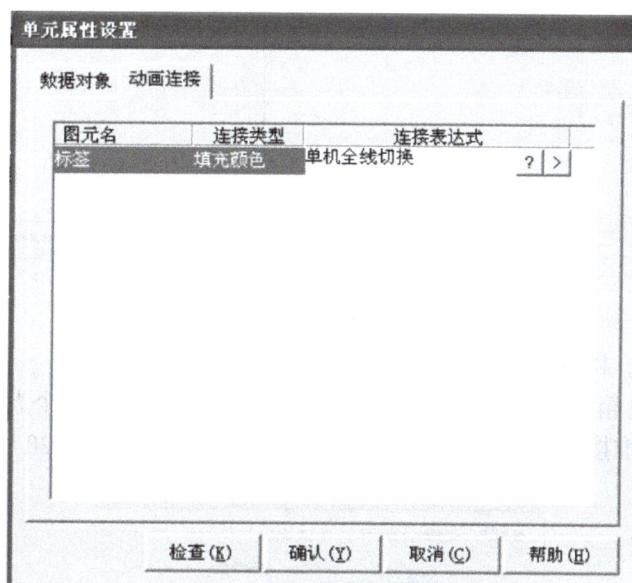

图 7-16　"单元属性设置"对话框

⚠**注意**：在"属性设置"选项卡中的"特殊动画连接"复选框中，勾选"闪烁效果"，可以设置指示灯的闪烁功能。

（4）制作切换旋钮　单击"工具箱"中的 (插入元件) 图标，弹出"对象元件库管理"对话框，选择"开关6"，单击"确定"按钮。

双击"运行画面"中的 旋钮，弹出图 7-19 所示的对话框。将"数据对象"选项卡中的"按钮输入"和"可见度"的"数据对象连接"选择为"单机全线切换"。

225

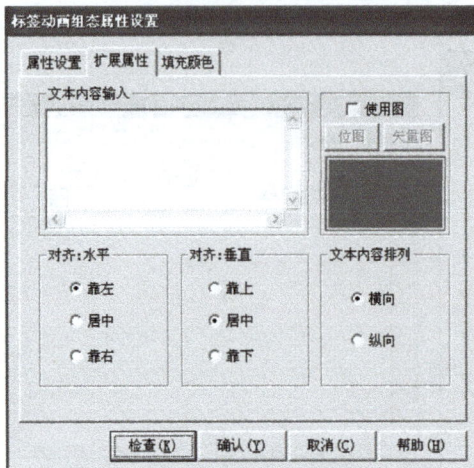

图 7-17 "标签动画组态属性设置"对话框

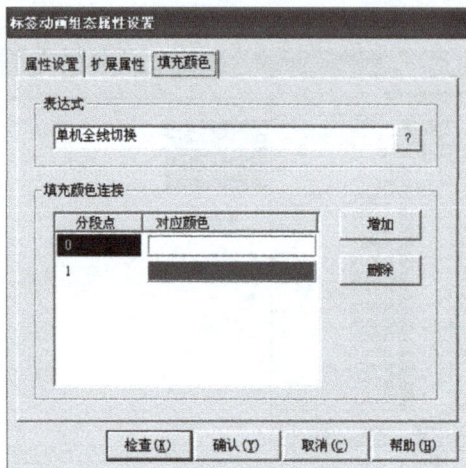

图 7-18 "填充颜色"选项卡设置

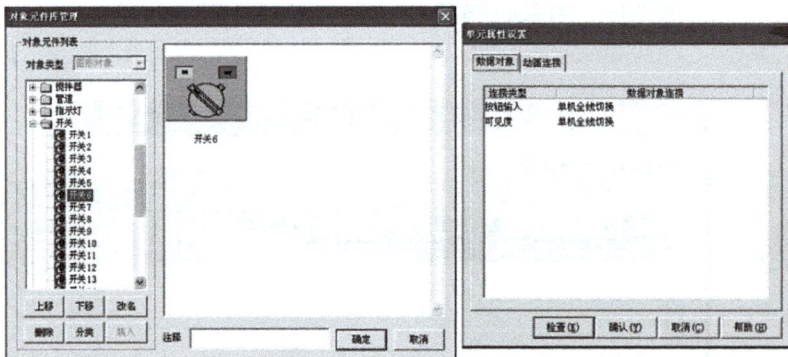

图 7-19 切换旋钮的制作

（5）制作按钮，以起动按钮为例给以说明：

1）单击"工具箱"中的"标准按钮"图标，在窗口中拖出一个大小合适的按钮，双击按钮，弹出"标准按钮构件属性设置"对话框，属性设置如图 7-20 所示。

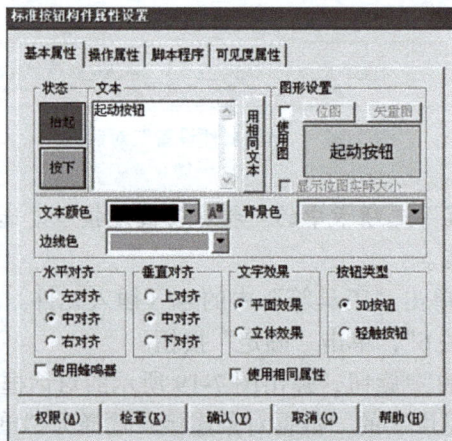

图 7-20 "标准按钮构件属性设置"对话框

2）在"基本属性"选项卡中，无论是"抬起"还是"按下"状态，"文本"都设置为"起动按钮"；"抬起"功能属性的"字体"设置为"宋体"，"字体大小"设置为"五号"，"背景颜色"设置为"浅绿色"；"按下"功能属性的"字体大小"设置为"小五号"，其他同"抬起"功能。

3）在"脚本程序"选项卡中，"抬起脚本"设置为"HMI 起动按钮 =0"，"按下脚本"的设置如下：

```
if 写入变频器频率 <=0 then
    HMI 起动按钮 =0
    !OpenSubWnd（请输入变频器频率，260，187，414，212，0）
else
    HMI 起动按钮 =1
endif
```

4）其他默认。单击"确认"按钮完成设置。

需要注意的是，在"请输入变频器频率"窗口中，双击"确定"按钮，在弹出的"标准按钮构件属性设置"对话框中的"操作属性"选项卡下，勾选"关闭用户窗口"并选择"请输入变频器频率"，如图 7-21 所示。

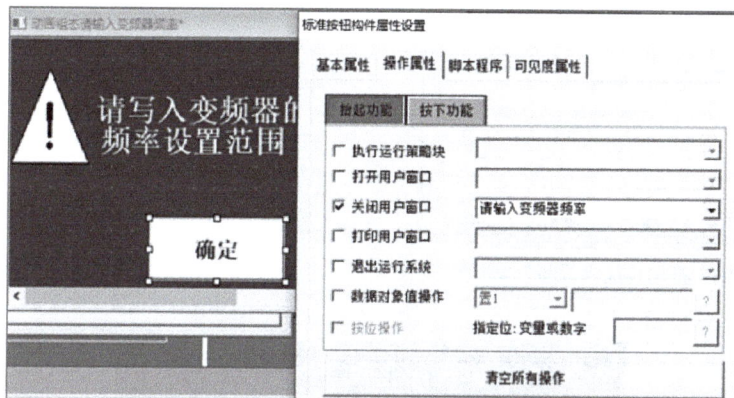

图 7-21　关闭用户窗口设置

（6）数值输入框

1）单击"工具箱"中的 ![abl] 图标，拖动鼠标，绘制 1 个输入框。

2）双击 输入框 图标，进行属性设置。

a. 对应数据对象的名称：写入变频器频率。

b. 使用单位：Hz。

c. 最小值：0。

d. 最大值：50。

e. 小数位数：0。

设置结果如图 7-22 所示。

（7）滑动输入器

1）单击"工具箱"中的 图标，当鼠标呈"十"字形后，拖动鼠标到适当大小，并调整滑动块到适当的位置。

2）双击滑动输入器构件，弹出图 7-23 所示的对话框。按照如下步骤设置各个参数：

a.“基本属性”选项卡中，“滑块指向”选项组中选择“指向左（上）”。

b.“刻度与标注属性”选项卡中，“主划线数目”设置为“11”；“次划线数目”设置为“2”；“小数位数”设置为“0”。

c.“操作属性”选项卡中，“对应数据对象名称”设置为“手爪当前位置＿输送”；“滑块在最左（下）边时对应的值”设置为“1100”；“滑块在最右（上）边时对应的值”设置为“0”。

d.其他为默认值。

3）单击“权限”按钮，弹出“用户权限设置”对话框，选择管理员组，单击“确认”按钮完成制作。图 7-24 所示为制作完成的滑动输入器效果图。

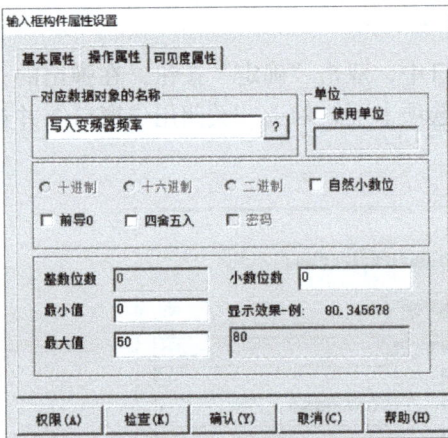

图 7-22　“输入框构件属性设置”对话框

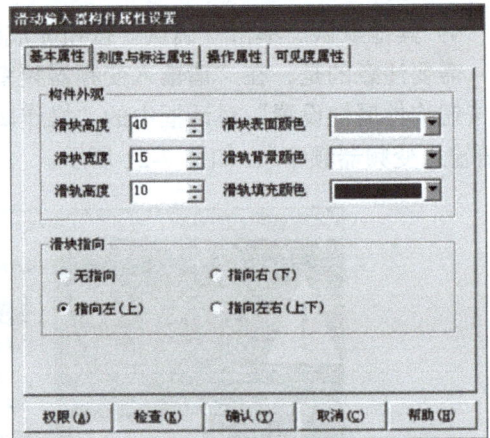

图 7-23　滑动输入器构件属性设置界面

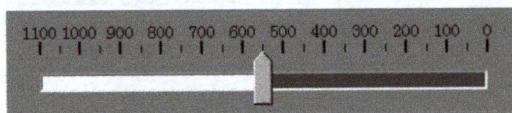

图 7-24　滑动输入器效果图

（8）数据显示

1）单击“工具箱”中的 A 图标，在滑动输入器构件下方添加文字“机械手当前位置”。“填充颜色”选择“没有填充”，“边线颜色”选择“没有边线”。

2）再次单击 A 图标，拖动鼠标，绘制 1 个显示框。

3）双击显示框，弹出“标签动画组态属性设置”对话框，在“输入输出连接”选项组中，选择“显示输出”选项，则在“标签动画组态属性设置”对话框中将会出现“显示输出”选项卡，如图 7-25 所示。

4）单击“显示输出”标签，设置显示输出属性，如图 7-26 所示。其参数设置如下：

a.表达式：机械手当前位置。

b.单位：mm。

c. 输出值类型：数值量输出。

d. 输出格式：浮点输出。

e. 整数位数：0。

f. 小数位数：0。

5）单击"确认"按钮，制作完毕。

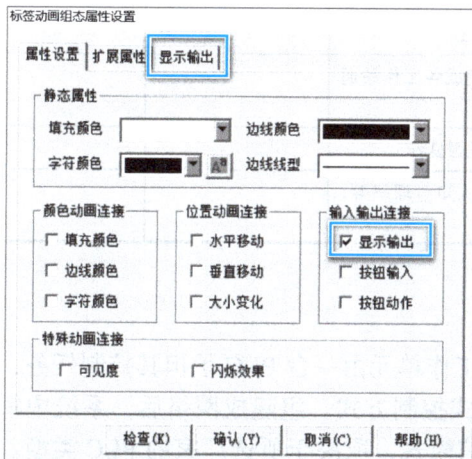

图 7-25　"标签动画组态属性设置"对话框

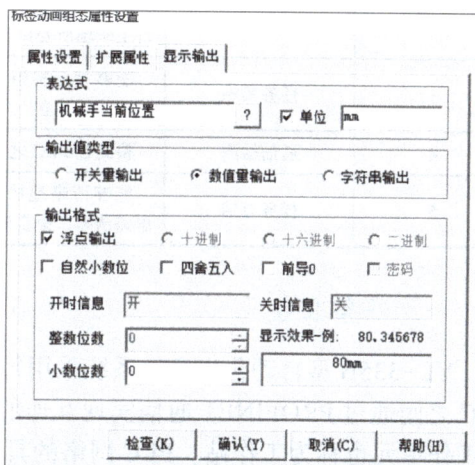

图 7-26　"显示输出"标签的参数设置

6. 调试运行

请同学们结合前面所学的供料、加工、装配、分拣、输送站调试运行的方法和步骤，根据整机联调的具体工作要求，综合考虑正常操作和非正常情况下整机调试的运行情况，填写调试运行记录表。

三、任务总结

本任务重点介绍了 MCGS 嵌入版组态软件的组态步骤，引导同学们进行 YL-335B 各工作站的组态画面构建及参数设置，请同学们根据所学内容完成调试并进行项目评价，见表 7-14。

任务 7.2　通信网络的组建

工作任务清单		
任务情境描述	将 YL-335B 型自动化生产线的各个工作站调整完毕后，安装在工作台上，调整安装位置和各站之间的距离，然后将各站的 PLC 进行通信网络的连接，组成能够联机运行的生产线	
素质目标	知识目标	能力目标
1）具备自主学习和获取信息的能力 2）具有一定的语言表达能力和团队协作意识 3）具有查阅资料的能力	掌握 S7-1200 PLC 之间的 PROFINET I/O 通信技术	1）能够组建各站间的通信网络 2）能够编写 PLC 通信程序
建议学时	4 学时	

（续）

具体工作步骤及要求

序号	工作步骤	要求	时间安排	备注
1	识读任务书	能快速明确任务要求并清晰表达，在教师要求时间内完成		
2	任务准备	能够选择完成任务需要的工具，并进行工作场所安排及小组分工		
3	任务实施	能够制订实施计划，完成各工作站通信网络的建立		
4	通信检测	检测各 PLC 之间通信是否良好		
5	任务总结	能够清晰地描述任务认知与理解等，思路清晰，语言流畅		

一、任务准备

YL-335B 型自动化生产线系统采用每一个工作单元由一台 PLC 承担其控制任务，各 PLC 之间通过 PROFINET 通信实现互连的分布式控制方式。组建成网络后，系统中每一个工作单元也称为工作站。PLC 网络的具体通信模式，取决于所选厂家的 PLC 类型。本书基于 S7-1200 系列 PLC，通信方式则采用 PROFINET 协议通信。

1. 西门子 PROFINET 通信概述

PROFINET 是开放的、标准的、实时的工业以太网标准。PROFINET 作为基于以太网的自动化标准，它定义了跨厂商的通信、自动化系统和工程组态模式。借助 PROFINET I/O 实现一种允许所有站随时访问网络的交换技术。作为 PROFINET 的一部分，PROFINET I/O 是用于实现模块化、分布式应用的通信概念。这样，通过多个节点的并行数据传输可更有效地使用网络。

PROFINET I/O 以交换式以太网全双工操作和 100 Mbit/s 带宽为基础。PROFINET I/O 基于 20 年来 PROFIBUS DP 的成功应用经验，并将常用的用户操作与以太网技术中的新概念相结合，这可确保 PROFIBUS DP 向 PROFINET 环境的平滑移植。

PROFINET 的目标如下：

1）基于工业以太网建立开放式自动化以太网标准。尽管工业以太网和标准以太网组件可以一起使用，但工业以太网设备更加稳定可靠，因此更适合于工业环境（温度、抗干扰等）。

2）使用 TCP/IP（传输控制协议 / 互联网协议）和 IT（信息技术）标准。

3）实现有实时要求的自动化应用。

4）全集成现场总线系统。

PROFINET I/O 分为 I/O 控制器、I/O 设备和 I/O 监视器，PROFINET I/O 控制器指用于对连接的 I/O 设备进行寻址的设备。这意味着 I/O 控制器将与分配的现场设备交换输入和输出信号。I/O 控制器通常是运行自动化程序的控制器；PROFINET I/O 设备指分配给其中一个 I/O 控制器（例如，远程 I/O、阀终端、变频器和交换机）的分布式现场设备；PROFINET I/O 监控器指用于调试和诊断的编程设备、PC 或 HMI（人机交互）设备。

2. IP 地址及传输区域设置

下面以 YL-335B 各工作站 PLC 实现 PROFINET 通信的操作步骤为例，说明使用 PROFINET 协议实现通信的步骤。

（1）供料站的 PLC 设置

1）设置其 IP 地址，如图 7-27 所示。

图 7-27　IP 地址的设置

2）设置其操作模式、传输区，如图 7-28 所示。

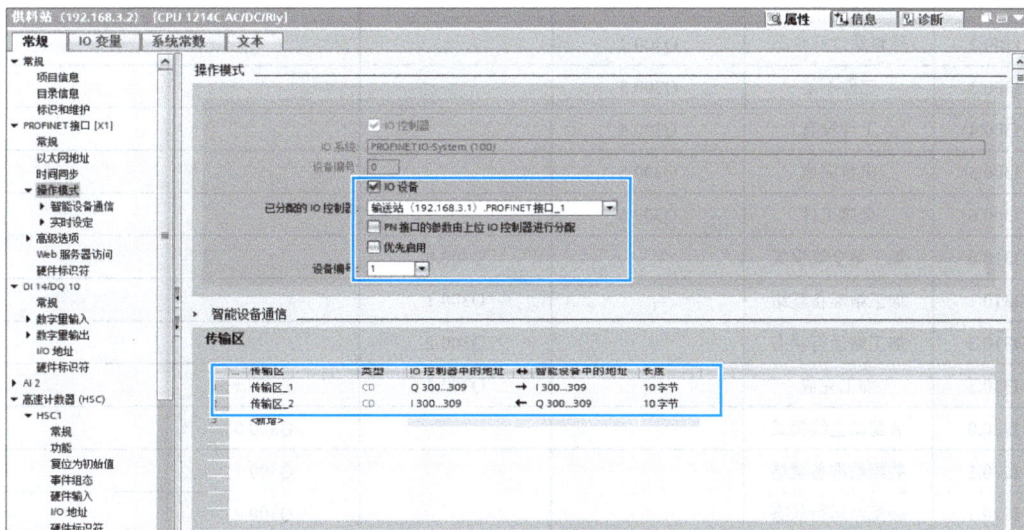

图 7-28　操作模式的设置

加工站、装配站和分拣站的 PLC 设置可参照上述操作进行，改变 IP 地址和通信数据区即可。

（2）输送站的 PLC 设置　设置其 IP 地址，如图 7-29 所示。

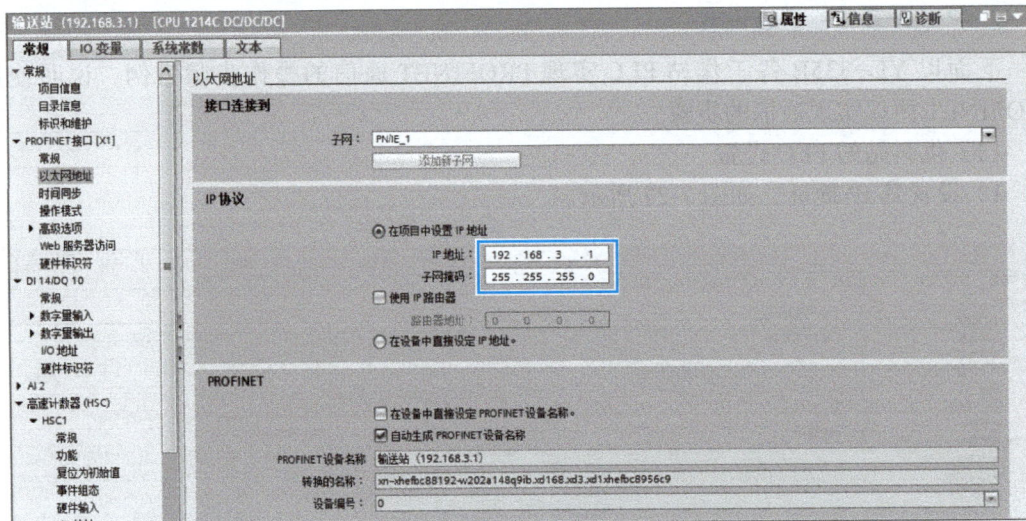

图 7-29　IP 地址的设置

3. 通信数据区域规划

1）输送站（I/O 控制器）接收、智能设备站发送的通信数据见表 7-6。

表 7-6　输送站（I/O 控制器）接收、智能设备站发送的通信数据

主站数据接收区地址	数据意义	供料站数据发送区地址	加工站数据发送区地址	装配站数据发送区地址	分拣站数据发送区地址
I300.0	供料站全线模式	Q300.0			
I300.1	供料站准备就绪	Q300.1			
I300.2	供料站运行状态	Q300.2			
I300.3	工件不足	Q300.3			
I300.4	工件没有	Q300.4			
I300.5	供料完成	Q300.5			
I300.6	金属工件	Q300.6			
I310.0	加工站全线模式		Q300.0		
I310.1	加工站准备就绪		Q300.1		
I310.2	加工站运行状态		Q300.2		
I310.3	加工完成		Q300.3		
I320.0	装配站全线模式			Q300.0	
I320.1	装配站准备就绪			Q300.1	
I320.2	装配站运行状态			Q300.2	
I320.3	芯件不足			Q300.3	
I320.4	芯件没有			Q300.4	
I320.5	装配完成			Q300.5	
I320.6	装配台无工件			Q300.6	

（续）

主站数据接收区地址	数据意义	供料站数据发送区地址	加工站数据发送区地址	装配站数据发送区地址	分拣站数据发送区地址
I330.0	分拣站全线模式				Q300.0
I330.1	分拣站准备就绪				Q300.1
I330.2	分拣站运行状态				Q300.2
I330.3	分拣站允许进料				Q300.3
I330.4	分拣完成				Q300.4

2）输送站（I/O 控制器）发送、智能设备站接收的通信数据见表 7-7。

表 7-7　输送站（I/O 控制器）发送、智能设备站接收的通信数据

主站数据发送区地址	数据意义	供料站数据接收区地址	加工站数据接收区地址	装配站数据接收区地址	分拣站数据接收区地址
Q300.0	全线运行	I300.0			
Q300.1	全线停止	I300.1			
Q300.2	全线复位	I300.2			
Q300.3	全线急停	I300.3			
Q300.4	请求供料	I300.4			
Q300.5	HMI 联机	I300.5			
Q310.0	全线运行		I300.0		
Q310.1	全线停止		I300.1		
Q310.2	全线复位		I300.2		
Q310.3	全线急停		I300.3		
Q310.4	请求加工		I300.4		
Q310.5	HMI 联机		I300.5		
Q320.0	全线运行			I300.0	
Q320.1	全线停止			I300.1	
Q320.2	全线复位			I300.2	
Q320.3	全线急停			I300.3	
Q320.4	请求装配			I300.4	
Q320.5	HMI 联机			I300.5	
Q320.6	系统复位中			I300.6	
Q320.7	系统就绪			I300.7	
Q321.0	供料站物料不足			I301.0	
Q321.1	供料站物料没有			I301.1	
Q330.0	全线运行				I300.0
Q330.1	全线停止				I300.1
Q330.2	全线复位				I300.2

（续）

主站数据发送区地址	数据意义	供料站数据接收区地址	加工站数据接收区地址	装配站数据接收区地址	分拣站数据接收区地址
Q330.3	全线急停				I300.3
Q330.4	请求分拣				I300.4
Q330.5	HMI 联机				I300.5
QW331	变频器写入频率				IW301

二、任务实施

1. 工作计划

制订工作计划，并填入表 7-8 中。

表 7-8　工作计划表

步骤	内容	计划时间 /min	实际时间 /min	完成情况
1	制订工作计划			
2	搭建网络，编写程序			
3	网络检测与调试			
4	填写检测与调试记录表			
5	对教师发现和提出的问题进行回答			
6	成绩评估			

2. 任务要求

已知有 5 台 S7-1200 系列 PLC、1 台昆仑通态触摸屏和 1 台以太网交换机，要求对其进行以太组网，输送站 PLC 为 I/O 控制器或主站，其余 4 个工作站为 I/O 设备或从站，触摸屏只与主站通信。

3. 通信组网

在图 7-30 中绘制 S7-1200 PLC 之间的 PROFINET 通信的系统结构图，并在对应设备的下面写出分配的 IP 地址。设计规划好 5 台 PLC 的通信数据区，填写通信数据区规划表，见表 7-9。打开博途软件，设置各个 PLC 的 IP 地址和通信数据区。

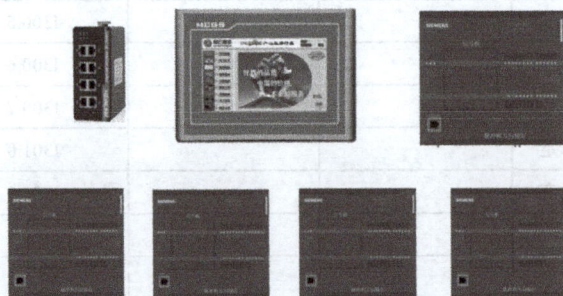

图 7-30　以太网通信系统结构图

表 7-9　通信数据区规划表

	I/O 控制器中的地址			I/O 设备中的地址
输送站		⟶	供料站	
输送站		⟵	供料站	
输送站		⟶	加工站	
输送站		⟵	加工站	
输送站		⟶	装配站	
输送站		⟵	装配站	
输送站		⟶	分拣站	
输送站		⟵	分拣站	

三、通信检测

自动化生产线 5 个 PLC 和触摸屏通信网络组建完毕后，利用设备自带的例程可检测 PLC 间的通信状况以及输送站和触摸屏的通信状况，依次把 5 个工作站的单机 / 联机按钮切换至联机状态，观察触摸屏的单机 / 联机指示灯是否亮起，来判断 4 个从站和主站的通信状况以及主站和触摸屏的通信状况。请同学们根据测试结果填写表 7-10。

表 7-10　通信检测

		通信测试记录表	
序号	测试对象	测试结果	故障排除描述（结果不正常填写）
1	输送站和触摸屏		
2	输送站和供料站		
3	输送站和加工站		
4	输送站和装配站		
5	输送站和分拣站		

四、任务总结

本任务重点介绍 YL-335B 设备各站之间通信网络的硬件搭建及参数设置，请同学们完成上述表格并进行项目评价，见表 7-14。

任务 7.3　整机调试及故障分析

工作任务清单			
任务情境描述	自动化生产线整机装配完成后，根据联机运行要求，编写 PLC 控制程序，下载后调试，控制设备在联机情况下能正确运行，出现故障能够根据故障现象分析故障原因并排除		
素质目标	知识目标		能力目标
1）具备自主学习和获取信息的能力 2）具有一定的语言表达能力和团队协作意识 3）具有查阅资料的能力	掌握自动化生产线运行中的常见故障及排除方法		1）能够根据运行状况查找故障 2）能够独立排除故障
建议学时	6 学时		
具体工作步骤及要求			
序号	工作步骤	要求	时间安排	备注

序号	工作步骤	要求	时间安排	备注
1	识读任务书	能快速明确任务要求并清晰表达，在教师要求时间内完成		
2	任务准备	能够选择完成任务需要的工具，并进行工作场所安排及小组分工		
3	任务实施	能够制订实施计划，完成整机调试工作，检测自动化生产线整机运行是否良好		
4	任务总结	能够清晰地描述任务认知与理解等，思路清晰，语言流畅		

一、任务准备

1. 任务要求

将供料站、加工站、装配站、分拣站、输送站安装在工作台上，调整安装位置和各站之间的距离，设计它的整体控制程序，组成能够联机运行的生产线。

2. 自动化生产线的整机安装

YL-335B 设备各工作站的机械安装、气路连接及调整、电气接线等，其工作步骤和注意事项在前面各分项目中已经叙述过，这里不再重复介绍。

系统整体安装时，必须确定各工作站的安装定位，为此首先要确定安装的基准点，即从铝合金桌面右侧边缘算起。基准点到原点距离（X 方向）为 310mm，这一点应首先确定。然后根据：①原点位置与供料站出料台中心沿 X 方向重合；②供料站出料台中心至加工站加工台中心距离为 430mm；③加工站加工台中心至装配站装配台中心距离为 350mm；④装配站装配台中心至分拣站进料口中心距离为 560mm，即可确定各工作站在 X 方向的位置。

受限于工作台的安装特点，原点位置一旦确定后，输送站的安装位置也将确定。在空的工作台上进行系统安装的步骤如下：

1）完成输送站装置侧的安装。包括直线运动组件、抓取机械手装置、拖链装置、电磁阀组件、装置侧电气接口等的安装，抓取机械手装置上各传感器引出线、连接到各气缸的气管沿拖链的敷设和绑扎，连接到装置侧电气接口的接线，单元气路的连接等。

2）供料、加工和装配站等工作站在完成其装置侧的装配后，在工作台上定位安装。它们沿 Y 方向的定位，以输送站机械手在伸出状态时，能顺利在它们的物料台上抓取和放下工件为准。

3）分拣站在完成其装置侧的装配后，在工作台上定位安装。沿 Y 方向的定位，应使传送带上进料口中心点与输送站直线导轨中心线重合，沿 X 方向的定位，应确保输送站机械手运送工件到分拣站时，能准确地把工件放到进料口中心点上。

需要指出的是，在安装工作完成后，必须进行必要的检查、局部试验的工作，确保及时发现问题。在投入全线运行前，应清理工作台上残留线头、管线、工具等，养成良好的职业素养。

按工作任务书规定，电气接线完成后，应进行变频器、伺服驱动器有关参数的设定，并现场测试旋转编码器的脉冲当量，并填入表 7-11 中。上述工作，已在前面各分项目中进行了详细的叙述，这里不再重复介绍。

表 7-11　各站之间的安装间距定位

各站安装间距	单位长度 /mm	伺服电动机脉冲数
供料站到加工站		
加工站到装配站		
装配站到分拣站		
供料站到分拣站		

二、任务实施

1. 工作计划

制订工作计划，并填入表 7-12 中。

表 7-12　工作计划表

步骤	内容	计划时间 /min	实际时间 /min	完成情况
1	制订工作计划			
2	搭建网络，编写程序			
3	网络检测与调试			
4	填写检测与调试记录表			
5	对教师发现和提出的问题进行回答			
6	成绩评估			

2. 各站 PLC 网络连接及触摸屏组态

各 PLC 之间通过 PROFINET 通信实现互连的分布式控制方式，并指定输送站作为系统主站，系统主令工作信号由触摸屏人机界面提供，触摸屏组态和 PLC 通信网络的搭建在 7.1 节和 7.2 节两个任务中已详细论述，此处不再赘述。

3. 编写 PLC 控制程序

（1）编写从站单元的控制程序　YL-335B 设备各工作站在单站运行时的编程思路，在前面各项目中均进行了介绍。在联机运行的情况下，由工作任务书规定的各从站的工艺过程是基本固定的，原单站程序中的工艺控制程序基本变动不大。在单站程序的基础上修改、编制联机运行程序，实现起来并不太困难。

（2）编写主站单元控制程序　输送站是 YL-335B 设备中最为重要同时也是承担任务最为繁重的工作站。主要体现在：①输送站的 PLC 与触摸屏相连接，接收来自触摸屏的主令信号，同时把系统状态信息回馈到触摸屏；②作为网络的主站，要进行大量的网络信息处理；③本站联机方式下的工艺生产任务与单站运行时略有差异。因此，把输送站的单站控制程序修改为联机控制的工作量要大一些。

4. 整机调试

YL-335B 型自动化生产线实训考核装置的整机联调分为系统正常情况下的全线运行模式调试和异常工作状态下的调试。系统正常情况下的全线运行模式调试步骤如下：

1）系统上电，PROFINET 通信网络正常后开始工作。触摸人机界面上的复位按钮，执行复位操作，在复位过程中，绿色警示灯以 2Hz 的频率闪烁。红色和黄色灯均熄灭。复位过程包括：使输送站机械手装置回到原点位置和检查各工作站是否处于初始状态。

各工作站的初始状态是指：

① 各工作站的气动执行器件均处于初始状态。

② 供料站料仓内有足够的待加工工件。

③ 装配站料仓内有足够的小圆柱零件。

④ 输送站的紧急停止按钮未按下。

当输送站机械手装置回到原点位置，且各工作站均处于初始状态，则复位完成，绿色警示灯常亮，表示允许起动系统。这时若触摸人机界面上的起动按钮，系统起动，绿色和黄色警示灯均常亮。

2）供料站的运行。系统起动后，若供料站的出料台上没有工件，则应把工件推到出料台上，并向系统发出出料台上有工件信号。若供料站的料仓内没有工件或工件不足，则向系统发出报警或预警信号。出料台上的工件被输送站机械手取出后，若系统仍然需要推出工件进行加工，则进行下一次推出工件操作。

3）输送站运行 1。当工件推到供料站出料台后，输送站机械手装置应执行抓取供料站工件的操作。动作完成后，伺服电动机驱动机械手装置移动到加工站加工物料台的正前方，把工件放到加工站的加工台上。

4）加工站运行。加工站加工台的工件被检出后，执行加工过程。当加工好的工件重新送回待料位置时，向系统发出冲压加工完成信号。

5）输送站运行 2。系统接收到加工完成信号后，输送站机械手应执行抓取已加工工件的操作。抓取动作完成后，伺服电动机驱动机械手装置移动到装配站物料台的正前方。然后把工件放到装配站物料台上。

6）装配站运行。装配站物料台的传感器检测到工件到来后，开始执行装配过程。装入动作完成后，向系统发出装配完成信号。如果装配站的料仓或料槽内没有小圆柱工件或工件不足，则应向系统发出报警或预警信号。

7）输送站运行 3。系统接收到装配完成信号后，输送站机械手应抓取已装配的工件，然后从装配站向分拣站运送工件，到达分拣站传送带上方入料口后把工件放下，然后执行返回原点的操作。

8）分拣站运行。输送站机械手装置放下工件、缩回到位后，分拣站的变频器即起动，驱动传动电动机以 80% 最高运行频率（由人机界面指定）的速度，把工件带入分拣区进行分拣，工件分拣原则与单站运行相同。当分拣气缸活塞杆推出工件并返回后，应向系统发出分拣完成信号。

9）仅当分拣站的分拣工作完成，并且输送站机械手装置回到原点，系统的一个工作周期才认为结束。如果在工作周期期间没有触摸过停止按钮，系统在延时 1s 后开始下一周期工作。如果在工作周期期间曾经触摸过停止按钮，则系统工作结束，警示灯中黄色灯熄灭，绿色灯仍保持常亮。系统工作结束后若再按下起动按钮，则系统又重新开始工作。

系统异常工作状态下的调试步骤如下：

1）工件供给状态的信号警示　如果出现来自供料站或装配站的"工件不足"的预报警信号或"工件没有"的报警信号，则系统动作如下：

① 如果出现"工件不足"的预报警信号，警示灯中红色灯以 1Hz 的频率闪烁，绿色和黄色灯保持常亮，则系统继续工作。

② 如果出现"工件没有"的报警信号，警示灯中红色灯以亮 1s，灭 0.5s 的方式闪烁；黄色灯熄灭，绿色灯保持常亮。

若"工件没有"的报警信号来自供料站，且供料站物料台上已推出工件，则系统继续运行，直至完成该工作周期尚未完成的工作。当该工作周期的工作结束后，系统将停止工作，除非"工件没有"的报警信号消失，系统不能再起动。

若"工件没有"的报警信号来自装配站，且装配站回转台上已落下小圆柱工件，则系统继续运行，直至完成该工作周期尚未完成的工作。当该工作周期的工作结束后，系统将停止工作，除非"工件没有"的报警信号消失，系统不能再起动。

2）急停与复位　系统工作过程中若按下输送站的急停按钮，则输送站立即停车。在急停复位后，应从急停前的断点开始继续运行。但若急停按钮按下时，机械手装置正在向某一目标点移动，则急停复位后输送站机械手装置应首先返回原点位置，然后再向原目标点移动。

5. 全线运行模式下的故障分析

（1）通过运行指示灯检测系统启动运行情况　如果绿色和黄色警示灯均显示异常，其故障产生的主要原因如下：

① 原点位置检测行程开关出现故障。

② 装配站料仓中工件数量不足。

③ 供料站料仓中工件数量不足。

④ 装配站料仓中工件自重掉落故障。

⑤ 供料站料仓中工件自重掉落故障。

（2）测试供料站供给工作情况　如果顶料气缸不能完成推料动作，或者将工件推倒，其故障产生的原因如下：

　　① 供料站气缸动作气路压力不足。

　　② 节流阀的调节量过小，使气压不足。

　　③ 节流阀的调节量过大，使气缸动作过快。

　　④ 料仓中的工件不能自行掉落到位。

　　⑤ 供料站各气缸动作电磁阀故障。

　　⑥ 料仓中无工件。

　　（3）检测输送站能否准确抓取供料站上的工件情况　如果物料台上的工件没有被输送站机械手抓取，其故障产生的原因如下：

　　① 输送站没有读取到供料站的推料信号。

　　② 供料站料台上的工件检测传感器故障。

　　③ 输送站气缸动作气路压力不足。

　　④ 节流阀的调节量过小，使气压不足。

　　⑤ 输送站各气缸动作电磁阀故障。

　　（4）检测输送站机械手抓取工件从供料站输送到加工的情况　如果抓取动作完成后机械手手臂不能回缩，其故障产生的原因如下：

　　① 输送站机械手手爪位置检测传感器故障。

　　② 输送站气缸动作气路压力不足。

　　③ 节流阀的调节量过小，使气压不足。

　　④ 输送站各气缸动作电磁阀故障。

　　（5）检查加工站对工件进行加工的情况　如果起动手指夹持待加工工件动作不正常，其故障产生的原因如下：

　　① 加工站机械手手爪位置检测传感器故障。

　　② 加工站气缸动作气路压力不足。

　　③ 节流阀的调节量过小，使气压不足。

　　④ 加工站各气缸动作电磁阀故障。

　　（6）检查输送站将工件从加工站取走的情况　如果输送站机械手动作不正常，其故障产生的原因如下：

　　① 输送站机械手手爪位置检测传感器故障。

　　② 输送站机械手气缸动作气路压力不足。

　　③ 节流阀的调节量过小，使气压不足。

　　④ 输送站各气缸动作电磁阀故障。

　　（7）检测输送站的机械手能否将工件准确送到装配站　如果伺服电动机驱动夹着工件的机械手装置不能准确移动到装配站物料台的正前方，其故障产生的原因如下：

　　① 步进电动机或驱动模块有故障。

　　② 同步带与同步轮间有打滑现象。

　　③ 输送站的 S7-200 PLC 模块没有发出正常脉冲。

　　④ 支撑输送站底板运动的双直线导轨发生故障。

　　（8）检测装配站的工件装配过程　如果挡料气缸或顶料气缸不正常动作，其故障产生的原因如下：

　　① 物料检测传感器故障。

　　② 装配站气缸动作气路压力不足。

　　③ 节流阀的调节量过小，使气压不足。

　　④ 装配站各气缸动作电磁阀故障。

　　（9）检测输送站从装配站把工件运送到分拣站的过程　　如果输送站机械手装置不能准确旋转到分拣站的入料口，其故障产生的原因如下：

　　① 输送站机械手气缸动作气路压力不足。

　　② 节流阀的调节量过小，使气压不足。

　　③ 输送站各气缸动作电磁阀故障。

　　④ 气动摆台动作故障。

　　⑤ 气动摆台定位不准。

　　（10）检测分拣站的分拣工件过程　　如果输送站送来的工件送到入料口传送带不起动，其故障产生的原因如下：

　　① 入料口处工件检测传感器故障。

　　② 分拣站 PLC 模块不能发出正常信号起动变频器。

　　③ 三相减速电动机故障。

　　④ 传送带故障。

　　如果传送带停止位置不准确或推杆气缸动作不正常，其故障产生的原因如下：

　　① 光纤传感器故障。

　　② 光纤传感器的灵敏度调节不准确。

　　③ 变频器频率参数设置不准确。

　　④ 推杆气缸动作气路压力不足。

　　⑤ 节流阀的调节量过小，使气压不足。

　　⑥ 各气缸动作电磁阀故障。

　　⑦ 旋转编码器运行不正常。

　　如果不能准确按照工件颜色分拣及工件推入料槽后传送带不停止，其故障产生的原因如下：

　　① 光纤传感器故障。

　　② 光纤传感器的灵敏度调节不准确。

　　请各位同学结合整机调试的步骤和典型故障分析，对自己安装的设备运行中出现的各种问题进行解决，对程序不断修改完善，直至设备成功运行。对于设备出现的常见故障和错误进行分析、诊断和排除，并填写表 7-13。

三、任务总结

　　本任务重点介绍 YL-335B 型自动化生产线的网络搭建及整机调试，请同学们重点关注自动化生产线在运行过程中各执行机构动作的准确性及实时显示情况，并进行项目评价，见表 7-14。

表7-13　自动化生产线调试与故障分析任务实施表

	调试项目	是否正常	故障现象	原因分析	解决方案
系统正常情况下的全线运行模式调试					
异常工作状态下的调试					

表7-14　人机界面的组态与调试项目评价表

学习领域		自动化生产线安装与调试	总学时：72学时	
项　　目		人机界面的组态与调试	学　时：14学时	
班　　级				
团队负责人		团队成员		
评价项目		成绩评定		
资讯	技术资料收集能力	□收集的技术资料翔实丰富（3分）	□能收集基本的技术资料（2分）	□收集的技术资料有欠缺（1分）
决策	系统方案制订、决策能力	□方案技术合理、性价比高（3分）	□方案基本可行（2分）	□方案技术性、经济性较差（1分）
计划	工作计划制订能力	□计划合理、可操作性强（3分）	□计划具有可操作性（2分）	□计划不合理、可操作性差（1分）

（续）

评价项目		成绩评定					
		评分内容	配分	重点检查内容	扣分	得分	备注
实施	对方案实施并优化的能力	人机界面组态调试	4分	组态软件设备驱动器添加及通信参数设置正确			
			4分	监控画面组态符合整机调试要求			
			4分	数据对象创建及数据类型选择正确			
			4分	组态软件添加 PLC 设备通道并连接数据库变量			
			4分	频率输入框和机械手当前位置变量连接正确			
			4分	按钮、指示灯动画连接正确			
		通信网络的组建	6分	各站 PLC 之间通信网络硬件连接正确			
			6分	各站 PLC 之间通信网络参数设置正确			
			6分	各站 PLC 之间通信正常			
			6分	布线是否合理、美观			
		整机调试及故障分析	6分	运行前初始状态的调整			
			6分	运行中各执行机构动作的准确性			
			6分	运行中执行机构的速度及位置的精度调试			
			6分	运行中各状态信号实时显示情况的调试			
		职业素养与安全意识	10分	1）现场操作安全保护是否符合安全操作规程 2）工具摆放、包装物品、导线线头等的处理是否符合职业岗位的要求 3）是否既有分工又有合作，配合紧密 4）遵守工作现场纪律，爱惜设备和器材，保持工位的整洁			
完整性检查	根据工作站各部件的完好程度来确定	□优（3分）		□中（2分）	□差（1分）		
评价	工作成果展示能力	□能完全反映工作成果（3分）		□能反映大部分工作成果（2分）	□不能反映工作成果（1分）		
	对工作过程和成果评价能力	□评价全面、合理（3分）		□评价不够全面、合理（2分）	□评价不合理（1分）		
	总分						
	评价教师		日期				

附录 各工作站安装材料清单

附表 1 供料站机械结构安装的具体材料清单

序号	代号	名称	数量	材料
1	KHSB-01-07	工件装料管	1	钢
2	KHSB-01-03	压套	1	1060 合金
3	KHSB-01-02	支架 145	4	尼龙 101
4	GB/T 70.1—2008	内六角圆柱头螺钉	8	Q235
5	KHSB-01-05	定位板	1	8.8 级
6	GB/T 70.1—2008	内六角圆柱头螺钉	2	1060 合金
7	GB/T 70.1—2008	内六角圆柱头螺钉	10	1060 合金
8	KHSB-01-04	连接板	1	1060 合金
9	KHSB-01-06	料仓底座	1	1060 合金
10	KHSB-01-12	接近开关支架	1	8.8 级
11	KHSB-01-13	传感器支架	1	8.8 级
12	GB/T 70.1—2008	内六角圆柱头螺钉	4	1060 合金
13	KHSB-01-01	底板	1	8.8 级
14	KHSB-01-10	压料块	1	1060 合金
15	KHSB-01-09	气缸固定板	1	Q235
16	GB/T 818—2016	十字槽盘头螺钉	4	有机玻璃

附表 2 加工站机械结构安装的具体材料清单

序号	代号	名称	数量	材料
1	KHSB-02-10	滑轨固定板	1	1060 合金
2	KHSB-02-11	气缸固定板	1	1060 合金

（续）

序号	代号	名称	数量	材料
3	GB/T 70.1—2008	内六角圆柱头螺钉	27	8.8级
4	KHSB-02-05-110	铝型材110	2	1060合金
5	KHSB-02-04	卡爪	2	1060合金
6	GB/T 70.1—2008	内六角圆柱头螺钉	4	8.8级
7	KHSB-02-015	线盒	1	Q235B
8	KHSB-02-05-220	铝型材220	6	1060合金
9	KHSB-02-09	传感器支架	1	Q235B
10	KHSB-02-06	顶板	1	1060合金
11	GB/T 818—2016	十字槽盘头螺钉	2	钢
12	KHSB-02-08	冲头	1	尼龙101
13	KHSB-02-07	阀固定板	1	1060合金
14	KHSB-02-14	槽	1	Q235B
15	KHSB-02-05-150	铝型材150	2	1060合金
16	KHSB-02-01	底板	1	Q235B
17	KHSB-02-03	气动手指支承座	1	1060合金
18	KHSB-02-02	滑块连接板	1	1060合金
19	KHSB-02-12	肋板	2	1060合金
20	GB/T 70.1—2008	内六角圆柱头螺钉	4	8.8级
21	GB/T 70.1—2008	内六角圆柱头螺钉	16	8.8级
22	KHSB-02-19	支撑板	8	1060合金
23	GB/T 70.1—2008	内六角圆柱头螺钉	2	8.8级
24	GB/T 70.1—2008	内六角圆柱头螺钉 M4×83	1	普通碳钢
25	GB/T 70.1—2008	内六角圆柱头螺钉	4	8.8级

附表3 装配站机械结构安装的具体材料清单

序号	代号	名称	数量	材料
1	GB/T 70.1—2008	内六角圆柱头螺钉	8	8.8级
2	GB/T 70.1—2008	内六角圆柱头螺钉	2	8.8级
3	KHSB-03-08	装料管	1	1060合金
4	KHSB-03-12	导杆气缸连接板	1	1060合金
5	KHSB-03-15	装配盘	1	1060合金

（续）

序号	代号	名称	数量	材料
6	KHSB-03-18	料仓安装板	1	1060 合金
7	KHSB-03-02-95	支架 95	2	1060 合金
8	KHSB-03-02-370	支架 370	2	1060 合金
9	GB/T 41—2016	1 型六角螺母 C 级	2	4 级
10	KHSB-03-07	连接板	1	1060 合金
11	KHSB-03-13	检测支架	1	Q235B
12	KHSB-03-09	加固圈	1	1060 合金
13	KHSB-03-10	顶板	1	1060 合金
14	KHSB-03-11	气缸固定板	1	1060 合金
15	KHSB-03-14	小卡爪	2	1060 合金
16	KHSB-03-02-250	支架 250	2	1060 合金
17	GB/T 70.1—2008	内六角圆柱头螺钉	11	8.8 级
18	KHSB-03-02-240	支架 240	2	1060 合金
19	KHSB-03-02-260	支架 260	2	1060 合金
20	KHSB-03-02-100	支架 100	2	1060 合金
21	GB/T 70.1—2008	内六角圆柱头螺钉	40	8.8 级
22	KHSB-03-01	底板	1	1060 合金
23	KHSB-03-04	传感器支架	2	Q235B
24	KHSB-03-03	装配平台	1	1060 合金
25	KHSB-03-16	阀门固定板	1	1060 合金
26	KHSB-03-05	旋转板	1	1060 合金
27	KHSB-03-19	料仓	1	1060 合金
28	GB/T 70.1—2008	内六角圆柱头螺钉	2	8.8 级
29	GB/T 79—2007	内六角圆柱端紧定螺钉	2	45H 级

附表 4　分拣站机械结构安装的具体材料清单

序号	代号	名称	数量	材料
1	KHSB-05-28	T 形固定块	3	1060 合金
2	KHSB-05-23	连接板	3	1060 合金
3	KHSB-05-25	顶块	3	尼龙 66
4	KHSB-05-14	电动机固定底座	1	1060 合金

（续）

序号	代号	名称	数量	材料
5	KHSB-05-06	传送带底座	4	1060 合金
6	KHSB-05-07	立板	4	1060 合金
7	KHSB-05-18	被动轴	1	45
8	KHSB-05-19	被动轮右固定板	1	1060 合金
9	KHSB-05-30	小孔拐板	2	Q235
10	GB/T 70.1—2008	内六角圆柱头螺钉	32	8.8 级
11	KHSB-05-26	过渡板	3	1060 合金
12	KHSB-05-11	支架	1	Q235
13	KHSB-05-27	T 形架	1	1060 合金
14	KHSB-05-21	主动轮右固定板	1	Q235
15	KHSB-05-08	传送带左侧板	1	1060 合金
16	KHSB-05-09	传送带右侧板	1	1060 合金
17	KHSB-05-12	定位板	1	1060 合金
18	KHSB-05-20	主动轮	1	45
19	KHSB-05-01	底板	1	Q235
20	KHSB-05-13	电动机固定立板	1	1060 合金
21	GB/T 818—2016	十字槽盘头螺钉	4	钢
22	KHSB-05-15	电动机固定肋板	2	1060 合金
23	KHSB-05-02	右边板	3	1060 合金
24	KHSB-05-22	主动轮左固定板	1	Q235
25	KHSB-05-05	旋转板	3	1060 合金
26	KHSB-05-03	左边板	3	1060 合金
27	KHSB-05-24	检测支架	1	Q235
28	KHSB-05-10	传送带支撑板	1	不锈钢（铁素体）
29	KHSB-05-04	料槽底板	3	1060 合金
30	KHSB-05-29	大孔拐板	1	Q235
31	GB/T 70.1—2008	内六角圆柱头螺钉	39	8.8 级
32	KHSB-05-16	被动轮左固定板	1	1060 合金
33	KHSB-05-18	被动轮	1	45

附表 5 输送站机械结构安装的具体材料清单

序号	代号	名称	数量	材料
1	KHSB-04-03	前限位支架	1	Q235
2	KHSB-04-05	检测支架	1	1060合金
3	KHSB-04-06	后限位支架	1	Q235
4	KHSB-04-12	大带轮	1	1060合金
5	KHSB-04-39	大传送带	1	天然橡胶
6	GB/T 41—2016	1型六角螺母C级	2	4级
7	GB/T 818—2016	十字槽盘头螺钉	4	钢
8	KHSB-04-28	电动机	1	1060合金
9	GB/T 808—1988	小六角特扁细牙螺母	6	Q235
10	GB/T 70.1—2008	内六角圆柱头螺钉	6	8.8级
11	KHSB-04-7	小带轮	2	1060合金
12	KHSB-04-55	锁紧套	2	1060合金
13	KHSB-04-23	导杆	4	45
14	KHSB-04-56	螺钉	2	1060合金
15	KHSB-04-54	阀体	2	1060合金
16	KHSB-04-17	导向板	1	1060合金
17	KHSB-04-16	转动气缸底板	1	1060合金
18	GB/T 70.1—2008	内六角圆柱头螺钉	12	8.8级
19	KHSB-04-04	卡爪	2	1060合金
20	KHSB-04-24	线架	1	1060合金
21	GB/T 70.1—2008	内六角圆柱头螺钉	6	8.8级
22	KHSB-04-32	轴套	4	1060合金
23	KHSB-04-11	主动轴	2	45
24	GB/T 70.1—2008	内六角圆柱头螺钉	4	8.8级
25	KHSB-04-27	电动机前端法兰	1	1060合金
26	KHSB-04-29	电动机后盖	1	1060合金
27	KHSB-04-34	固定块	1	1060合金
28	KHSB-04-25	电动机固定板	1	1060合金
29	KHSB-04-10	主动轮支承座	1	1060合金
30	KHSB-04-35	电气元件	2	1060合金
31	KHSB-04-36	检测仪	1	1060合金
32	GB/T 70.1—2008	内六角圆柱头螺钉	24	8.8级

（续）

序号	代号	名称	数量	材料
33	KHSB-04-19	支撑底板	1	1060 合金
34	KHSB-04-18	支撑板	2	1060 合金
35	KHSB-04-22	行程压块	1	1060 合金
36	GB/T 9126.2—1998	凸面型钢制管法兰用石棉橡胶垫片	6	石棉橡胶板
37	KHSB-04-51	密封套	4	1060 合金
38	KHSB-04-38	滑块	4	1060 合金
39	GB/T 70.1—2008	内六角圆柱头螺钉	7	8.8 级
40	KHSB-04-20	滑块固定板	1	1060 合金
41	GB/T 70.1—2008	内六角圆柱头螺钉	13	8.8 级
42	KHSB-04-33	轴	2	1060 合金
43	KHSB-04-37	小传送带	1	天然橡胶
44	KHSB-04-26	导轨	2	1060 合金
45	KHSB-04-08	挡套	2	1060 合金
46	KHSB-04-01	底板	1	1060 合金
47	KHSB-04-09	被动轴	1	45
48	KHSB-04-02	被动轮支承座	1	1060 合金

参 考 文 献

[1] 徐国林 . PLC 应用技术 [M]. 2 版 . 北京：机械工业出版社，2022.

[2] 钟苏丽，刘敏 . 自动化生产线安装与调试 [M]. 北京：高等教育出版社，2017.

[3] 何用辉，等 . 自动化生产线安装与调试 [M]. 3 版 . 北京：机械工业出版社，2024.